WESTEND

ANDREAS VON WESTPHALEN

Die Wiederentdeckung des Menschen

Warum Egoismus, Gier und Konkurrenz nicht unserer Natur entsprechen

WESTEND

Mehr über unsere Autoren und Bücher:
www.westendverlag.de

Die Deutsche Nationalbibliothek verzeichnet diese Publikation in der Deutschen Nationalbibliografie; detaillierte bibliografische Daten sind im Internet über http://dnb.d-nb.de abrufbar.

FSC
www.fsc.org
MIX
Papier aus verantwortungsvollen Quellen
FSC® C083411

ISBN 978-3-86489-213-4

Covergestaltung: Buchgut, Berlin
Satz: Publikations Atelier, Dreieich
Druck und Bindung: CPI – Clausen & Bosse, Leck
Printed in Germany

Inhalt

Für Xuân, Maxim, Mai-Linh und Phi-Linh:
für ein Leben
im Miteinander.

Die ganze Kritik am Kapitalismus krankt daran, dass sie zwar eine Fülle seiner Mängel und Fehler zutreffend erkannt und beschrieben hat, aber nicht wahrhaben will – und um ihres Selbstverständnisses willen wohl auch nicht wahrhaben darf –, dass er sich in den Hirnen und Herzen von mittlerweile Milliarden von Menschen eingenistet hat und deren Denken, Handeln und Fühlen von Grund auf prägt.

Meinhard Miegel[1]

Einführung: Die Menschen sind nun mal so!

Als der neoliberale Wirtschaftsnobelpreisträger Milton Friedman von einem Fernsehmoderator gefragt wurde, ob ihm angesichts der Ungleichverteilung des Reichtums manchmal nicht Zweifel am Kapitalismus gekommen seien und ob Habgier wirklich eine gute Basis für die Gesellschaft bilde, fragte Friedman zurück: »Kennen Sie irgendeine Gesellschaft, die nicht über Habgier funktioniert?«[1]

Als Friedrich Hayek, ebenfalls Wirtschaftsnobelpreisträger und eine Ikone des Neoliberalismus, erklärte, der Gesellschaft sei am besten gedient, wenn die Menschen einzig durch das Gewinnstreben geleitet würden, fragte ihn ein Journalist bestürzt: »Ist das nicht eine Philosophie, die hauptsächlich auf Egoismus basiert? Was ist mit Altruismus? Wann kommt Altruismus ins Spiel?« Hayeks Entgegnung lautete schlicht: »Er kommt nicht ins Spiel.«[2]

Leben wir in einer Wettbewerbs- und Ellbogengesellschaft, in der jeder seines Glückes Schmied und sich selbst der Nächste ist? Konkurrenz, die niemals schläft, das Geschäft belebt? Der Ich-AG die Welt gehört, denn »the winner takes it all«? Geiz geil ist, und es gilt: Meins. Nicht Deins, denn unterm Strich, zähl ich?

Hand aufs Herz:

- Ist der Mensch von Natur aus eher egoistisch oder altruistisch?
- Ist der Mensch von Natur aus eher auf Konkurrenz oder auf Kooperation gepolt?
- Ist der Mensch von Natur aus eher materialistisch oder genügsam?
- Hat der Mensch von Natur aus ein natürliches Gefühl für Fairness und Gerechtigkeit oder ist dies vor allem ein Ergebnis der Erziehung?

Sofern Sie davon überzeugt sind, dass der Mensch von Natur aus eher egoistisch und materialistisch ist, Konkurrenzstreben sein Verhalten auszeichnet und Fairness- und Gerechtigkeitsgefühl nicht angeboren sind, sondern erlernt werden müssen, dann gehören Sie sicherlich zur Mehrheit.

Spätestens mit dem Zusammenbruch des kommunistischen Ostblocks erscheint es eine selbstverständliche Erkenntnis geworden zu sein, dass das kommunistische Menschenbild, welches Gleichheit postuliert, nicht mit der Natur des Menschen übereinstimmt. Aber wie verhält es sich mit dem aktuell herrschenden Kapitalismus, der sich zentral auf mindestens drei menschliche Grundeigenschaften stützt? Nämlich: auf Egoismus, Konkurrenz und Materialismus. Entspricht dieses Menschenbild, das ich der Einfachheit halber – der darin liegenden Reduzierung bin ich mir durchaus bewusst – als »kapitalistisches Menschenbild« bezeichnen möchte, der Natur des Menschen?

Philosophen, Wirtschaftswissenschaftler, Theologen, Psychologen, Soziologen, Biologen und Vertreter vieler Wissenschaften haben seit Jahrhunderten auf Abertausenden Seiten ihre Meinungen über die Natur des Menschen geschrieben und ihre jeweiligen Überzeugungen formuliert. Im Zentrum der konkreten wissenschaftlichen Forschung aber steht die Frage nach der menschlichen Natur erst seit relativ kurzer Zeit. Dies Interesse ist umso wichtiger, da die Einschätzung der menschlichen Natur kein Zeitvertreib für ergraute Akademiker ist, sondern ganz konkrete Konsequenzen für die Gesellschaft und das Leben jedes Einzelnen entfaltet.

Wenn der Mensch von Natur aus egoistisch ist, sollte es das Ziel der Erziehung sein, dem Egoismus Grenzen zu setzen; dem Kind sind dann Schritt für Schritt die gesellschaftlichen Normen für das Zusammenleben zu erklären und anzuerziehen. Wenn der Mensch von Natur aus aber eher altruistisch ist, sollte das Hauptziel der Erziehung darin bestehen, die natürlichen Anlagen des Menschen möglichst frei zur Entfaltung zu bringen. Ist der Mensch von Natur aus ein Konkurrenzwesen und wird besonders nachhaltig durch Konkurrenz motiviert, dann sind Schulnoten ausgesprochen sinnvoll. Ebenso jede andere Form, die den Vergleich der Schüler untereinander ermöglicht und den Wettbewerb antreibt. Falls aber der Mensch von

Natur aus eher kooperativ ist, dann erweist sich gemeinsames Lernen als optimale Lernform und die Notengebung als zweifelhafte, vielleicht sogar destruktive Motivation. Und nicht zuletzt: Ist der Mensch von Natur aus materialistisch, stellt die Konsumgesellschaft eine Selbstverständlichkeit dar. Ist der Mensch jedoch eher genügsam und teilend, dann erscheint eine nachhaltige Wirtschaft, die sich auf die Produktion zentraler Bedürfnisse konzentriert, anstatt bewusst Überfluss zu erzeugen, nicht nur aus ökologischer Sicht sinnvoll, sondern schlicht der Natur des Menschen angemessen.

Die Antworten der einschlägigen Untersuchungen über die menschliche Natur sind also von fundamentalem Interesse und die aktuellen wissenschaftlichen Erkenntnisse über unser eigenes Wesen für jeden Menschen von existenzieller Bedeutung.

Was wäre, wenn der Mensch eine falsche Vorstellung von seiner eigenen Natur hat? Was wäre, wenn wir uns über so etwas Existenzielles täuschen wie unser eigenes Wesen?

In diesem Buch werden wir uns nun gemeinsam auf die Reise zu einem weithin unbekannten Wesen aufmachen, einem ebenso faszinierenden wie beeindruckenden Geschöpf: dem Menschen.

Zwei Hinweise vorab:

- Das Ziel der Reise ist die Entdeckung der menschlichen Natur. Daher ist der Fokus der Darstellung insbesondere auf Experimente mit Kleinkindern gerichtet. Die Frage, wie egoistisch, materialistisch und auf Konkurrenz gepolt der Mensch in der Gesellschaft tatsächlich ist, sagt nicht zwangsläufig etwas über seine Natur aus und wird uns daher erst später interessieren.
- Unter dem fraglos sehr allgemeinen Begriff »Kapitalismus« wird hier insbesondere die in den westlichen Industriestaaten seit den 1980er Jahren vorherrschende Wirtschaftsform verstanden. Oftmals wird stattdessen aber auch der Begriff »Neoliberalismus« verwendet.

Die Reise beginnt in Angesicht eines Hurrikans.

Sodom und Gomorra in New Orleans

Der Mensch ist dem Menschen ein Wolf.

Plautus

Als die Medien im Jahre 2005 über die Ereignisse in New Orleans nach dem Hurrikan Katrina berichteten, brachte die Gouverneurin des US-Bundesstaates Louisiana auf den Punkt, was die Menschen weltweit schockierte: »Am meisten erzürnt mich, dass solche Katastrophen oft die schlechtesten Seiten der Menschen offenbaren.«[3] Von Raubüberfällen, Vergewaltigungen, Autodiebstählen und Plünderungen war immer wieder die Rede. Von Schüssen auf Rettungshubschrauber.[4] Und nicht zuletzt von zahlreichen Morden.[5]

Die Bilder der US-amerikanischen Millionenstadt nach dem Hurrikan Katrina und der anschließenden Flut gingen um die Welt. Sie waren ein handfester Beweis, dass eine der verheerendsten Naturkatastrophen der Geschichte der USA einmal mehr die schlimmsten Vorstellungen Wirklichkeit werden ließ, die man vom Menschen haben konnte. New Orleans ähnelte mehr einem Kriegsgebiet als einer modernen amerikanischen Metropole.

Der Superdome, in dem 30 000 Menschen Unterkunft gefunden hatten, war der Inbegriff des unmenschlichen Schreckens. Ein fassungsloser Bürgermeister der Stadt gestand, dass dort Hunderte von bewaffneten Gangmitgliedern vergewaltigten und mordeten. Die Bewohner seien in einem beinahe animalischen Zustand. Der Polizeichef von New Orleans sprach sogar von vergewaltigten Babys. Berichte bezifferten die Zahl der dortigen Toten auf gut 200.[6]

Um dem Grauen in der Stadt Herr zu werden, befahl der Bürgermeister 1 500 Polizisten, ihre Hilfs- und Rettungsaktionen sofort abzubrechen und gegen die Raubzüge in den Straßen von New Orleans vorzugehen. Die Gouverneurin versprach ihrerseits, »Recht und Ordnung wieder herzustellen«, und schickte Tausende Soldaten der Nationalgarde ins Krisengebiet, die die ausdrückliche Erlaubnis hatten, auf Plünderer zu schießen.[7]

Diese Beschreibungen schienen das Menschenbild des britischen Staatsphilosophen John Hobbes zu bestätigen. Ohne Kontrolle des Staates waren die Menschen nur noch wilde Tiere, deren Brutalität und Mitleidlosigkeit weit mehr Opfer forderte als eine der schlimmsten Naturkatastrophen. »Wäre da nicht eine Kleinigkeit. Diese schrecklichen Beschreibungen sind vollkommen falsch«, wie der Psychologe Jacques Lecomte bemerkte, der sich ausführlich mit dieser Katastrophe beschäftigt hat und dem ich die Idee verdanke, mit dieser Geschichte und dem folgenden Kapitel unsere Reise zum Menschen zu beginnen.[8]

»Viele der Medienberichte, insbesondere über zügellose Gewalt im Superdome, erschienen vollkommen unbegründet zu sein,« befand der Abschlussbericht des Untersuchungsausschusses des US-Repräsentantenhauses im Jahr 2006.[9] Bereits kurze Zeit nach Katrina hatte die renommierte *Los Angeles Times* kleinlaut zugegeben, dass die Berichte über Vergewaltigungen und Gewalt sowie die Schätzung der Anzahl der Todesopfer falsch gewesen seien.[10] Andere Medien folgten dieser Bewertung. Im Superdome waren tatsächlich nicht 200, sondern sechs Tote zu beklagen. Vier starben an natürlichen Ursachen, einer an einer Überdosis, und ein Mensch hatte Selbstmord begangen.[11]

Viele Berichte waren also maßlos übertrieben oder sogar erfunden, auch wenn einige kriminelle Handlungen, wie etwa die Plünderung eines Walmarts, tatsächlich stattgefunden hatten. Die meisten Plünderungen waren allerdings Taten einzelner, verzweifelter Menschen.[12]

Sicherlich wäre an dieser Stelle eine fundierte Medienkritik gefragt, denn zu oft hatten Journalisten in New Orleans offensichtlich Gerüchte aus zweiter Hand für bare Münze genommen. Sicherlich hat hier auch die Sensationslust über objektiven Journalismus gesiegt, zum Teil schlugen auch rassistische Vorurteile zu Buche. Der entscheidende Punkt für die hier anzustellende Betrachtung ist aber, dass ein Hauptgrund für die vollkommen verzerrte Darstellung das Vorurteil über die Natur des Menschen sein dürfte. Zu eindeutig schienen die Informationen und Bilder zu belegen, dass im Sündenpfuhl von New Orleans Sodom und Gomorra herrschte und sich hier einmal mehr die wahre Natur des Menschen zeigte. Genauso wie es auch die Gouverneurin wortreich beklagt hatte.

Die Berichterstattung in Politik und Medien, die Zeichen der selbstgefälligen Bestätigung des eigenen Vorurteils war, forderte tragischerweise viele Menschenleben. Denn die Sicherheitskräfte wurden ausdrücklich beauftragt, die Rettung von weiteren Menschen einzustellen, um sich auf die Beherrschung einer völlig aufgebauschten Kriminalität zu konzentrieren. Die einseitige mediale Präsentation führte aber auch dazu, dass etwas ganz Erstaunliches übersehen wurde. Tatsächlich war ein Großteil der Bürger von New Orleans nicht mitleidlose Egoisten, die über Leichen gingen, sondern spontane Altruisten. Die Geschichten über heldenhafte Helfer sind zahlreich. Stellvertretend sei hier auf das Buch *Heroes of Hurricane Katrina* von Allan Zullo verwiesen. Es präsentiert zehn Menschen, die ihr Leben riskierten, um andere – oftmals ihnen unbekannte Menschen – zu retten. Menschen nutzten ihr Fischerboot oder ihr Kajak, um unbekannte Menschen zu retten.[13] Auch beeindruckend: Ein Großteil der medizinischen Belegschaft blieb in den Krankenhäusern bei den Patienten.[14] Der Polizeichef von New Orleans gestand später, dass »die allgemeine Reaktion der Einwohner von New Orleans überhaupt nicht mit dem von den Medien beschriebenen Bild von allgemeinem Chaos und Gewalt übereinstimmte.«[15]

Wenn es also aus New Orleans Lehren über die wahre Natur des Menschen zu ziehen gibt, dann sind es wohl vor allem die überaus bemerkenswerten altruistischen Handlungen, zu denen der Mensch offenbar gerade in Katastrophensituationen fähig ist.

Aber nicht nur beim Hurrikan Katrina irrte man sich grundlegend über die Natur des Menschen.

Unmenschliche Notfallpläne

Schreiende Menschen hasten durch die Straßen, einige stürzen, andere rennen ohne Rücksicht auf Verluste über die Gefallenen. Bilder des Horrors. Die Traumfabrik Hollywood hat einen reichhaltigen Fundus an solchen und ähnlichen Szenen. Es erscheint naheliegend und erwartbar, dass Menschen in extremer Lebensgefahr nur an die Rettung der eigenen Haut denken und sich der egoistische Überlebensinstinkt mit seinen unschönsten Nebenwirkungen freie Bahn bricht, sobald die soziale Ordnung kollabiert. So erwartbar, dass dieser Stereotyp in jedem Actionfilm bedient wird.

Drei weitverbreitete Mythen beherrschen unsere Vorstellung über das Verhalten von Menschen in Katastrophensituationen: Massenpanik, das Gefühl von Ohnmacht und die starke Zunahme egoistischer und sogar krimineller Verhaltensweisen. Dies ist das Ergebnis der Forschung von Enrico Quarantelli, Mitbegründer der Katastrophenforschungsstelle der Universität Delaware, der über die weltweit größte Datenbank menschlichen Verhaltens in Katastrophenfällen verfügt. Erstaunlicherweise aber hat keine dieser Vorstellungen etwas mit der Realität zu tun.

»Es würde mir schwerfallen, aus unserer gesamten Forschungsarbeit mit fast 700 verschiedenen Feldstudien (...) mehr als nur ein paar Randerscheinungen zu nennen, die man als Panikverhalten bezeichnen könnte«, lautet ein zentrales Forschungsergebnis von Quarantelli.[16] Zum gleichen Ergebnis kommt auch die Forschungsarbeit eines Teams um Thomas Glass von der John-Hopkins-Universität. Panikverhalten zeigte sich insgesamt so selten, dass die Wissenschaftler zuletzt dieses Merkmal als Verhaltenselement des Menschen in einer Katastrophe fallen ließen.[17] So eindeutig also in unserer Vorstellung menschliche Panik spontan auftritt, so wenig eindeutig gehört sie zur menschlichen Natur.

Auch von Ohnmacht, die Menschen in der Katastrophe angeblich normalerweise erleben sollen, kann keine Rede sein. Im Gegenteil. Glass betont, dass in allen analysierten Fällen die Menschen nicht ohnmächtig auf Hilfe gewartet, sondern stattdessen spontan selbst Gruppen gebildet haben, die sich gemeinsame Regeln gaben und Aufgaben verteilten, um so möglichst viele Menschenleben zu retten.[18]

Erik Auf der Heide, Notarzt und Mitarbeiter des US-Gesundheitsministeriums, der zahlreiche Katastrophen analysiert hat, stimmt dieser Einschätzung zu: »Ein Großteil, wenn nicht gar die meisten der ursprünglichen Unterbringung, Essen, Hilfe, Rettung und Verletztentransporte zu den Krankenhäusern wurden von den Überlebenden durchgeführt.«[19]

In jedem Katastrophenfilm hat Hollywood einen Platz für seinen Helden, aber in realen Katastrophen gibt es nicht nur Heldengeschichten, sondern auch zahllose Beispiele für die »Banalität des Guten«. In seinem fundierten Buch *La Bonté humaine* zitiert der französische Psychologe Jacques Lecomte eine Reihe beeindruckender

Beispiele altruistischen Verhaltens von Menschen in Katastrophensituationen. So widerspricht gerade auch die Hilfsbereitschaft der freiwilligen Helfer dem Stereotyp des extremen Egoismus. Besonders beeindruckend beispielsweise, dass sich im Jahr 1918, als das Spanische Fieber allein in den USA eine halbe Million Menschen tötete, 1 500 Krankenschwestern freiwillig meldeten, noch bevor ihre Arbeit überhaupt bezahlt werden konnte.[20]

Auch am 11. September 2001 zeigten sehr viele Menschen ein ausgesprochen altruistisches Verhalten, das Hunderte von Menschen vor dem sicheren Tod rettete. Zahlreiche Feuerwehrleute riskierten ihr Leben. Ebenso Frank de Martini und Rick Rescola, die im World Trade Center arbeiteten, oder der Hausmeister William Rodriguez, der als letzter Überlebender die Türme verließ, um nur einige zu nennen. Ähnliche Beispiele lassen sich bei fast jeder Katastrophe finden. So auch im Jahr 2017 in Las Vegas, als bei einem Amoklauf, der das Leben von 58 Menschen forderte, zahlreiche Menschen ihr Leben riskierten, um andere Menschen zu retten. Oder 2019 im neuseeländischen Christchurch.[21]

Auch die Auffassung, die Kriminalität explodiere im Katastrophenfall, weil jeder nur an sich denke und die Gelegenheit für einen Raub nutzt, wird durch die Wirklichkeit – nicht nur in New Orleans – Lügen gestraft. An zahlreichen Beispielen lässt sich sogar – im Gegenteil – belegen, dass es tatsächlich zu einem Rückgang der Kriminalität kommt.[22]

Wie die bereits erwähnte detaillierte Analyse von Erik Auf der Heide offenlegt, sind Notfallpläne, die genau auf den drei genannten Mythen basieren (Massenpanik, Ohnmacht und Explosion der Kriminalität), die Regel. Ganz konkret heißt dies, dass die weitverbreitete und falsche Vorstellung über die Natur des Menschen zu ungeeigneten Notfallplänen führt, die in der Konsequenz Menschenleben kosten können.

Die Überlegung, was die wirkliche Natur des Menschen ist, bildet deshalb keine philosophische Freizeitspielerei, sondern hat geradezu existenzielle Bedeutung. Nicht nur in Katastrophensituationen.

1 Deformiertes Menschenbild

Von allen ökonomischen und sozialen Systemen ist der Kapitalismus zweifellos das natürlichste. Das genügt bereits, um darauf zu verweisen, dass es das schlimmste sein muss.

Michel Houellebecq[1]

»Was ist der Mensch?«. So lautet seit jeher eine der Grundfragen der Philosophie. Jean-Jacques Rousseau war zutiefst davon überzeugt, dass die Natur des Menschen altruistisch und kooperativ sei.[2] Aber seine Ansicht darf eher als Ausnahme gelten, denn in der Geschichte der Philosophie finden sich zahlreiche bedeutende Denker, die überzeugt waren, der Mensch sei von Natur aus egoistisch, materiell und konkurrenzorientiert.

Stellvertretend sei hier das Denken dreier Philosophen sehr knapp skizziert, die großen Einfluss auf Generationen von Menschen hatten. Thomas Hobbes, britischer Philosoph und Staatstheoretiker des 17. Jahrhunderts, hatte beispielsweise ein zutiefst negatives Menschenbild. Er war überzeugt, »das Leben des Menschen (im Naturzustand) ist einsam, armselig, widerwärtig, vertiert und kurz«.[3] Entsprechend war er sich sicher, »dass der natürliche Zustand der Menschen, bevor sie zur Gesellschaft zusammentraten, der Krieg gewesen ist, und zwar nicht der Krieg schlechthin, sondern der Krieg aller gegen alle«.[4]

Im 19. Jahrhundert erklärte der deutsche Philosoph Arthur Schopenhauer kategorisch:

> »Alles, was sich dem Streben seines (des Menschen) Egoismus entgegenstellt, erregt seinen Unwillen, Zorn, Hass: Er wird es als seinen Feind zu vernichten suchen. Er will womöglich alles genießen,

alles haben; da aber dies unmöglich ist, wenigstens alles beherrschen: ›Alles für mich, und nichts für die andern‹, ist sein Wahlspruch. Der Egoismus ist kolossal: Er überragt die Welt.«[5]

Im 20. Jahrhundert stellte am stärksten die US-Amerikanerin Ayn Rand den Egoismus in das Zentrum ihres Denkens. In Deutschland ist sie immer noch relativ unbekannt, für die US-Amerikaner ist ihr Werk *Der Streik* jedoch das Buch, welches sie nach der Bibel am stärksten geprägt hat.[6] Rands Einfluss auf die US-amerikanische Politik und Gesellschaft kann gar nicht hoch genug eingeschätzt werden. Ronald Reagan war ihr großer Verehrer. Alan Greenspan, der ehemalige Chef der US-Notenbank, verstand sich als ihr Schüler. Nicht zuletzt ist sie auch eine Ikone der den konservativen Republikanern nahestehenden Tea Party.[7]

Der Egoismus war für Rand eindeutig der wichtigste Teil der menschlichen Natur und hatte ohne Einschränkung eine positive Bedeutung: »Über den Eingang meiner Festung werde ich das Wort in Stein meißeln, das mein Leitstern und mein Banner sein soll. Das Wort, das nicht sterben wird, sollten wir auch alle im Kampf untergehen (…) Das heilige Wort: EGO.«[8]

Entsprechend radikal und eindeutig ist auch Rands Ablehnung des Altruismus, der der Natur des Menschen widerspreche: »Altruismus ist unmoralisch, weil er von einem verlangt, unterschiedslos jeden zu lieben … Man liebt nur diejenigen, die es verdienen.«[9]

Auch in der Psychologie finden sich maßgebliche Vertreter, die dem kapitalistischen Menschenbild anhingen und als Mitursache genannt werden sollten, warum so viele Menschen zutiefst vom kapitalistischen Menschenbild überzeugt sind.

Sigmund Freud, der Vater der Psychoanalyse, teilte ausdrücklich Hobbes Menschenbild: »Homo homini lupus (Der Mensch ist des Menschen Wolf); wer hat nach allen Erfahrungen des Lebens und der Geschichte den Mut, diesen Satz zu bestreiten?«[10] In seinem berühmten Werk *Die Traumdeutung* stellte er kategorisch fest: »Das Kind ist absolut egoistisch, es empfindet seine Bedürfnisse intensiv und strebt rücksichtslos nach ihrer Befriedigung, insbesondere gegen seine Mitbewerber, andere Kinder, und in erster Linie gegen seine Geschwister.«[11] In der Konsequenz ist daher das Leben bei Freud ein Kampf zwischen dem »Es«, das ungefiltert seinen triebhaften Wünschen und Forderungen zu folgen versucht, und dem »Über-Ich«, wo gesellschaftliche Normen und Werte angesiedelt sind. Es ist ein permanenter Kampf zwischen dem Lust- und dem Realitätsprinzip.

Konkurrenz kommt in Freuds Psychoanalyse in Form des sogenannten Ödipus-Komplex eine maßgebliche Rolle zu, die die menschliche Natur bestimmt. Basierend auf dem griechischen Mythos entwickelte Freud das Konzept, dass das Kind unbewusst mit dem Elternteil gleichen Geschlechts konkurriert und das Elternteil entgegengesetzten Geschlechts begehrt.

Carl Gustav Jung, Freud-Schüler und Begründer der analytischen Psychologie, vertritt ein Menschenbild, das in den Grundzügen dem seines Lehrers entspricht:

»Das Böse, das sich im Menschen offenbart und ganz unzweifelhaft in ihm wohnt, ist von größtem Ausmaß, und es bedeutet dem gegenüber fast ein Euphemismus, wenn die Kirche vom peccatum originale, der Erbsünde, (...), spricht. Der Fall ist viel schwerwiegender und wird in ungebührlicher Weise unterschätzt.«[12]

Die beiden wichtigsten Begründer der Psychotherapie sind von einem Menschenbild überzeugt, das eindeutige Übereinstimmungen mit dem kapitalistischen Menschenbild aufweist. Dieser Befund ist von tiefgehender Bedeutung, weil das Menschenbild maßgeblich definiert, was als gesund und erstrebenswert gilt, und dadurch das Ziel der Psychotherapie definiert. 1975 brachte der Vorsitzende des amerikanischen Psychologenverbands diesen Zusammenhang auf den Punkt: »Psychologie und Psychiatrie (...) beschreiben den Menschen nicht nur als ein Wesen, das von egoistischen Wünschen gesteuert wird, sondern sie lehren implizit oder explizit, dass er so zu sein hat.«[13] Das kann man ohne Weiteres auch als eine sich selbst erfüllende Prophezeiung bezeichnen. Ein Phänomen, das uns noch erstaunlich oft auf unserer Reise begegnen wird.

Es gibt weitere Ursachen, die begründen, dass das kapitalistische Menschenbild vielen Menschen so selbstverständlich erscheint. Diese wollen wir hier etwas ausführlicher darstellen.

Am Anfang war die Wirtschaftswissenschaft

Das erste Prinzip der Wirtschaftslehre besagt, dass jeden Akteur allein das Eigeninteresse antreibt.

Francis Edgeworth[14]

Es mag kaum verwundern, dass der Kronzeuge für den Glauben, das kapitalistische Menschenbild entspreche der Natur des Menschen, aus der Wirtschaftswissenschaft stammt. Der Brite Adam Smith schrieb 1776 in seinem berühmtesten Werk *Der Wohlstand der Nationen*:

> »Nicht vom Wohlwollen des Metzgers, Brauers und Bäckers erwarten wir das, was wir zum Essen brauchen, sondern davon, dass sie ihre eigenen Interessen wahrnehmen. Wir wenden uns nicht an ihre Menschen-, sondern an ihre Eigenliebe, und wir erwähnen nicht die eigenen Bedürfnisse, sondern sprechen von ihrem Vorteil.«

Smith gelingt praktisch ein Quantensprung in der Wirtschaftswissenschaft. Er belegt, dass die »Eigenliebe« zum kollektiven Wohlstand führen kann. Zuvor war man noch der Meinung gewesen, die Wirtschaft sei ein Nullsummenspiel, in dem der eine gewinnt, was der andere verliert. Für Smith jedoch kann Wirtschaft eine permanente »Win-win-Situation« sein.

Eine Vielzahl von Wirtschaftswissenschaftlern, die nach Smith kamen, gehen von der grundlegenden Bedeutung der Eigenliebe (oder Eigennutz) des Menschen aus, wie Smith sie skizziert hat, und gründen ihre Theorien und Modelle auf genau dieser Annahme.

Tatsächlich war aber das Menschenbild von Adam Smith komplexer; es steht sogar in einem gewissen Widerspruch zum kapitalistischen Menschenbild. Seinem Werk *Theorie der ethischen Gefühle* räumte Smith einen deutlich höheren Stellenwert ein als seiner wirtschaftswissenschaftlichen Arbeit (Smith war nebenbei bemerkt von Haus aus nicht Wirtschaftswissenschaftler, sondern Professor für Ethik). Der erste Satz dieses Buches spricht Bände über Smiths eigentliches Menschenbild:

»Mag man den Menschen für noch so egoistisch halten, es liegen doch ganz offenbar gewisse Prinzipien in seiner Natur, die ihn dazu bestimmen, an dem Schicksal anderer Anteil zu nehmen, und die ihm selbst die Glückseligkeit dieser anderen zum Bedürfnis machen, obgleich er keinen anderen Vorteil daraus zieht, als das Vergnügen, Zeuge davon zu sein.«

Dieser Aspekt der Ethik und Smiths differenziertes Menschenbild gerieten aber in der Folgezeit in Vergessenheit, sodass sich die Volkswirtschaft fast nur mit seinem wirtschaftswissenschaftlichen Hauptwerk beschäftigte und dies einer einseitigen Lesart unterzog.

In Unkenntnis seines Gesamtwerkes wird Adam Smith daher gemeinhin die Ansicht zugeschrieben, Egoismus und Gier seien der natürliche Motor der Wirtschaft. Tatsächlich war es aber der Arzt Bernard Mandeville, der diese Ansicht sehr provokativ aufstellte:

»Stolz, Luxus und Betrügerei
Muss sein, damit ein Volk gedeih'.
(…)
Ja, (das Laster) ist so wenig aufzugeben
Für Völker, die nach Größe streben,
Wie Hunger ist, damit sie leben.
Mit Tugend bloß kommt man nicht weit;
Wer wünscht, dass eine goldene Zeit
Zurückkehrt, sollte nicht vergessen:
Man musste damals Eicheln essen.«[15]

Adam Smith distanzierte sich wiederholt und ausdrücklich von der Lehre Mandevilles. Aber gerade diese verfehlte Sicht über das Werk von Adam Smith ist es, die heute mit seiner Philosophie zu Unrecht assoziiert wird.[16] Keine Spur mehr von Mitleid als natürlichem Gefühl. Keine Spur mehr von Sympathie.

Evolution – ein Überlebenskampf

Dieser Egoismus des Gens wird gewöhnlich egoistisches Verhalten hervorrufen.

Richard Dawkins[17]

Die Evolutionslehre dürfte ein weiterer Grund für die Überzeugung sein, dass das kapitalistische Menschenbild zutreffend ist. Insbesondere im Werk von Charles Darwin, der die Evolution als erbarmungslosen »Krieg der Natur« (war of nature), den »Kampf ums Überleben« (struggle for life) beschreibt, herrscht das Recht des Stärkeren. Egoismus ist die Handlungsmotivation. Konkurrenzkampf die Rahmenbedingung des Daseins: »Wie jedes andere Tier ist auch der Mensch ohne Zweifel auf seinen gegenwärtigen hohen Zustand durch einen Kampf um die Existenz infolge seiner rapiden Vervielfältigung gelangt, und wenn er noch höher fortschreiten soll, so muss er einem heftigen Kampfe ausgesetzt bleiben. Es muss für alle Menschen offene Konkurrenz bestehen, und es dürfen die Fähigsten nicht durch Gesetze oder Gebräuche daran gehindert werden, den größten Erfolg zu haben.«[18]

Das Darwin zugerechnete Wort vom »Survival of the fittest« wird im Deutschen häufiger mit »Überleben des Stärkeren« übersetzt, während »Überleben des Tauglichsten« oder »Überleben des Angepasstesten« korrektere Übersetzungen sind. Der berühmte Ausdruck stammt allerdings gar nicht von Darwin, sondern vom englischen Philosophen und Soziologen Herbert Spencer, der freilich maßgeblichen Einfluss auf die Entstehung des sogenannten Sozialdarwinismus hatte.

Die populäre Vorstellung von Darwin unterscheidet sich von seinen wirklich vertretenen wissenschaftlichen Ansichten ähnlich stark, wie dies bei Adam Smith der Fall ist. Denn Darwin, der beispielsweise in späteren Jahren vehement gegen die Sklaverei kämpfte, hatte ein ausgesprochen differenziertes Menschenbild, das weit weniger von Egoismus und Konkurrenz geprägt ist als landläufig bekannt. Gerade der spätere Darwin gab den liebenden Kreaturen viel Raum. Hiervon zeugen insbesondere seine Bücher *Die Abstammung des Menschen* und *Der Ausdruck der Gemütsbewegung bei Menschen und Tieren*.

Darwin war beeindruckt von der gegenseitigen Pflege, die sich Tiere angedeihen lassen, und er war überzeugt, dass Tiere mit einem »sozialen Instinkt« geboren werden. Auch die menschliche Sympathie wird »als Instinkt erworben« und »sehr gestärkt durch Übung oder Gewohnheit«.[19] Daher sind beim Menschen »die sozialen Instinkte immer gegenwärtig und tätig (...) Ein Mensch, der nicht wenigstens Spuren solcher Instinkte aufwiese, würde ein unnatürliches Ungeheuer sein.«[20]

Darwin ist zudem davon überzeugt, dass die Sympathie nicht gehemmt werden kann, »selbst wenn unsere Überlegung es verlangte, ohne dass dadurch unsere edelste Natur an Wert verlöre.«[21]

Unsere verzerrte Wahrnehmung von *Darwins* Werk ist insbesondere auf den Biologen *Thomas Henry Huxley* und auf *Herbert Spencer* zurückzuführen. So kennt *Huxleys* Menschenbild keinen Zweifel:

> »Vom Gesichtspunkt des Moralisten ist die Tierwelt ungefähr auf demselben Niveau wie der Gladiatorenkampf. Die Kämpfer werden gut genährt und zum Kampf losgelassen, wobei der Stärkste, Behendeste und Gerissenste leben bleibt, um noch am nächsten Tag zu kämpfen. Der Zuschauer braucht seinen Daumen nicht zu senken, denn kein Pardon wird gegeben (...) Das Leben war ein beständiger wilder Kampf und außer den beschränkten und zeitweiligen Beziehungen der Familie war der Hobbessche Krieg aller gegen alle der normale Daseinszustand.«[22]

Die moderne Evolutionslehre bietet einen weiteren Grund für unseren gängigen Glauben an das kapitalistische Menschenbild. Im Jahr 2017 führte die britische Royal Society eine Umfrage über die einflussreichsten wissenschaftlichen Bücher aller Zeiten durch. Auf dem Spitzenplatz landeten nicht Charles Darwin, Albert Einstein oder Isaac Newton, sondern das Hauptwerk des Evolutionsbiologen Richard Dawkins: *Das egoistische Gen*, welches 1976 erschien.[23]

Für Dawkins steht im Zentrum der Evolution nicht die Art, die um das Überleben kämpft, sondern das Gen, genauer gesagt: »das egoistische Gen«. Seine Grundthese lautet, »dass wir und alle anderen Tiere Maschinen sind, die durch Gene geschaffen werden. (...) Wir sind Überlebensmaschinen – Roboter, blind programmiert zur Erhaltung der selbstsüchtigen Moleküle, die Gene genannt werden.«[24]

Dawkins durchaus revolutionär zu nennende These hat natürlich massive Konsequenzen für das Menschenbild, die er auch selbst reflektiert. Wenig überraschend erscheint ihm Egoismus als die natürliche und zentrale Eigenschaft des Menschen, denn »das Gen ist die Grundeinheit des Eigennutzes. (…) Auf der Ebene des Gens muss Altruismus schlecht und Egoismus gut sein« und »Jeder einzelne Körper ist eine egoistische Maschine, die das Beste für alle ihre Gene zu tun versucht«.[25]

Die Sicht vom Egoismus des Gens hat wiederum direkten Einfluss auf das menschliche Verhalten. Eigennützige Gier kennzeichnet für Dawkins daher einen Großteil des kindlichen Verhaltens.

> »Ein Kind wird sich keine Gelegenheit zur Täuschung entgehen lassen. Es wird vorgeben, hungriger zu sein, als es ist, vielleicht jünger, als es ist und gefährdeter, als es in Wirklichkeit ist. Es ist zu klein und zu schwach, um seine Eltern physisch zu tyrannisieren, aber es wird jede psychologische Waffe einsetzen, die ihm zur Verfügung steht: Es wird lügen, betrügen, täuschen, ausbeuten – genau bis zu dem Punkt, an dem es seine Verwandten stärker zu benachteiligen beginnt, als die genetische Verwandtschaft mit ihnen erlaubt.«[26]

Angesichts der zentralen Bedeutung, die Dawkins dem »egoistischen Gen« einräumt, kann es kaum verwundern, dass er einzig die Vetternwirtschaft als real existierende Form von Altruismus anzuerkennen vermag.[27]

Dawkins sieht aber zumindest noch die Möglichkeit, dass der Mensch sich über seine genetische Anlage hinwegsetzt und Altruismus erlernt. Wer aber eine altruistische Gesellschaft aufbauen möchte, kann seiner Ansicht nach »wenig Hilfe von der biologischen Natur erwarten«.[28]

Dawkins Theorie vom »egoistischen Gen« hat eine sehr große Resonanz in der Folgezeit hervorgerufen und zahlreiche Bewunderer hervorgerufen. Der vielleicht bekannteste von ihnen ist Jeffrey Skilling, ehemaliger Chef des US-amerikanischen Konzerns Enron. Er nannte *Das egoistische Gen* sein Lieblingsbuch und Hauptinspirationsquelle.[29] Skilling versuchte in seinem Unternehmen diese strikt egoistische Sicht der menschlichen Natur zum Führungsprinzip in seinem Unternehmen aufzubauen; er führte einen gnadenlosen Wettbewerb zwischen den Mitarbeitern des Unternehmens ein. Heute sitzt er im Gefängnis. Massiver Bilanzbetrug lautete der erwiesene Vorwurf, nachdem Enron 2001 in die Insolvenz ging. 21 000 Mitarbeiter verloren ihren Arbeitsplatz.

Alles eine Frage der Erziehung

Erziehung ist schließlich die Kindern täglich abgerungene Überwindung ihres Egoismus und ihrer Trägheit.

Bernhard Bueb[30]

Unser Menschenbild, wie auch immer es gestaltet sein mag, ist die Basis unserer Erziehung. Es bestimmt in seiner Konsequenz, ob Kinder »zivilisiert« und »gezüchtigt« werden müssen, um ihrem natürlichen Egoismus Herr zu werden, oder ob sie in ihrer Entwicklung begleitet werden sollen, damit sich ihre natürlichen Anlagen entfalten können.

Welches Menschenbild in den letzten Jahrhunderten vorherrschte, zeigt sich im Erziehungswesen ziemlich eindeutig. Während im 16. und 17. Jahrhundert Kinder diszipliniert, gezüchtigt und mehr als je geprügelt wurden,[31] formte die Erziehung Kinder mit dem Aufkommen der Industrialisierung im Hinblick auf die Anforderungen der Arbeitswelt: Pünktlichkeit, Konzentration und ausgeprägtes Sitzfleisch (also die Unterdrückung des kindlichen Bewegungsdranges) waren die entsprechenden Ziele.[32]

Im wilhelminischen Zeitalter und anschließend im Dritten Reich galt die Bändigung des kindlichen Tyrannen und dessen angeblich natürlichen Egoismus als zentrales Erziehungsziel.[33] Auch wenn wichtige Reformer wie Maria Montessori in dieser Epoche wirkten, kam der maßgebliche Einfluss auf die Erziehung und die damit verbundene Vorstellung von der Natur des Menschen von der deutschen Lungenfachärztin Johanna Haarer. Ihr Buch *Die deutsche Mutter und ihr erstes Kind* erschien 1938 und wurde jeder Mutter in Nazideutschland als Erziehungsratgeber an die Hand gegeben. Auch nach dem Krieg erreichte das Buch unter leicht abgeändertem Titel bis in die 1990er-Jahre eine Millionenauflage. Haarers Rat: Während der Nacht sollte man das Kind schreien lassen und auf keinen Fall in den Arm nehmen, sonst werde das Kind verwöhnt. Haarer nannte diese Technik »Kaltstellen«.[34]

Auch in den USA gab es eine entsprechende Strömung. Dort riet Dr. John Watson, einer der beiden Begründer des Behaviorismus: »Umarmen und küssen Sie (Ihre Kinder) niemals, lassen Sie sie nie auf Ihrem Schoß sitzen. Wenn es denn sein muss, küssen Sie sie einmal auf die Stirn, wenn Sie ›Gute Nacht‹ sagen. Geben Sie ihnen am Morgen die Hand.«[35] Er griff sogar Mütter an, sie sollten sich schämen für »die rührselige, sentimentale Weise, wie sie ihr Kind behandeln«.[36]

Watsons Kreuzzug gegen das »überküsste Kind« wurde folgerichtig auch in vielen amerikanischen Waisenhäusern ausgefochten. Die Kinder wuchsen dort ohne Körperkontakt und visuelle Reize auf. Dafür wurde strengstens auf die Einhaltung der Hygienevorschriften geachtet. In den 1910er- und 1920er-Jahren lag in den Waisenhäusern der USA die Kindersterblichkeit in den ersten beiden Lebensjahren bei unfassbaren 32 bis 75 Prozent.[37] Erst als 1931 die Kinderärztin Harry Bakwin einen Zusammenhang zwischen Säuglingssterblichkeit und emotionaler Verkümmerung feststellte, wuchs eine gegenteilige Einsicht; die USA nahmen etwas Abstand von der bislang praktizierten Radikalkur gegen den angeblich kindlichen Egoismus.[38]

Heute kommt nach den eher durch Laissez-faire geprägten Jahren der 68er-Generation bemerkenswerterweise ein Erziehungsstil zurück, der erkennbare Parallelen zu den dargestellten Modellen aufweist. In den USA ist »Spanking« ein neuer Trend. Der Begriff kann vom leichten Klaps bis hin zur Prügel alles umfassen. Eine Untersuchung ergab, dass die Mehrheit der US-amerikanischen Eltern »spanken«. Fast ein Drittel aller einjährigen Kinder in den USA wurde »mindestens ein Mal im vergangenen Monat« in diesem Sinne geschlagen.[39]

In Deutschland wünschen Erziehungsratgeber zwar nicht die harte Hand der Eltern, aber ihr Menschenbild verrät sich bereits in den Titeln: *Warum unsere Kinder Tyrannen werden, Wenn die Tyrannenkinder erwachsen werden* und *Die Mutter des Erfolges. Wie ich meinen Kindern das Siegen beibrachte* sowie *Lob der Disziplin*. Diese Bücher sind allesamt Bestseller und teilweise sogar auf den Spitzenplätzen der Sachbuchlisten. Auch wenn diese Bücher inhaltlich durchaus differenzierter sind, als ihre sehr reißerischen Titel vermuten lassen, zeigt sich dennoch eine klare Aussage über die Natur des Menschen. Im Folgenden sei daher Bernard Bueb stellvertretend für das Gemeinte zitiert: »Erziehung bedeutet immer Führung, diese Wahrheit wird durch den Begriff ›Pädagoge‹ bestätigt. Er stammt aus dem Griechischen und heißt Knabenführer. Wer führt, erwartet Gefolgschaft. Da Kinder nicht gehorsam geboren werden, ignorieren sie Anweisungen, rebellieren gegen Erziehungsmaßnahmen, missachten Gebote und wenden alle Mittel an, um ihren eigenen Willen durchzusetzen.«[40]

Am »naturgegebenen Egoismus« des Kindes gibt es für Bueb nicht den Hauch eines Zweifels.[41] Bereits das Verhalten des Babies wird nach Ansicht von Bueb vom Egoismus bestimmt: »Als einziges Mittel, sich der Macht und der Autorität der Eltern zu erwehren, setzen Babys das Schreien ein.«[42] Daher ist das Ziel der Erziehung die Züchtigung der menschlichen Natur: »Erziehung ist nur erfolgreich, wenn sie die zum Egoismus neigende menschliche Natur gegen den Strich bürstet.«[43]

Diese Einstellungen zur Erziehung der Kinder haben deutliche Spuren hinterlassen: »Nach wie vor haben Eltern in Deutschland große Angst davor, ihr Kind zu verwöhnen«, klagt der Psychotherapeut Karl Heinz Brisch.[44]

Vielleicht hat die Schriftstellerin Astrid Lindgren recht, die offenbar an die natürlich guten Eigenschaften des Kindes glaubt: »Man kann in Kinder nichts hineinprügeln, aber vieles herausstreicheln.«[45]

Spieltheorie – das ganze Leben in der Mathematik

Überraschenderweise spielt auch die Mathematik eine weithin unterschätzte Rolle bei der Erklärung, warum viele Menschen instinktiv vom kapitalistischen Menschenbild so überzeugt sind.

Als 1949 die UdSSR in den Besitz einer Atombombe gelangt war und mit den USA gleichgezogen hatte, standen sich die beiden Supermächte rasch bis an die Zähne bewaffnet und den Gegner jeweils mit vollständiger Zerstörung drohend gegenüber. Die atomare Pattsituation des Kalten Krieges war seine politische Realität. Dem Gegner wurde hierbei jeweils die Absicht unterstellt, den Anderen vollständig vernichten zu wollen. Angst herrschte. Paranoia.

In dieser Lage nahm das US-amerikanische Militär die Hilfe von Wissenschaftlern in Anspruch. Aber es waren bezeichnenderweise nicht Psychologen, die die neuen Verhaltens- und Denkmodelle für das Militär entwickelten, sondern Ökonomen, Physiker und Mathematiker.[46]

Insbesondere die Spieltheorie war von militärischem Interesse. Dieses Forschungsgebiet der Mathematik modelliert anhand von sogenannten »Spielen« Entscheidungssituationen, in der mehrere Beteiligte miteinander agieren. Dabei wird jeder Spieler als einzeln und souverän angesehen. Das Ziel der Spieltheorie ist es, das rationale Entscheidungsverhalten des jeweiligen Spielers mathematisch streng und so weit wie möglich auch vorhersehbar herauszuarbeiten.

John Nash, eine zentrale Person dieser militärischen Forschung und späterer Nobelpreisträger, gelang es mithilfe reiner Mathematik zu beweisen, dass dieses Spiel des Lebens nur dann rational gespielt werden konnte, wenn jeder Spieler vom absoluten Eigennutz und abgrundtiefen Misstrauen gegenüber der Gegenseite getrieben war.[47]

Das sogenannte Nash-Gleichgewicht ist dabei eine Situation, in der kein Spieler davon profitieren kann, seine Strategie zu wechseln, solange die Gegenseite ihre Strategie beibehält. Beständiger Egoismus auf beiden Seiten macht somit das ersehnte Gleichgewicht zwischen den Spielern erst möglich. Der Preis hierfür ist allerdings das permanente Misstrauen gegenüber dem Spielpartner, dem stets die schlechtmöglichste Absicht unterstellt wird.[48]

Bei der RAND Corporation, einer Denkfabrik der USA, wurden die wichtigsten Spiele mit den dort tätigen Sekretärinnen getestet. Bezeichnenderweise wählten die Sekretärinnen allerdings nicht den egoistischen Weg, wie es die Forscher erwartet hatten, sondern die Kooperation.[49] Mit anderen Worten: Das Verhalten der ersten Testpersonen widersprach bereits komplett der Erwartung, die die Spieltheorie nach ihren mathematisch verankerten Gesetzen dem menschlichen Verhalten unterstellte. Allerdings hatte dieses Resultat keineswegs zur Folge, dass die Grundlagen der Spieltheorie infrage gestellt wurden.

Ein zentrales Problem der Spieltheorie, der im Kalten Krieg in gewisser Weise die Rolle zukam, über Leben und Tod zu entscheiden, ist auch, dass sie nicht nur Handeln von Egoisten beschreibt, sondern ebenso ein entsprechendes Handeln produziert.

John Nash erkannte später die fehlende Verknüpfung der Spieltheorie zum Leben und zur Natur des Menschen. Nachdem er in den 1960er-Jahren längere Zeit in einer Psychiatrie verbracht hatte, um sich wegen paranoider Schizophrenie behandeln zu lassen, meldete er am Ende seines Lebens Zweifel daran an, dass die Menschen dem Bild entsprächen, das ihnen das mathematische Modell in der Spieltheorie unterstellte: »Menschen sind weit komplizierter«, so seine Erkenntnis.[50]

Gleichwohl folgten die USA im Kalten Krieg konsequent der Logik der Spieltheorie.[51] Der Zustand der atomaren Abschreckung wurde als Realisierung des Nash-Gleichgewichts verstanden. Als dann 1989 der Kalte Krieg zu Ende ging, waren – in ihrer eigenen Lesart – die USA der Sieger. Dieser Sieg wurde auch als Beleg der Potenz der Spieltheorie angesehen.[52]

Deutlich muss also gesagt werden: Das kapitalistische Menschenbild steht im engen Zusammenhang mit dem Kalten Krieg.[53] Dem Zeitalter der Paranoia. Der Wissenschaftshistoriker Philip Mirowski verdeutlicht diesen Zusammenhang sehr anschaulich:

> »Jedermann wird so zu einem kleinen Agenten, und wir alle versuchen uns gegenseitig über den Tisch zu ziehen – und im Nash-Gleichgewicht legen wir die Regeln fest, wie wir das zu tun gedenken. Es porträtiert jeden von uns so, als wären wir alle irgendwelche algorithmischen Computer, die sich gegenseitig auszutricksen versuchen. (…) Diese Vision, wonach jeder auf seinen eigenen Einfallsreichtum angewiesen ist, zynisch andere Menschen manipuliert bei gleichzeitiger Abwesenheit von auch nur einer Spur sozialer Intelligenz (…) ist ziemlich genau das Bild des Agenten im Neoliberalismus. In einem Wort: Jeder Mensch wird auf den Status eines Unternehmers seines eigenen Ichs reduziert.«[54]

Doch in Wirklichkeit führte die im Ergebnis unbewiesene Behauptung, die Spieltheorie habe im Kalten Krieg den Atomkrieg verhindert, dazu, dass ihr theoretisches Gerüst umstandslos vom Bereich des Militärs in den Bereich der Ökonomie übertragen wurde.[55] Frank Schirrmacher, der verstorbene Chef des Feuilletons der *FAZ*, erkannte diesen Zusammenhang: Es sind »spieltheoretische Modelle des Kalten Krieges, die heute von Hedgefonds benutzt werden. Ganze Abteilungen der Investmentbanken sind damit beschäftigt, die Absichten konkurrierender Händler aus einem riesigen Datenmaterial mithilfe von Computern und der Spieltheorie in atemberaubender Geschwindigkeit zu entschlüsseln und ihr eigenes Tun danach auszurichten.«[56] Damit war »zum ersten Mal ›Egoismus‹ nicht nur eine Charaktereigenschaft von Menschen, sondern wurde von Maschinenprogrammen exekutiert.«[57]

So wird die Theorie zur Realität.

Homo oeconomicus – Die Wirtschaftswissenschaft formt sich den Menschen

Der Homo oeconomicus ist absolut egoistisch und unendlich habgierig, und er interessiert sich für niemanden außer sich selbst. Er wurde zur Grundlage der Wirtschaftstheorie des menschlichen Verhaltens.

Paul Collier[58]

Der Homo oeconomicus ist in gewisser Hinsicht eine zugespitzte Form des kapitalistischen Menschenbildes und hat gerade in den letzten 20 Jahren Berühmtheit erlangt. Aufgrund der zentralen Rolle, die dieses Bild in den modernen Wirtschaftswissenschaften spielt, und seiner daraus abgeleiteten konkreten Auswirkungen in Politik, Gesellschaft und Wirtschaft hat es massiven Einfluss auf unser Selbstverständnis. Im Augenblick ist es vermutlich die Hauptursache für den ungebrochenen Glauben an das kapitalistische Menschenbild.

Das Bild des Homo oeconomicus zeichnet sich durch drei Eigenschaften aus, wie der Schweizer Wirtschaftswissenschaftler Bruno

Frey bemerkt: »Der Agent der volkswirtschaftlichen Theorie ist rational, egoistisch, und seine Präferenzen verändern sich nicht.«[59]

Was Frey umgangssprachlich als Egoismus bezeichnet, wird in der Wirtschaftswissenschaft gemeinhin »Nutzenmaximierung« genannt. Dabei wird gerne häufig betont, dass Nutzenmaximierung nicht leichthin mit Egoismus gleichgesetzt werden dürfe, da jede Art von Nutzen maximiert werden könnte. Eine genaue Definition von »Nutzen« sucht man aber in diesem theoretischen Ansatz vergeblich. Der tschechische Wirtschaftswissenschaftler Tomas Sedlacek spottet daher mit einigem Recht: »In der Flut mathematischer Definitionen und Beweise haben unsere ›strengen‹ Lehrbücher aber leider vergessen zu definieren, was der Begriff ›Nutzen‹ bedeutet.«[60]

Wie nahe der Begriff »Nutzenmaximierung« an dem des »Egoismus« liegt, lässt sich allein dadurch leicht erkennen, dass »Nutzenmaximierung« überhaupt nichts bedeuten würde und als Begriff unbrauchbar wäre, wenn man ihn bewusst allgemein in dem Sinne verstehen würde, dass Menschen stets nutzbringend das vermehren wollen, was sie vermehren wollen. Denn dies wäre schlicht eine Tautologie und würde überhaupt nichts beschreiben.

Die zweite Grundannahme des Menschenbildes des Homo oeconomicus ist, der Mensch sei rational. Diese Grundannahme ist jedoch schlicht Wunschdenken und nicht ansatzweise eine Beschreibung der Realität, wie wir an späterer Stelle noch sehen werden.

Die dritte Grundannahme für den Homo oeconomicus ist die angebliche Stabilität der Präferenzen des Menschen. Zahlreiche Experimente haben jedoch bewiesen, dass der Mensch immer wieder seine Vorlieben ändert und keineswegs ein Leben lang statisch an ihnen festhält.[61] Auch diese Annahme ist daher falsch.

Wie sehr aber das Modell des Homo oeconomicus tatsächlich immer mehr Bereiche des menschlichen Lebens erfasst und wie synonym die Begriffe des Nutzens und der des Egoismus sind, zeigen schließlich die Forschungsergebnisse des US-amerikanischen Wirtschaftsnobelpreisträgers Gary Becker. Er ist bis heute einer der meistzitierten lebenden Ökonomen. Er beschreibt seinen Ansatz wie folgt: »Ich bin zu der Auffassung gekommen, dass der ökonomische Ansatz so umfassend ist, dass er auf alles menschliche Verhalten anwendbar ist.« Ein nicht sehr romantisches Beispiel: »Entsprechend des ökonomischen Ansatzes heiratet ein Mensch, wenn der Nutzen, den er von einer Heirat erwartet, den Nutzen übersteigt, den er sich vom Alleinbleiben oder von weiterer Suche nach einem passenden Partner verspricht. Ebenso beendet eine verheiratete Person ihre Ehe, wenn der antizipierte Nutzen des Alleinlebens oder einer Ehe mit einem anderen Partner den Nutzenentgang übersteigt, der durch die Trennung entsteht, wobei Verluste, die durch die räumliche Trennung von den eigenen Kindern, durch die Teilung gemeinsamen Besitzes, durch Anwaltsgebühren usf. entstehen, eingeschlossen sind.«[62]

Das Menschenbild des Homo oeconomicus ist in Wahrheit eine steile These, und die Verwendung ebendieses Bildes nicht nur in den klassischen Grenzen der Wirtschaftslehre, sondern auch in Bereichen, die nach allgemeinem Verständnis der Psychologie und der Soziologie vorbehalten sind, ist mehr als verwunderlich.

Der Glaube an den Homo oeconomicus ist zudem so bedenklich, weil beispielsweise die in deutschen Universitäten vorherrschenden mikroökonomischen Lehrbücher ausschließlich dem seit Jahrzehnten feststehenden neoklassischen Regelwerk mit dem rational-egoistischen Homo oeconomicus folgen. Selbstredend zementiert dies das entsprechende Menschenbild bei den Studenten.[63]

Wirtschaftswissenschaftler betonen gerne, der Homo oeconomicus sei keineswegs ein Menschenbild im eigentlichen Sinn, sondern schlicht ein vereinfachendes Modell, um die komplexe Wirklichkeit in mathematische Formeln bringen und entsprechende Lösungen berechnen zu können.[64] So richtig und wichtig der Gedanke ist, ein Modell könne nie zu 100 Prozent die menschliche Natur abbilden, um diese in ihrer Summe analysieren und vorhersagen zu können, so wenig ist dadurch zufriedenstellend die Kritik entkräftet, dass dieses Modell in der Realität des Alltags gravierend von der menschlichen Natur und ihrem tatsächlichen Verhalten abweicht. Zudem muss unbedingt auch berücksichtigt werden, dass selbst ein nur beschreibendes Modell naturgemäß konkrete Auswirkungen auf Mensch und Gesellschaft entfaltet, denn es werden ganz konkrete wirtschaftliche und politische Entscheidungen gefällt, die durch ebenjene Analysen bestimmt sind, denen das Modell des Homo oeconomicus zugrunde liegen. Es werden also auf diese Weise Weichenstellungen vorgenommen, damit der Mensch sich möglichst optimal als Homo oeconomicus verhalten kann. Aber entspricht das überhaupt seiner Natur?

Eine Studie in Japan ging dieser Frage nach. Sie setzte sich zum Ziel herauszufinden, wie verbreitet die Grundeigenschaften des Homo oeconomicus unter den Menschen tatsächlich sind. Das Ergebnis: Es entsprachen nur sieben Prozent der Probanden dem Bild einer rein nutzenorientierten Verhaltensweise. Lediglich neun weitere Prozent weisen Ähnlichkeiten auf. Auf die überwältigende Mehrheit der Menschen trifft aber nicht einmal das zu.[65]

Gerade hartgesottenen Wirtschaftswissenschaftlern sollte dies zu denken geben: 84 Prozent der Menschen haben kaum Ähnlichkeiten mit dem Homo oeconomicus. Es ist erstaunlich und erschreckend, dass die dem Menschenbild des Homo oeconomicus verpflichteten Wirtschaftswissenschaftler offenbar keinerlei Anstrengung unternommen haben, einen wissenschaftlichen Beleg für ihre Grundannahmen über die Natur des Menschen zu suchen, auf die sie ein ganzes Gebäude errichten, von dessen strenger Wissenschaftlichkeit sie so überzeugt sind.

Es ist Zeit, diese existenzielle Aufgabe nachzuholen und sich dieses Wesen, über das man offensichtlich häufig falsche Annahmen hat, genauer zu betrachten.

2 Der Mensch, das soziale Wesen

Der Mensch ist, das ist evident, ein soziales Wesen.

Matthieu Ricard[1]

Das soziale Gehirn

Empathie ist in der Architektur unseres Gehirns tief verankert.

Christian Keysers[2]

Das kapitalistische Menschenbild sieht den Menschen als einen Einzelkämpfer im »Krieg jeder gegen jeden«, der den Mitmenschen nur als Konkurrenten wahrnimmt. Beginnen wir damit, einen Blick ins menschliche Gehirn zu werfen. Welche biologische Anlage wird dem Menschen auf seinen Lebensweg mitgegeben? Ist er tatsächlich auf ein Leben als Einzelkämpfer eingestellt?

Spiegelneuronen – das biologische Geheimnis des Mitgefühls

Ich prophezeie, dass die Spiegelneuronen eines Tages für die Psychologie sein werden, was die DNA für die Biologie ist.

Vilayanur Ramachandran[3]

Gähnen ist bekanntlich ansteckend. Lachen ist es auch und Trauer ebenfalls. Im Kino funktioniert das Mitgefühl der Zuschauer über ein vergleichbares Prinzip. Gebannt leidet er mit der Hauptperson mit und hofft sehnlichst auf ein Happy End. Dasselbe lässt sich über die Theaterästhetik sagen, die seit mehr als 2000 Jahren auf Aristoteles' Prinzip der Katharsis basiert.

Wenn aber – diese Frage drängt sich förmlich auf – das menschliche Mitgefühl so zentral und selbstverständlich im Wesen des Menschen angelegt ist, wie es unsere tägliche Lebenserfahrung beweist und Kunst und Kultur seit Jahrtausenden belegen, wie kann man dann allen Ernstes davon ausgehen, der Mensch sei ein geborener egoistischer Einzelkämpfer?

1992 gelang einem Team von Neuroforschern um Giacomo Rizzolatti aus Parma eine bahnbrechende Entdeckung. Die Wissenschaftler untersuchten bei den Makaken-Affen die Gehirnregion, welche für Planung und Ausführung von Bewegungen eine entscheidende Rolle spielt. Es gelang ihnen, einzelne Nervenzellennetzwerke zu identifizieren, die jeweils für eine bestimmte Handlung zuständig waren, beispielsweise das Handlungsneuron, das feuerte, sobald der Affe nach einer Rosine griff. Die überraschende Entdeckung war: Genau dieses Neuron war auch aktiv, wenn der Makake nur beobachtete, wie jemand anderes nach der Rosine griff. Bis dahin hatte man angenommen, dass für die Reaktion auf das Verhalten anderer ein weiteres Hirnareal zuständig wäre.[4]

Im Laufe ihrer Beobachtungen machten die Forscher aber noch weitere Entdeckungen. Auch wenn der Affe nur einen Bruchteil einer Handlungssequenz sehen konnte, reichte diese Zeitspanne bereits aus: Die entsprechenden Neuronen feuerten, und zwar die, welche für die Ausführung der gesamten Handlung zuständig waren.[5] Sogar Geräusche, die typisch für eine bestimmte Handlung waren, aktivierten entsprechende Neuronen.[6]

Beim Menschen genügt es sogar, dass er in einem Gespräch nur von einer Handlung hört, damit die entsprechenden Nervenzellen feuern.[7] Allein die Tatsache etwa, von einem leckeren Gericht zu hören, reicht schon aus, damit uns »das Wasser im Munde zusammenläuft«. Tatsächlich treten jedes Mal, wenn eine Handlung geplant oder durchgeführt wird, im Gehirn Nervenzellen in Aktion, die registrieren, wie sich ihre Realisierung körperlich anfühlen würde.[8] Diese Nervenzellen werden in der Fachsprache Spiegelneuronen genannt.

Spiegelneuronen stellen die biologische Erklärung dafür dar, warum Kino und Theater seit jeher über das Mitgefühl des Menschen funktionieren können. Entsprechend sagte der große Theaterregisseur Peter Brook, die Neurowissenschaften hätten mit der Entdeckung der Spiegelneuronen zu verstehen begonnen, was das Theater seit jeher gewusst hatte.[9]

Spiegelneuronen sind ein eindeutiger biologischer Hinweis darauf, dass der Mensch von Natur aus ein soziales Wesen ist, denn seine biologische Grundausstattung prädestiniert ihn zum Mitgefühl.

Experimente belegen dies eindrücklich. Eine Untersuchung von William Hutchison zeigt, dass in den Gehirnen der Probanden, die zusahen, wie sich der Untersuchungsleiter selbst in die Fingerkuppe stach, dieselben Nervenzellen feuerten, die auch beim Erleben des eigenen Schmerzes feuern würden.[10] Vergleichbare Experimente am Max-Planck-Institut in Leipzig kamen zu demselben Ergebnis: Allein die Beobachtung von Schmerzen anderer führt dazu, dass wir ebenfalls Schmerzen empfinden.[11] Dieses beschränkt sich jedoch nicht nur auf simplen körperlichen Schmerz. Der Neurowissenschaftler Christian Keysers führte ein Experiment durch, bei dem die Probanden eine Hand sahen, die sich ausstreckte, um jemanden zu streicheln, und dann von einer anderen Hand plötzlich und unerwartet weggestoßen wurde. Im Gehirn der beobachtenden Testperson feuerten nun die Spiegelneuronen, als hätte der Proband selbst die Zurückweisung erfahren. Sie fühlten den Schmerz der Ausgrenzung unmittelbar mit.[12]

Menschen können tatsächlich gar nicht anders, als sich emotional anstecken zu lassen. Diese überaus beeindruckende Erkenntnis gelang Ulf Dimberg von der Universität Uppsala in den 1990er-Jahren. Probanden wurden für jeweils nur eine halbe Sekunde auf einem Bildschirm Portraits menschlicher Gesichter gezeigt, wobei die Testpersonen gebeten wurden, möglichst neutral zu bleiben. Bei Bildern von lächelnden oder verärgerten Menschen reagierten die Probanden in Sekundenbruchteilen, indem sie unwillkürlich die Mimik des Portraits nachahmten.[13] Ein solches Resonanzverhalten trat sogar dann auf, wenn den Probanden die Bilder nur so kurz gezeigt wurden, dass sie diese unmöglich bewusst wahrnehmen konnten.

Wie Joachim Bauer, Professor für Psychoneuroimmunologie an der Universität Freiburg, bemerkt, mogelt sich »offenbar die Bereitschaft, spontanen emotionalen Gesichtsausdruck eines anderen Menschen zu spiegeln, mit Vergnügen an unserer bewussten Kontrolle vorbei.«[14] Besonders faszinierend ist das Wirken der Spiegelneuronen bei Menschen, die sich sympathisch finden. Sind nämlich Menschen aufeinander »eingestimmt«, übernehmen sie unbewusst die körperlichen Aktionen ihres Gegenübers.[15] Dies bezeichnet man als »joint attention«. Durch die gegenseitige Spiegelung wird zwischen den beiden Menschen eine kontinuierliche Aufmerksamkeit erzeugt.[16] Dabei gelang Neurowissenschaftlern der Nachweis, dass die Gehirne zweier miteinander im Gespräch befindlicher Personen sehr ähnliche neuronale Konfigurationen annehmen; sie treten quasi miteinander in Beziehung.

Allein die Tatsache, dass ein Mensch einem anderen aufmerksam zuhört und mit ihm spricht, führt dazu, dass synchron in beiden Gehirnen die gleichen Hirnareale aktiviert werden. Daher spricht der Neurowissenschaftler Uri Hasson von »einem einzigen Akt, der durch zwei Gehirne ausgeführt wird«.[17] In unserer Alltagssprache würden wir zu diesem Phänomen sagen, zwei Menschen »liegen auf einer Wellenlänge«.

Hassons Team konnte sogar nachweisen, dass das menschliche Gehirn unter Umständen die Aktivität des anderen Gehirns bereits einige Sekunden im Voraus wahrnehmen kann. Das heißt, bei einem Gespräch, in dem eine positive empathische Resonanz besteht, entsteht eine emotionale Vorwegnahme dessen, was eine Person aussprechen möchte.[18]

Spiegelneuronen gehören praktisch zur neurobiologischen Grundausstattung des Menschen, die sich zum Zeitpunkt der Geburt noch in einer Rohform befindet. Sie befinden sich insbesondere in Gehirnregionen, die erst nach der Geburt ausgebildet und vergrößert werden.[19]

Schon wenige Stunden bis Tage nach der Geburt beginnen Säuglinge, bestimmte Gesichtsausdrücke, die sie sehen, spontan zu imitieren.[20] Der Neurowissenschaftler Marco Iacoboni beschreibt die Ausbildung von Spiegelneuronen wie folgt: »Baby lächelt, die Mutter lächelt als Antwort. Zwei Minuten später lächelt das Baby noch einmal und auch die Mutter lächelt wieder. Aufgrund des Imitationsverhaltens der Mutter kann das Gehirn des Babys den zum Lächeln notwendigen motorischen Ablauf und die Sicht eines lächelnden Gesichts miteinander assoziieren.«[21]

Obwohl sich das Neugeborene in den ersten Wochen noch nicht als eigene Person erlebt, erzeugt der frühe spiegelnde Austausch in ihm ein erstes intuitives Grundgefühl, dass es als Mensch erkannt wurde. Der britische Psychologe Donald W. Winnicott bringt diese Entdeckung auf den Punkt: »Wenn ich sehe und gesehen werde, bin ich.«[22]

Diese frühen Spiegelungen sind ein emotionales und neurobiologisches Grundbedürfnis, und Kleinkinder bemühen sich bereits mit zwei Monaten aktiv um eine gefühlsmäßige Abstimmung mit den Eltern.[23] Das wechselseitige, spiegelnde Hin- und Zurückspielen von Blicken, Gesichtsausdrücken, Lauten und Berührungen dürfte deshalb wohl das entscheidende »Geheimnis« der frühen Mutter-Kind-Kommunikation sein.[24]

Zwischen dem zweiten und dritten Lebensjahr haben Kinder bei normaler Entwicklung dann die eigenständige Fähigkeit zur Empathie entwickelt.[25] Sie hängt in hohem Maße davon ab, ob die Spiegelsysteme, die ein solches Mitgefühl ermöglichen, durch zwischenmenschliche Erfahrungen zuvor ausreichend eingespielt und in Funktion gebracht worden sind. Denn eine allgemeine Grundregel unseres Gehirns lautet: »Use it or lose ist.« Nervenzellsysteme, die nicht benutzt werden, gehen ebenso verloren wie nicht mehr trainierte Muskeln.[26]

Die natürlichen Anlagen und Fähigkeiten des Kindes können aber auch schnell zerstört werden. Beeindruckend beweist dies die sogenannte »Still face procedure«: Wenn ein Erwachsener seine eigene emotionale Intuition unterdrückt und absichtlich das Kind völlig regungslos anschaut, wendet sich das Kind schnell ab. Wird diese Prozedur mehrere Male wiederholt, führt dies zu einem emotionalen Rückzug des Kindes.[27]

Versuche, Neugeborene und Kleinkinder emotionslos, nach rein »rationalen« oder »vernünftigen« Kriterien zu versorgen, haben daher verheerende Folgen, denn sie zerstören die natürliche Fähigkeit des Kindes, mit anderen Menschen in emotionalen Kontakt zu kommen und sich mit ihnen intuitiv verbunden zu fühlen.[28]

Zusammenfassend lässt sich sagen: Spiegelneuronen, die zur biologischen Grundausstattung des Menschen gehören, geben dem Menschen von Natur aus die Möglichkeit, das Verhalten anderer Menschen und deren Gedanken so zu erfassen, als seien es ihre eigenen.[29] Spiegelneuronen ›spiegeln‹ das Verhalten und die Gefühle unserer

Mitmenschen dergestalt, dass diese in gewissem Sinne ein Teil von uns werden.[30] Keysers schreibt ganz in diesem Sinne: »Die Entdeckung der Spiegelneuronen machte mir klar, dass unsere Gehirne tatsächlich auf geradezu magische Weise miteinander verbunden sind.«[31]

Belohnungszentrum – Motivator zur Menschlichkeit

Das natürliche Ziel der Motivationssysteme sind soziale Gemeinschaft und gelingende Beziehungen mit anderen Individuen.

Joachim Bauer[32]

Jeder Mensch hat schon innige Bekanntschaft mit dem Belohnungszentrum seines Gehirns gemacht: Eine leckere Tafel Schokolade, und schon läuft dem Menschen förmlich das Wasser im Munde zusammen. Ein alltägliches Beispiel für die Funktionsweise des Belohnungszentrums im menschlichen Gehirn. Der »Glücksbotenstoff« Dopamin spielt hier eine Schlüsselrolle. Bemerkenswert: Bei Dopamin geht es »nicht um das Glückserlebnis der Belohnung. Es geht um das Streben nach Belohnung«, wie der Neurowissenschaftler Robert Sapolsky von der Universität Stanford erklärt. Dopamin »fördert das zielgerichtete Verhalten«.[33] Mit anderen Worten, das Belohnungszentrum reagiert positiv auf Situationen und Eigenschaften, die der Natur des Menschen entsprechen, und versucht mittels Dopaminausstoß sicherzustellen, dass die entsprechenden Handlungen auch tatsächlich durchgeführt werden.

Die Auslöser, die das Belohnungszentrum aktivieren, sagen daher sehr viel über die Natur des Menschen aus. Dass der Anblick von Schokolade, aber auch von Geld und attraktiver Sexualpartner dies vermögen, sollte Anhänger des kapitalistischen Menschenbilds wohl eher in ihrer Meinung bestärken. Es gibt aber auch eine ganze Reihe anderer Auslöser für die automatische Aktivierung des Belohnungszentrums, die dem kapitalistischen Menschenbild diametral widersprechen. Nicht in dieses Bild passt es jedoch, dass das Belohnungszentrum auch bei allen mitmenschlichen Gefühlen und Handlungen eines Menschen aktiviert wird. So meldet es sich nämlich nicht nur, wenn jemand Geld erhält, sondern auch, wenn jemand Geld spendet. Allein die Vorstellung, Geld zu spenden, reicht schon für eine Aktivierung aus. Einige Bereiche des Belohnungszentrums werden in einem solchen Fall sogar stärker aktiviert als beim simplen Gewinn des Geldes.[34] Das Belohnungszentrum wird zudem nicht nur aktiv, wenn der Mensch selbst Geld spendet, sondern auch, wenn er bloß einen anderen Menschen hierbei beobachtet.[35]

Mehrere Experimente belegen außerdem, dass das Belohnungszentrum bei menschlicher Kooperation aktiv wird, nicht aber in einer Konkurrenzsituation. Dabei reagiert es nicht nur, wenn wir kooperieren, sondern auch dann, wenn andere mit uns kooperieren.[36] Auch faire Angebote aktivieren unser Belohnungszentrum.[37] Und nicht zuletzt löst Mitgefühl für eine traurige Person das Belohnungszentrum der mitfühlenden Person aus.[38]

Mit anderen Worten, das Belohnungszentrum reagiert positiv auf Situationen und Eigenschaften, die der Natur des Menschen entsprechen – Kooperation (nicht Konkurrenz), Fairness (nicht Unfairness) und Mitgefühl (nicht Gleichgültigkeit) -, und versucht mittels Dopaminausstoß sicherzustellen, dass diese Handlungen auch tatsächlich durchgeführt werden.

Oxytocin – das Kuschel- und Vertrauenshormon

Ein weiterer Hinweis, dass der Mensch von Natur aus nicht als egoistischer Einzelkämpfer angelegt ist, ist der Botenstoff Oxytocin. Ihm eilt nicht nur der Ruf voraus, ein Kuschel- und Liebeshormon zu sein, sondern es funktioniert auch als Vertrauens- und Empathiehormon und hat damit einen positiven Einfluss auf das menschliche Zusammenleben insgesamt.

Oxytocin fördert die Großzügigkeit und die Bereitschaft, anderen Menschen zu vertrauen.[39] Oxytocin erhöht die Bereitschaft sich zu versöhnen.[40] Außerdem ist es mitverantwortlich, dass unser Gehirn nach Zuwendung und Kooperation strebt.[41] Oxytocin verbessert auch die Fähigkeit des Menschen, den Gefühlszustand seines Mitmenschen zu erkennen, und erhöht das Mitgefühl.[42]

Die Fähigkeit eines Menschen, den Botenstoff zu produzieren, wird bereits früh im familiären Umkreis ausgebildet. Je enger und liebevoller die familiäre Einbindung, desto höher auch die Konzentration.[43] Im späteren Leben aktivieren insbesondere Liebeserfahrungen die Produktion dieser körpereigenen »Wohlfühl- und Gesundheitsdroge«.[44] Die Bildung von Oxytocin wird aber auch angeregt, wenn sich Menschen kooperativ und altruistisch verhalten. Ebenso durch alle Formen freundlicher Interaktion.[45]

Bleiben hingegen während der Kindheit und Jugend gute Beziehungserfahrungen aus und vermittelt die Beziehung zu den Eltern keine Erfahrung von Nähe und Vertrauen, ist die Oxytocin-Konzentration gering. Das konnte etwa bei Menschen nachgewiesen werden, die ihr erstes Lebensjahr in einem Kinderheim verbrachten.[46]

Im Hinblick auf die Rolle von Oxytocin auf das mitmenschliche Verhalten zeigen sich daher zwei Regelkreisläufe, die von existenzieller Bedeutung sind. Der Teufelskreis offenbart sich, wenn man die Gründe für das Schwinden der Oxytocin-Konzentration betrachtet. Menschen, die wenige Bindungserlebnisse erfahren haben, weisen, wie bereits angedeutet, eine geringere Konzentration auf und sind daher auch weniger zu Mitgefühl, Bindung und Vertrauen fähig. Sie reagieren auf Misstrauen mit einer Senkung der Oxytocin-Konzentration und sind deshalb auch weniger geneigt, anderen Vertrauen und Mitgefühl entgegenzubringen.

Es existiert aber auch ein positiver Regelkreislauf, eine Feedback-Schleife: Menschen verhalten sich aufgrund einer hohen Oxytocin-Konzentration vertrauensvoller, mitfühlender und großzügiger und lösen durch ihr Verhalten den Anstieg von Oxytocin bei ihren Mitmenschen aus, die wiederum auf diesem Weg Vertrauen, Mitgefühl und Großzügigkeit erfahren und damit auch selbst jetzt eher bereit sind, ihrerseits Vertrauen zu schenken, mitzufühlen und großzügig zu sein.[47] Mit anderen Worten: Oxytocin ist sowohl Ursache als auch Wirkung von Bindungserfahrungen.[48]

Social Brain – das Tor zum Mitmenschen

Jede Psyche ist für eine andere Psyche unerforschlich, so dass es keinen gemeinsamen Nenner für Gefühle geben kann.

William Stanley Jevons[49]

Die Gedanken und Gefühle des Mitmenschen erscheinen uns wie ein Buch mit sieben Siegeln. Ein unenthüllbares Geheimnis, denn der Graben zum Inneren eines anderen Menschen wirkt unüberbrückbar. Der spanische Philosoph José Ortega y Gasset sieht nur eine mögliche Konsequenz: »Menschliches Leben im Sinne der radikalen Wirklichkeit ist nur das Leben des Einzelnen, ist nur mein Leben. (…) (Es ist) wesentlich Einsamkeit, radikale Einsamkeit«.[50] Georg Büchner drückt dies in *Dantons Tod* mit seiner unvergleichlichen Sprachgewalt so aus: »Einander kennen? Wir müssten uns die Schädeldecken aufbrechen und die Gedanken einander aus den Hirnfasern zerren.«

Ein genauerer Blick auf das menschliche Gehirn in den letzten Kapiteln hat Erstaunliches enthüllt. Spiegelneuronen, Belohnungszentrum und Oxytocin weisen darauf hin, dass der Mensch von Natur aus ein zutiefst soziales Wesen ist. Folgerichtig sprechen die Neurowissenschaftler Thomas Insel und Russell Fernald auch vom »Social Brain« des Menschen. Marco Iacobini erklärt daher: »Menschen sind auf Empathie programmiert.«[51]

Faszinierenderweise ist der Pessimismus der in den zu Beginn des Kapitels zitierten Beispielen fehl am Platze. So naheliegend es zwar zu sein scheint, dass Menschen dauerhaft dazu verdammt sind, voneinander getrennt zu sein, so sehr bietet tatsächlich gerade das menschliche Gehirn die Möglichkeit, den emotionalen Zustand eines Mitmenschen instinktiv zu erfassen.[52] Der japanische Physiologe Kiyoshi Nakahara spricht poetisch von einem »einmaligen Prinzip im Gehirn, um das Selbst mit einem Fremden zu verbinden«.[53]

Dies ist auch der Grund, warum bereits kleine Kinder mühelos erfassen können, was im Geist – und damit im Gehirn – der Menschen ihres Umfelds vor sich geht, obwohl das menschliche Hirn vermutlich das komplexeste Organ im bekannten Universum ist.

Die wunderbare Grundausstattung unseres sozialen Gehirns führt aber leider keineswegs zwangsläufig zu Empathie und sozialem Verhalten, wie jeder Leser aus seinem Alltag wissen dürfte. Ebenso wie im Falle des Oxytocin. Die konkreten Lebenserfahrungen im menschlichen Miteinander können die faszinierende Anlage des sozialen Gehirns zur Mitmenschlichkeit erweitern oder aber auch verkümmern lassen. Daher stellt sich an dieser Stelle zwingend die Frage, ob die von Gesellschaft und Wirtschaft gestalteten Rahmenbedingungen unseres Lebens zu einer Steigerung von Oxytocin und Spiegelneuronen und damit zu einem menschlicheren Miteinander führen oder ob die Weichen so gestellt sind, dass die menschliche Grundfähigkeit zur Empathie verkümmert.

Ein Gemeinschaftswesen – der Wunsch nach dem Du

Der Mensch wird am Du zum Ich.

Martin Buber[54]

Berücksichtigt man gebührend die Biologie des menschlichen Gehirns, das auf Empathie eingestellt ist, so kann es nicht überraschen, dass der Mensch auch in seinem Verhalten ein zutiefst soziales Wesen ist. Bereits simple Grunderwägungen widersprechen dem tristen Bild, der Mensch sei von seiner Natur her auf Konkurrenz gepolt.

Ausgrenzung und Trennung – Und raus bist du!

Das Erlebnis dieser Getrenntheit und Abgesondertheit löst Angst aus; tatsächlich ist sie die Quelle jeder Angst.

Erich Fromm[55]

In einem Experiment zu sozialer Ausgrenzung an der Universität von Kalifornien, Los Angeles, spielen sich drei Menschen in einem simplen Videospiel einen Ball zu. Der eigentliche Proband weiß nicht, dass die anderen beiden Versuchsteilnehmer gebeten wurden, ihn nach kurzer Zeit nicht mehr anzuspielen. Ohne Erklärung wird er plötzlich ausgeschlossen und muss zusehen, wie ihn die beiden anderen im Spiel ignorieren. Folgt man der Vorstellung, der Mensch sei seiner Natur gemäß für ein Leben des »Jeder gegen jeden« geschaffen, so sollte dieses Erlebnis der Ausgrenzung nur ein Achselzucken hervorrufen. Tatsächlich ist aber das Gegenteil der Fall. Mithilfe eines Scanners kann nämlich gezeigt werden, dass in dieser Situation Schmerzzentren im Gehirn des Probanden aktiviert werden, dieselben wie auch bei tatsächlichen körperlichen Schmerzen.[56] Der Ausgeschlossene erlebt sogar eine körperliche Veränderung: Seine Schmerzschwelle sinkt insgesamt, sodass etwa der Kontakt mit heißen Gegenständen als unangenehmer empfunden wird.[57]

Naomi Eisenberger, Leiterin des Experiments, bemerkte hierzu, dass das Schmerzzentrum offenbar aktiviert wird, weil eine Trennungserfahrung als elementare Bedrohung eingestuft wird. Dies ist umso erstaunlicher, da der Proband seine beiden Mitspieler real nie zu Gesicht bekommt und es sich um ein schlichtes Videospiel handelt.

Sozialer Trennungsschmerz ist demnach eindeutig ein neurobiologisch körperlicher Schmerz: »Aus Sicht des Gehirns ist soziale Akzeptanz so wichtig wie die körperliche Unversehrtheit«, betont Joachim Bauer.[58]

Besonders desaströse Folgen für den Menschen hat die Trennung von den Eltern. Säuglinge reagieren verzweifelt und können sogar in Apathie versinken, wenn ihr Bedürfnis nach einer Reaktion der Eltern unbeantwortet bleibt. Kinder siechen ohne Wärme und Zärtlichkeit dahin.[59] Die Kindertherapeutin Françoise Dolto hat die Hilflosigkeit, die bei einem Säugling entsteht, wenn seine Wünsche und sein Verhalten ignoriert werden, drastisch als die »Entdeckung des Todes« bezeichnet.[60] Diese Feststellung beschreibt auch sehr treffend ein schreckliches Experiment des Stauferkaisers Friedrich II: Er wollte die »Ursprache« des Menschen entdecken und ließ Säuglinge von Ammen aufziehen, denen es verboten war, mit ihnen zu sprechen. Vereinsamt und ohne sozialen Kontakt verstarben die Babys alsbald.[61]

Die fundamentale Fehleinschätzung der menschlichen Natur hatte auch im 20. Jahrhundert tragische Konsequenzen. Lange Zeit war es Usus, dass Kinder, die längere Zeit im Krankenhaus verbringen mussten, nur einmal in der Woche einige Minuten von ihren Müttern besucht werden durften. Die Kinder siechten oftmals am sogenannten »Hospitalismus« dahin und verstarben an Infektionen, die mit ihrer ursprünglichen Erkrankung in keiner Weise in Verbindung standen.[62]

Einsamkeit – Tortur für Leib und Seele

Wäre das Bedürfnis nach Gemeinschaft nicht so elementar im Wesen des Menschen verankert, so würden wir uns nicht derart vor Einsamkeit und Isolation fürchten.

Jeremy Rifkin[63]

Wenn also bereits die Erfahrung von Ausgrenzung und Ausschluss für den Menschen schmerzhaft ist, welche Bedeutung hat dann die Einsamkeit in einer Welt des andauernden Konkurrenzkampfes für den Menschen? Wenn also bereits die Erfahrung von Ausgrenzung und Ausschluss für den Menschen schmerzhaft ist, welche Bedeutung hat dann die Einsamkeit in einer Welt des andauernden Konkurrenzkampfes für den Menschen? Soziale Isolation ist paradoxerweise gerade in unserer vernetzten modernen Welt zu einem Massenphänomen geworden. In Großbritannien spricht man aktuell von einer »Einsamkeitsepidemie«, insbesondere der älteren Generation. 1,2 Millionen Rentner sollen chronisch einsam sein. Eine halbe Millionen älterer Menschen verbringt fünf bis sechs Tage in der Woche, ohne einen anderen Menschen zu sehen oder zu sprechen. Als Reaktion auf dieses Massenphänomen hat Großbritannien nun ein Ministerium für Einsamkeit eingerichtet.[64]

Einsamkeit ist aber keineswegs nur ein gravierendes Problem der Rentner. Junge Menschen fühlen sich nicht minder einsam. In Frankreich leben 700 000 Personen zwischen 15 und 30 Jahren in einer Situation sozialer Isolation. 60 Prozent dieser Menschen kommen sich nutzlos vor. Das entspricht gut sechs Prozent aller Franzosen in dieser Altersgruppe.[65]

Einsamkeit wirkt nicht nur schädigend auf die Seele, sondern bezeichnenderweise auch auf den Körper, wie eine Reihe von Studien bestätigt. Allein das subjektive Gefühl, einsam, isoliert und verlassen zu sein, wirkt sich schädlich auf den Betroffenen aus.[66] Einsame Menschen haben häufiger einen Herzinfarkt und leiden öfter unter Herzrhythmusstörungen, chronischer Herzschwäche, anderen Herz-Kreislauf-Störungen sowie Bluthochdruck. Einsamkeit vergrößert zudem die Wahrscheinlichkeit einer depressiven Erkrankung, von Demenz, Paranoia, Selbstmord und Alkoholismus.[67]

Die Psychologin Julianne Holt-Lunstad von der Brigham Young University hat 70 Studien mit 3,4 Millionen Menschen für eine Metastudie zur chronischen Einsamkeit und sozialen Isolation in den USA ausgewertet. Ihre Schlussfolgerungen sind alarmierend:

- Einsamkeit ist doppelt so schädlich wie Fettsucht.
- Einsamkeit ist genauso schädlich wie 15 Zigaretten am Tag.
- Einsamkeit ist genauso schädlich wie Alkoholmissbrauch.[68]

Dabei ist nicht ausschlaggebend, ob Menschen in einem Singlehaushalt wohnen, mit anderen zusammenleben, oder verheiratet sind. Relevant ist letztlich die allgemeine soziale Integration, sprich, wie gut Menschen in ihr soziales Umfeld eingebunden und miteinander vernetzt sind.

Zuwendung – Schau mir in die Augen!

Nimmt man gebührend zur Kenntnis, wie desaströs für den Menschen das Gefühl von Ausgrenzung und Einsamkeit ist, das offensichtlich seiner Natur und seinen Bedürfnissen diametral entgegenläuft, so lässt sich erahnen, welche positiven Auswirkungen Zuwendung und Nähe für den Menschen hat.

The Nature of Love (deutsch: Das Wesen der Liebe) lautete ein Artikel des Ethnologen Harry Harlow aus dem Jahre 1958 zu einem vielbeachteten Experiment.[69] Rhesusaffen-Babys, die nach der Geburt von ihren Müttern getrennt wurden, ließ man in einem Experiment die Wahl zwischen zwei Ersatzmüttern. Eine Eisendrahtkonstruktion, die eine Babyflasche anbot, und ein weiches Stofftier, bei dem es allerdings keine Milch zu holen gab. Die Babys kuschelten sich grundsätzlich an die weiche »Mutter« und suchten die mechanische Eisendrahtkonstruktion nur auf, wenn sie der Hunger trieb. Harlows

Resümee: »Der Mensch lebt nicht von Milch allein. Liebe ist ein Gefühl, das nicht auf eine Flasche – oder Brei – angewiesen ist.«

Auch bei Menschen zeigt sich die existenzielle Bedeutung der Zuwendung besonders bei Neugeborenen: Untersuchungen offenbarten, dass die Bindung des Kindes zur Mutter einen entscheidenden Einfluss auf kindliche Stressgene hat.[70] Wie der kanadische Forscher Michael Meaney zeigen konnte, schützt eine liebevolle Zuwendung der Mutter im Kindesalter später vor einer Überreaktion der Stressgene.[71] Darüber hinaus erweist sich Streicheln als eine homöopathische Medizin par excellence: Bei Neugeborenen senkt das Schmerzempfinden, wenn sie gestreichelt werden.[72] Zu wenig Hautkontakt hingegen beeinträchtigt neuronales Wachstum. Daher betont der Psychiater und Philosoph Thomas Fuchs: »Mangel an Wärme und Hautkontakt in der frühkindlichen Phase beeinträchtigt die neuronale Differenzierung, führt zu Wachstumsretardierung und später zu Verhaltensstörungen.«[73] Eine konstante, fürsorgliche und liebevolle Beziehung der Eltern zu ihrem Kind ist daher nicht nur aus menschlichen Gründen geboten, sondern entspricht auch der Natur des Menschen, denn sie gewährleistet eine ungestörte neurobiologische Entwicklung des Kindes.[74]

Körperliche Zuwendung ist auch für Erwachsene existenziell. Tatsächlich profitiert das menschliche Herz unmittelbar von Nähe, Einfühlung und Freundschaft. Eine herzliche oder eine zärtliche Begrüßung durch den Partner senkt den Blutdruck.[75] Der Mensch fühlt sich wohler.

Menschliche Zuwendung muss aber nicht zwangsläufig körperlicher Natur sein, um ihr positives Potenzial zu entfalten. Wie in einem späteren Kapitel noch gezeigt werden wird, kann die heilsame Wirkung von intensiven sozialen Beziehungen kaum hoch genug eingeschätzt werden. Die bereits erwähnte, groß angelegte Metastudie von Julianne Holt-Lunstad belegt: Das Gefühl von sozialer Verbundenheit und Freundschaft reduziert das Risiko eines frühen Todes um die Hälfte.[76] Bereits frühere Studien konnten die heilsamen Auswirkungen sozialer Verbundenheit in jedem Lebensalter belegen.[77]

Allein die Zuwendung des Arztes hilft und fördert den Heilungsprozess. Die Hälfte der Probanden empfindet nicht nur eine subjektive Besserung, sondern es zeigt sich bei ihnen auch eine signifikante

Zunahme der Aktivität der körpereigenen Opioide, die Schmerzen lindern, ein Hinweis darauf, dass wir neurobiologisch auf Bindung geeicht sind.[78]

Exkurs 1: Gene bestimmen das Leben

Es ist ein Trugschluss – nebenbei gesagt ein sehr häufiger – anzunehmen, dass genetisch ererbte Merkmale per definitionem feststehend und unveränderbar sind.

Richard Dawkins[79]

Jede Betrachtung über die Natur des Menschen muss zwangsläufig auch auf dessen scheinbare Bestimmung durch seine Gene eingehen. Schenkt man den vielen Berichten zum Thema Glauben, können Gene identifiziert werden, die entweder altruistisches oder egoistisches Verhalten des Menschen hervorrufen, die Gier und Kriegslust erklären oder die Angst vorm Zahnarzt und nicht zuletzt sogar bestimmen, wie häufig Jugendliche SMS versenden. Manche Wissenschaftler suggerieren sogar, dass eine Untersuchung der Natur des Menschen schlicht unsinnig ist, da einzig und alleine die Gene das jeweilige Verhalten bestimmen.[80]

In dieser Sichtweise scheint auch die Berechnung des Genoms nichts anderes als eine mathematische Übersetzung des Menschen in seine biologischen Einzelbausteine: ein wunderbares, aber durch und durch deterministisches Bild des Menschen, das gerade im Zeitalter von Big Data und binärer Programmierung auf Begeisterung stößt.

Eine Gruppe von US-amerikanischen Genetikern und Neuroforschern warnt ausdrücklich vor dem aktuell um sich greifenden genetischen Determinismus und beklagt, dass hohe Vererbungsraten lediglich dazu benutzt würden, den Glauben zu verbreiten, seelische Gesundheit und Verhalten seien vorwiegend durch genetische Faktoren beeinflusst.[81] Es liegt auf der Hand, dass diese Vorstellung auch bei einigen Politikern inzwischen großen Zuspruch findet, entbindet es sie doch von einer durchdachten Sozialpolitik.

Einziges Problem: Diese Vorstellung ist ein Mythos. Joachim Bauer betont: »Gene steuern nicht nur, sie werden auch gesteuert. Die Vorstellung, dass Gene auf eine starr festgelegte Weise funktionieren und danach das gesamte Leben programmieren, ist nicht zutreffend. Vielmehr unterliegen Gene zahlreichen Einflüssen, die ihre Aktivität in hohem Masse regulieren.«[82]

Matthieu Ricard, promovierter Zellgenetiker und weltbekannter buddhistischer Mönch, erklärt den Zusammenhang sehr umfassend: »Um aktiv zu sein, muss ein Gen ›exprimiert werden‹, d.h., es muss eine ›Transkription‹ in Form eines spezifizierten Proteins, das auf den Trägerorganismus dieses Gens wirkt, erfolgen.«[83] Wird ein Gen hingegen nicht exprimiert, so ist dies gleichsam, als würde dieses Gen gar nicht existieren.

Die jüngste Genforschung ergab, dass das Umfeld des Menschen die Genexpression durch den Prozess der sogenannten ›Epigenetik‹ erheblich modifizieren kann.[84] Hierbei spielen jedoch nicht nur äußere Lebensumstände eine Rolle, sondern auch mentale Zustände können Genexpression aktivieren oder deaktivieren.[85]

Tatsächlich werden die meisten Gene des Körpers reguliert, nur sehr wenige Gene sind andauernd und unverändert aktiv.[86] Mit anderen Worten, Gene bestimmen durchaus das Leben eines Menschen. Ob sie aber aktiviert werden oder nicht, ist von den äußeren Lebensumstände abhängig. Aber auch seelische Erlebnisse können Genexpression aktivieren oder deaktivieren.[87] Dies ist das grundlegende Thema der sogenannten Epigenetik.[88]

Zwei beeindruckende Experimente verdeutlichen die Einwirkung der konkreten Lebenswirklichkeit auf die Gene: Im Jahr 1997 beobachtete eine Arbeitsgruppe um Michael Meaney von der Universität Montreal, dass neugeborene Ratten, die in der Zeit unmittelbar nach der Geburt ein geringeres Ausmaß an mütterlicher Nähe und Liebe erhalten hatten als eine genetisch identische Kontrollgruppe, auf eine Stresssituation später mit einer deutlich intensiveren Aktivierung des CRH-Stressgens reagierten. Die fehlende mütterliche Zuwendung hatte auf Dauer eine geringere Aktivierung von Antistressgenen produziert.[89]

Die Grenzen des genetischen Determinismus zeigt ein weiteres Experiment von Michael Meaney. Neugeborene Ratten, die durch ihre

Gene eine Anlage zu großer Ängstlichkeit hatten, wurden während ihrer ersten zehn Lebenstage einer Rattenmutter übergeben, die aus einem Stamm war, der gegenüber seinem Nachwuchs als besonders fürsorglich galt. In diesen zehn Tagen erfolgte bei den jungen Ratten keine Expression der mit Angst verbundenen Gene. Tatsächlich hielt dieser Zustand ihr gesamtes Leben lang an! Genetisch identische Rattenbabys, die jedoch bei ihren weniger fürsorglichen Müttern blieben, waren ihr Leben lang ängstlich und schreckhaft.[90] Meaneys Untersuchungen bewiesen, dass Erfahrungen epigenetische Veränderungen bewirken können, die lange Zeit anhalten. Es konnte nachgewiesen werden, dass etwa Menschen, die in ihrer Kindheit misshandelt wurden, epigenetische Veränderungen erfahren, die noch lange Charakter und Verhalten prägen.[91] In manchen Fällen wurde die Veränderung der Genexpression sogar an nachfolgende Generationen weitergegeben.[92]

Joachim Bauers wichtige Schlussfolgerung lautet daher: »Gene führen kein nur auf sich selbst gestelltes, gleichsam ›autistisches‹ Eigenleben, sondern können nur im Zusammenspiel mit der Umwelt aktiv werden. (…) Eine noch so fantastische genetische Ausstattung hilft dem Säugling also nichts, wenn es keine Umwelt und keine zwischenmenschlichen Beziehungen gibt, die den genetischen Apparat aktivieren.«[93]

Exkurs 2: Das Gedächtnis des Körpers

Ein Erlebniseindruck kann emotional so aufregend sein, dass er beinahe so etwas wie eine Narbe in der Gehirnsubstanz hinterlässt.

William James[94]

Alles, was einem Menschen widerfährt, insbesondere in seinen zwischenmenschlichen Beziehungen, wird in bioelektrische Impulse und in die Freisetzung von Nerven-Botenstoffe umgewandelt. Auf diese Weise macht das Gehirn aus jedem psychischen einen biologischen Vorgang.[95] So können seelische Erlebnisse zu einem körperlichen Schmerzgedächtnis führen.

Zahlreiche Experimente und Studien haben die Existenz eines Schmerzgedächtnisses des Körpers belegt. Joachim Bauer erklärt diesen Zusammenhang wie folgt: »Intensive, wiederholte oder länger dauernde Schmerzen verändern – wie alle anderen Lebenserfahrungen auch – in Nervenzellen des Gehirns die Aktivität von Genen, so dass es zu Veränderungen von Verschaltungen (Synapsen) und zum Umbau von Nervenzell-Netzwerken kommt. Schmerzerfahrungen werden also in der Seele beziehungsweise im Gehirn gespeichert, sie hinterlassen im Körper eine Inschrift«.[96] Erlittene Schmerzen hinterlassen insbesondere im Rückenmark eine »Inschrift«, indem »sie in Nervenzellen des Rückenmarks die Aktivität verschiedener Gene und die Verschaltungen (Synapsen) von Nervenzellen verändern.«[97] Schmerzerfahrungen, seien sie seelischer oder körperlicher Natur, beeinflussen daher auch später die Bewertung einer neuen vergleichbaren Schmerzsituation in besonderer Weise.

Der Körper erinnert sich also ebenso sehr an das Erlebte wie der Geist. Der Körper ist aber auch beim Denken beteiligt, wie wir sehen werden. Eine Trennung zwischen Körper und Geist ist schlicht unsinnig.

Exkurs 3: Irrationaler Mensch – denkender Körper

Wir denken mit unserem Körper, nicht nur mit unserem Gehirn.

Daniel Kahneman[98]

Stellen Sie sich die folgenden Situationen vor:

A Eine 61-prozentige Chance, 520 000 Dollar zu gewinnen, ODER eine 63-prozentige Chance, 500 000 Dollar zu gewinnen.

B Eine 98-prozentige Chance, 520 000 Dollar zu gewinnen, ODER eine 100-prozentige Chance, 500 000 Dollar zu gewinnen.

Wie würden Sie sich in den Situationen jeweils entscheiden?

Wenn Sie bei der ersten Frage die erste Option und bei der zweiten Frage die zweite Möglichkeit gewählt haben, haben Sie damit ungewollt den Beweis erbracht, dass Sie sich unlogisch entscheiden. Denn rein mathematisch bergen die beiden anderen Varianten die gewinnträchtigere Möglichkeit. Sie befinden sich damit jedoch in bester Gesellschaft, denn die meisten Menschen entscheiden so und sogar alle Teilnehmer einer hochkarätig besetzten Konferenz von Wirtschaftswissenschaftlern 1952 in Paris.[99] Doch obwohl der Wirtschaftsnobelpreisträger Maurice Allais den dortigen Konferenzteilnehmern damit die Grenzen ihrer eigenen Rationalität demonstriert hatte, wollten die überführten Ökonomen nicht von ihrer Grundannahme eines streng rational handelnden Menschen ablassen. Damit hätten sie schließlich auch eine Reihe anderer grundlegender Annahmen ihres Denkens revidieren müssen.[100]

Der Wirtschaftsnobelpreisträger Daniel Kahneman präsentiert in seinem Buch *Schnelles Denken. Langsames Denken* eine Reihe von Beispielen aus der Verhaltensökonomie, die beweisen, wie irrational der Mensch tatsächlich oftmals entscheidet und wie wenig die Annahme des rationalen Menschen, wie ihn das Modell des Homo oeconomicus propagiert, mit der Lebenswirklichkeit zu tun hat. Seine These: Der Mensch kann gar nicht vollkommen rational denken und handeln, selbst wenn er es möchte. Eine Tatsache, die unter anderem auch das oft vollkommen widersinnige Schwarmverhalten von Händlern an der Börse erklärt.

Die Vorstellung eines strikt rationalen Menschen hängt nicht zuletzt auch mit der Vorstellung des Dualismus zusammen, der Annahme nämlich, Körper und Geist seien zwei getrennte Einheiten. Diese verfehlte Annahme brachte der Neurowissenschaftler Antonio Damasio auf die einprägsame Formel: »Kein Körper, kein Geist.«[101]

Unser Körper beeinflusst unser Denken auf wahrlich verblüffende Weise:

- Unsere Einschätzung und unser Verhalten anderen Menschen gegenüber hängen davon ab, ob wir eine warme Tasse oder ein kaltes Glas in den Händen halten.[102]
- Sonne und Wetter haben Einfluss auf unsere politische Wahrnehmung und Einstellung.[103]

- Probanden mit der schlichten Anweisung, beim Hören von Radionachrichten mit dem Kopf zu nicken, stimmten den Nachrichten eher zu als jene, die den Kopf schütteln sollten.[104]
- Die Treffgenauigkeit der menschlichen Intuition bei der Wahrnehmung eines bestimmten Sachverhalts kann mehr als verdoppelt werden, wenn die Probanden zuvor in eine positive Stimmung versetzt werden.[105]
- Richter fällten mit einem leeren Magen härtere Urteile als ihre Kollegen, die zuvor gut gegessen hatten.[106]

Abschließend bleibt anzumerken: Die Werbebranche, die immer stärker die Erkenntnisse der Neurowissenschaften nutzt, geht ganz entschieden von einem irrational handelnden Menschen aus. Edward Bernays, Neffe von Sigmund Freud und Erfinder der Public Relations, schrieb schon 1928 in seinem Klassiker *Propaganda*: »Menschen (…) sind oft von Beweggründen getrieben, die sie vor sich selbst verbergen.«[107]

Was für eine Welt, in der das Menschenbild der Werbebranche deutlich näher an der Natur des Menschen ist als die Wirtschaftswissenschaften. Doch sie sind es, welche die Grundlagen für zentrale politische Entscheidungen schaffen – Entscheidungen, die unser wirtschaftliches und gesellschaftliches Zusammenleben nachhaltig prägen und bestimmen.

Aber nun zum menschlichen Verhalten!

3 Das menschliche Verhalten

Denn Menschlichkeit und Gerechtigkeit sind in unser aller Herzen verwurzelt.

Mengzi (Bedeutendster Nachfolger des Konfuzius)[1]

Egoismus – me, myself and I

Warum soll ich etwas für zukünftige Generationen tun? Haben die je etwas für mich getan?

Groucho Marx[2]

Angesprochen auf die Gefahr der globalen Erderwärmung, bekannte der amerikanische Magnat Stephen Forbes: »Unser Verhalten zu ändern, weil in hundert Jahren etwas passieren wird, wäre meines Erachtens äußerst seltsam.« Noch weniger Mühe, seinen Egoismus zu verstecken, gibt sich der Chef der größten Gewerkschaft der Fleischproduzenten in den USA: »Was zählt, ist, dass wir unser Fleisch verkaufen. Was in fünfzig Jahren passiert, geht uns nichts an.«[3]

Egoismus begegnet uns nicht nur in Politik und Wirtschaft, sondern auch im Alltag. Scheint es nicht schlicht Lebenserfahrung zu sein, dass der Mensch von Natur aus egoistisch ist? Ganz in diesem Sinne behauptet der US-amerikanische Sachbuchautor Dinesh D'Souza: »Einige Kritiker werfen dem Kapitalismus vor, ein egoistisches System zu sein. Aber der Egoismus ist nicht im Kapitalismus – er ist in der Natur des Menschen.«[4]

Für eine möglichst genaue Einordnung der Natur des Menschen ist es aber nicht ausreichend, lediglich das Verhalten einer wahrgenommenen oder tatsächlichen Mehrheit einer Gesellschaft zu beschreiben. Das mag viel über die beobachtete Gesellschaft aussagen, jedoch nicht zwingend etwas über die menschliche Natur. In diesem Sinne warnt auch Frank Schirrmacher: »Alle Fallensteller tarnen ihre Fallen. Im Wald können es mit Blättern und Erde verdeckte Fangeisen sein: Artefakte, die so tun, als seien sie Natur. Unter Menschen tarnt man die Fallen als Naturgesetze. So wie die Behauptung: ›Der Mensch ist eigensüchtig‹ – und zwar von den Genen bis zur Moral. Eine ökonomische Theorie hat diese These, unterstützt von modernen Rechenmaschinen, zu einem Naturgesetz gemacht. Und wir beginnen es zu spüren.«[5]

Im nun folgenden Teil wird es darum gehen, diese Fallen als solche zu enttarnen. Dabei soll intensiv der aktuelle Forschungsstand zu Rate gezogen werden und besonders Experimente mit Kleinkindern im Fokus stehen, um die Frage genauer beantworten zu können, wie denn die menschliche Natur tatsächlich beschaffen ist.

Altruismus – der Blick auf den Mitmenschen

Jeder von uns ist der Beweis, dass sogar in der Hölle,
sogar in dieser Hölle, die sie Shoah nennen,
man dem Guten begegnen konnte, der Liebe,
der Güte und dem Mitgefühl.

Abraham Foxman,
während der Shoah verstecktes jüdisches Kind[6]

Der Zweite Weltkrieg, eine der barbarischsten und unmenschlichsten Perioden der Menschheitsgeschichte, war auch Schauplatz einer Vielzahl von altruistischen Handlungen. Im Holocaust starben sechs Millionen Juden. Weniger bekannt ist, dass Tausende Juden gerettet wurden, wobei oftmals die Retter ihr eigenes Leben riskierten.

Ein Beispiel stellvertretend für die knapp 27 000 Menschen, die von der israelischen Gedenkstätte Yad Vashem als »Gerechte unter den Völkern« geehrt wurden: Feldwebel Anton Schmid brachte in der litauischen Stadt Vilnius Hunderte Juden in weniger gefährdete Ghettos, um sie vor dem sicheren Tod zu retten. Als sein Handeln aufflog, wurde er von einem Kriegsgericht zu Tode verurteilt und hingerichtet.[7]

Vielleicht ist die Güte des Menschen tatsächlich viel verbreiteter, als man meint. Erstaunlich klingen die retrospektiven Erklärungen der Helfer für ihren Altruismus im Zweiten Weltkrieg, denn oft sagen sie schlicht: »Ich dachte, es ist vollkommen natürlich«, »Jeder andere hätte das gleiche an meiner Stelle getan«, »Ich fühlte, dass ich das machen muss« und »die Hand des Mitleids war schneller als die des Kalküls und des Verstandes«.[8] Nur drei Prozent der Lebensretter bezeichnen das eigene Verhalten als außergewöhnlich, wie das Ergebnis einer Untersuchung von Nachama Tec, Professorin der Soziologie an der Universität Connecticut, zeigte. Viele Helfer holen sogar ihre Ehrungen nicht ab und wünschten anonym zu bleiben.[9]

Auch im Alltag jenseits von Extremsituationen kommt es zu Fällen von beeindruckendem Altruismus. Der US-Amerikaner Wesley Autrey wartete an einer U-Bahn-Station mit seinen beiden Töchtern, als ein Mann einen epileptischen Anfall erlitt. Autrey klemmte ihm sofort einen Kugelschreiber zwischen die Zähne, damit der Mann sich nicht auf die Zunge biss. Nach dem Anfall konnte der Mann wieder stehen. Doch als die U-Bahn einfuhr, taumelte er und fiel aufs Gleis. Autrey sprang sofort hinterher. Weil aber der Mann zu schwer war, drückte Autrey ihn zwischen die Schienen und legt sich auf ihn. Fünf Wagen rollten über Wesley Autrey. Zwischen seinem Kopf und dem Zug blieben nur zwei Zentimeter Platz. Sein Kommentar zu seiner ungewöhnlichen Tat: »Ich sah nur einen Menschen, der Hilfe brauchte. Da tat ich, was zu tun war.«[10]

Eine andere Geschichte: Valentin Filipenko, ein 59-jähriger Mann aus Rostock, fuhr auf einem Fahrrad, als er zwei Jungen auf einem zugefrorenen See spielen sah. Sofort riet er ihnen, an Land zu kommen, aber Sekunden später brach die dünne Eisdecke. Filipenko reagierte sofort, rannte auf den See und brach selbst durch das Eis. Er hielt die Jungen abwechselnd über Wasser, bis die Rettungskräfte kamen.[11]

Eine quantitative Forschungsarbeit des Psychologen Jacques Lecomte belegt, dass solche Rettungstaten weit häufiger vorkommen, als man es vermuten würde: Als es im Dezember 2010 in Frankreich besonders kalt war, sprangen fast jeden Tag Menschen in eiskaltes Wasser, um andere zu retten. Diese Meldungen tauchten jedoch nur in den jeweiligen Lokalmedien auf.[12]

Altruistische Akte existieren. Keine Frage. Dennoch sind Anhänger des kapitalistischen Menschenbildes keineswegs um Erklärungen für die Existenz altruistischen Verhaltens verlegen. Die wichtigsten wollen wir an dieser Stelle kurz erläutern.

Widerlegungsversuche – Begründungen für die Nicht-Existenz des Altruismus

Anhänger des kapitalistischen Menschenbildes sind keineswegs um Erklärungen für die Existenz altruistischen Verhaltens verlegen. Die wichtigsten wollen wir an dieser Stelle kurz erläutern.

Psychologischer Egoismus – verkapptes Laster

Kratz einen Altruisten und sieh einen Heuchler bluten.

Michael Ghiselin[13]

Hinter Heldentaten, wie sie bruchstückhaft im letzten Kapitel präsentiert wurden, glaubte der bereits erwähnte Bernard Mandeville nur blanken Egoismus leuchten zu sehen:

> »Es liegt kein Verdienst darin, ein unschuldiges Kindchen zu retten, das nahe daran war, ins Feuer zu fallen. Die Handlung ist weder gut noch schlecht, und welchen Nutzen das Kind auch davon haben mag, wir verfahren dabei lediglich in unserem eigenen Interesse. Denn seinen Fall gesehen und nicht gestrebt zu haben, ihn zu verhindern, würde eine Pein verursacht haben, die der Selbsterhaltungstrieb uns zu vermeiden zwang.«[14]

Den schlichtesten, aber auch radikalsten Versuch, die Existenz des Altruismus zu widerlegen, unternehmen Vertreter des »psychologischen Egoismus«. Dieser beruht auf der Überzeugung, das Ziel hinter allem Verhalten und Streben des Menschen (auch dem unbewussten) sei nichts anderes als die Steigerung des eigenen Wohlbefindens und die Verwirklichung der eigenen Wünsche. Oder, um mit den Worten des französischen Philosophen François de La Rochefoucauld zu sprechen: »Unsere Tugenden sind meist nur verkappte Laster.«[15]

Diese Einschätzung der menschlichen Psyche entspricht natürlich exakt dem Menschenbild des Nutzenmaximierers. Denn die Schlussfolgerung für den psychologischen Egoismus lautet ganz einfach, dass hinter jeder guten Tat ausschließlich die eigentliche Motivation steckt, das persönliche Ansehen zu steigern, oder die Wonne des guten Gewissens. Der Mensch strebt demnach lediglich danach, durch seinen scheinbaren Altruismus sein eigenes Wohlbefinden zu erhöhen. Gern wird in diesem Zusammenhang auch auf die große Befriedigung verwiesen, die Organspender empfinden, oder das Glücksgefühl der Menschen, die einen Juden während des Holocausts versteckt haben.[16] Somit erscheint der Beweis schlüssig erbracht und das kapitalistische Menschenbild bestätigt.

Die Logik hinter dem psychologischen Egoismus ist jedoch schlicht ein Zirkelschluss: Von Anfang an wird unterstellt, dass Menschen nur Dinge tun, die ihnen Genuss bereiten. Im Umkehrschluss wird dann gefolgert, dass jeder Tat der persönliche Genuss zugrunde liegt. Mithilfe eines solchen Zirkelschlusses vermag der psychologische Egoismus freilich jede erdenkliche Handlung einsilbig zu erklären.

Matthieu Ricard dekonstruiert diese Denkrichtung auf eine sehr galante Weise: »Die Schwäche des psychologischen Egoismus«, so sagt er, »liegt in der Behauptung, er allein ermögliche es, alle menschlichen Verhaltensweisen zu erklären. Es ist egoistisch, einem Kind eine Pflaume nicht zu geben (Du willst sie für dich behalten), und es ist egoistisch, sie ihm zu geben (Du tust das, um ein gutes Gewissen zu haben).«[17] Daher könnte man selbst Jesus oder Mahatma Gandhi unterstellen, ihre Selbstaufopferung zeuge in Wirklichkeit einzig von ihrem ausufernden Egoismus. Mit einem Wort: Der psychologische Egoismus kann auf diese Weise jedes Verhalten erklären, seine Logik ist in sich geschlossen und kann daher niemals schlüssig widerlegt werden. Wissenschaftliche Ansätze hingegen *müssen* falsifizierbar sein, wie der Philosoph Karl Popper argumentiert: »Eine Theorie, die durch kein denkbares Ereignis widerlegt werden kann, ist unwissenschaftlich. Unwiderlegbarkeit ist nicht, wie oft angenommen wird, eine Stärke einer Theorie, sondern eine Schwäche.«[18] Die Theorie des psychologischen Egoismus genügt dieser Prüfung nicht.

Letztlich bleibt nur die schlichte Behauptung übrig, der Mensch sei von seinen eigenen Wünschen motiviert. Freilich eine Aussage von intellektuell erbärmlicher Banalität. Daher ist der psychologische Egoismus eine vollkommen unzureichende Erklärung für den Altruismus.

Der Versuch, den Altruismus zu negieren, zeigt sich aber auch bereits bei den oft erstaunlich verengenden Definitionen des Begriffs »Altruismus«. Beispielsweise warten die Wirtschaftswissenschaften und ebenso die Biologie mit einer beeindruckend eingeschränkten Beschreibung dieses Phänomens auf. Stellvertretend für viele sei der Evolutionsbiologe Richard Dawkins zitiert: »Ein Organismus (…) gilt als altruistisch, wenn er sich so verhält, dass er das Wohlergehen eines anderen, gleichartigen Organismus auf Kosten seines eigenen Wohlergehens steigert.«[19]

Wenn die Welt und auch die Mitmenschen praktisch nur noch durch eine Kosten-Nutzen-Matrix gesehen werden, überrascht es nicht, dass auch der Altruismus nur in diesen Kategorien gedacht werden kann und wird. Wie in einem Nullsummenspiel erscheint Altruismus als ein Opfer des einen zur Wohlsteigerung des anderen. Andere, breiter angelegte Definitionen geraten gar nicht erst ins Blickfeld von Wirtschaftswissenschaften und Biologie. Beispiel: Das französische Standard-Lexikon *Larousse* definiert Altruismus als die »uneigennützige Sorge um das Wohl eines anderen«, und die *International Encyclopedia of the Social Sciences* definiert Altruismus als »einen Zustand der Motivation, die darauf abzielt, das Wohlbefinden eines anderen zu erhöhen«.

Diese allgemeinen Definitionen klingen schon bedeutend anders und implizieren keine zwangsläufige Opferhaltung. Sie liegen damit aber auch dem menschlichen Erfahrungshorizont wesentlich näher.

Ein weitere Verengung und Verzerrung der Idee des Altruismus ist die im wirtschaftlichen Denken begründete Ansicht, es sei schlicht ein Widerspruch in sich, wenn ein Altruist Befriedigung empfindet (denn dann wäre ja die Handlung nach ihrer Definition egoistisch). In der Konsequenz heißt dies dann aber auch: Je schlechter man sich nach einer Handlung fühlt, desto eher ist man ein Altruist. Das aber ist eine sehr bedenkliche Einstellung, man könnte auch sagen: eine geradezu masochistische Sichtweise des Menschen. Nur weil jemand durch einen altruistischen Akt eine Befriedigung erfährt, ist damit bei Weitem nicht bewiesen, dass dieser Akt aus egoistischen Beweggründen geschieht.

Mit Worten von Matthieu Ricard: »Echter Altruismus erfordert nicht, dass man selbst leidet, wenn man anderen hilft, er verliert seine Authentizität nicht dadurch, dass er mit einem Gefühl tiefer Zufriedenheit einhergeht.«[20]

Altruismus schließt also in keiner Weise aus, Gutes für sich zu erstreben, da dies mit dem Wunsch, es möge anderen gut gehen, vereinbar ist.[21] Das Leben ist eben kein Nullsummenspiel, wie es die Wirtschaftswissenschaft immer unterstellt. Handlungen können durchaus das Wohlbefinden anderer Menschen erhöhen, ohne dass man dadurch an eigenem Wohlbefinden verliert. Einen blinden Menschen über die Straße zu begleiten, hilft diesem sehr und »kostet« den Helfenden nichts. Ricard schlussfolgert daher auch: »Der Scheidepunkt zwischen Altruismus und Egoismus liegt also im Wesen unserer Motivation.«[22] Helfe ich, damit ich mich danach als edler Mensch fühle, oder helfe ich, damit es dem anderen besser geht? Spätestens an der Beantwortung dieser einfachen Frage zeigt sich der alles entscheidende Unterschied zwischen egoistischem und altruistischem Verhalten.

Die Anhänger des kapitalistischen Menschenbildes haben aber noch weitere Erklärungen für die Existenz des Altruismus in petto, die hier kurz skizziert werden sollen, bevor wir uns der Antwort der Wissenschaft zuwenden.

Reziproker Altruismus – wie du mir, so ich dir

Eine Hand wäscht die andere.

Während der Ansatz des psychologischen Egoismus die eigenständige Existenz des Altruismus schlicht ablehnt, gesteht der sogenannte reziproke Altruismus durchaus zu, dass es in gewisser Hinsicht altruistische Handlungen gibt. Allerdings vollziehen wir diese nur dann – wie im Tauschgeschäft -, wenn bei uns die Erwartung besteht, dass der andere darauf seinerseits mit einer altruistischen Tat antwortet. Daher stellen altruistische Handlungen an sich für den reziproken Altruismus keinen Widerspruch zum kapitalistischen Menschenbild dar.

Stellvertretend für viele Wissenschaftler, die davon überzeugt sind, der reziproke Altruismus erkläre den Altruismus, sei hier der Biologe und Wissenschaftstheoretiker Franz M. Wuketits zitiert:

»Der Egoismus ist die Triebkraft der Hilfsbereitschaft, der Ausgangspunkt jedes gesellschaftlichen Handelns und jeder Moral. Alle Lebewesen – der Mensch ist dabei keine Ausnahme – sind von Natur aus egoistisch. (…) Der Altruismus – sei es bei Wölfen oder anderen ›vergesellschafteten‹ Arten – beruht auf Gegenseitigkeit: Das hilfsbereite Individuum profitiert von seinem eigenen Verhalten. Streng genommen, liegt also kein echter, sondern nur ein reziproker Altruismus vor (…) Man darf davon ausgehen, dass wahrhaft selbstloses Handeln ohne irgendeine mittel- bis langfristige Aussicht auf eigene Vorteile äußerst selten ist (oder in Wirklichkeit überhaupt nie auftritt).«[23]

Der Anthropologe und Verhaltensforscher Michael Tomasello, Co-Direktor des Max-Planck-Instituts in Leipzig, macht auf eine fundamentale Schwierigkeit dieses Erklärungsversuches aufmerksam:

»Das erste Problem ist, dass der reziproke Altruismus überhaupt keine Erklärung für den allerersten altruistischen Akt hat, der dieser Darstellung zufolge auf blindem Optimismus oder Zufall beruhen muss. Das zweite Problem ist der mächtige Impuls, abtrünnig zu werden: Sobald du mir meinen Vorteil verschafft hast, habe ich keinen Anreiz mehr, dir im Gegenzug deinen zu verschaffen.«[24]

Indirekte Reziprozität – Ich helfe dir und jemand anderes hilft mir

Altruismus ist »eine Investion in ein Kapital, das sich Vertrauenswürdigkeit nennt und später einmal ganz nette Dividenden in der Form anderer Leute Großzügigkeit auszahlt. Daher ist der kooperative Mensch alles andere als wahrhaft altruistisch.

Matt Ridley[25]

Eine komplexere Erklärung für die Existenz des Altruismus liegt in der sogenannten indirekten Reziprozität. Auf eine einfache Formel gebracht: »Ich helfe Dir und jemand anderes hilft mir.«[26]

Für den Mathematiker und Biologen Martin. A. Nowak ist das Verhaltensmuster des indirekten Altruismus sogar ein wichtiger Grund für die Entwicklung von Sprache und für die Entwicklung der überraschenden Größe des menschlichen Gehirns: »Damit unsere selbstlose Haltung von vielen gewürdigt und unsere Reputation gestärkt wird, ist mehr als Sprache nötig. Wir brauchen intelligente und aufnahmebereite Gehirne. Indirekte Reziprozität stützt sich auf das, was andere von uns halten.«[27]

Vetternwirtschaft – alles für die Familie

Ich würde mein Leben für zwei Brüder
oder acht Cousins hingeben.

J. B. S. Haldane[28]

Das Konzept der Verwandtenselektion – im Volksmund wird es oftmals in einer vereinfachten Form als »Vetternwirtschaft« bezeichnet – kann eine noch komplexere Erklärung für altruistisches Verhalten anbieten. Es stammt aus der Evolutions- und Soziobiologie und wurde in den 1960er-Jahren von den Biologen William D. Hamilton und Maynard Smith entwickelt.[29] Auch in den Wirtschaftswissenschaften hat dieses Konzept Eingang gefunden.[30]

Dieser Theorie zufolge hat sich die Verwandtenselektion deshalb entwickelt, weil die Menschen auf diese Weise sicherzustellen versuchen, ihre Gene an die nachfolgende Generation weiterzugeben. Daher sind sie logischerweise auch instinktiv bereit, Opfer zu bringen und sogar ihr Leben zu geben, um die Weitergabe ihrer eigenen Gene zu gewährleisten.[31]

Daher ist es durchaus logisch, dass ein Mensch um das Wohlergehen seines eineiigen Zwillings genauso besorgt sein sollte wie um sein eigenes. Schließlich ist für die Weitergabe seiner eigenen Gene das Wohl seines eineiigen Zwillings genauso wichtig wie sein eigenes. Ebenso konsequent – wenn auch bizarr – erscheint es aber auch, dass nach dieser Theorie »die Wahrscheinlichkeit, Altruismus zu erfahren, für Vettern zweiten Grades 1/16 so groß ist wie für Kinder und Geschwister«.[32] Auch wenn Richard Dawkins die mathematisch begründete Radikalität dieser Theorie ein wenig einschränkt und davon spricht, »dass der ›wahre‹ Verwandtschaftsgrad bei der Evolution des Altruismus vielleicht weniger wichtig ist als der beste Schätzwert des Verwandtschaftsgrades, den ein Tier erhalten kann«,[33] so sind die Grenzen dieser Theorie dennoch offenkundig. Denn so überzeugend sie allemal gedacht und mathematisch begründet ist (und nicht zuletzt deshalb eine so große Attraktivität bei den Wirtschaftswissenschaftlern genießt), so sehr liegt es auf der Hand, dass sie völlig versagt, beispielsweise eine Erklärung für das Verhalten von Wesley Autrey und Valentin Filipenko zu bieten: Diese Personen haben ja, wie gezeigt, spontan ihr Leben riskiert, um ihnen völlig unbekannte Menschen zu retten.

Eine andere, deutlich weiter gefasste Theorie versucht, die Existenz des Altruismus im Rahmen einer Gruppenselektion zu erklären. Wie der Name schon verrät, geht sie davon aus, dass Altruismus nicht auf die Verwandtschaft beschränkt ist, sondern vielmehr ein Verhalten darstellt, das der gesamten Gruppe zugute kommen soll. Tatsächlich zeichnen sich die Frühmenschen im Gegensatz zu Menschenaffen dadurch aus, dass sie nicht nur Verwandten und Freunden halfen, sondern auch begannen, zusätzlich ihren (potenziellen) gemeinschaftlichen Partnern helfend unter die Arme zu greifen, und zwar unabhängig davon, wie ihre Beziehung zu diesen in der Vergangenheit war.[34]

Die Idee der Gruppenselektion geht auf Charles Darwin zurück. Er sah die altruistische Tat durchaus als ein Verhalten an, das in der Evolution den Sieg über den Egoismus davontragen kann. Denn wenn ein Stamm aus Mitgliedern besteht, die sich durch besonderen Altruismus innerhalb der Gruppe auszeichnen, anderen helfen und sogar bei Gefahr ihr Leben für die Gruppe opfern, so erscheint das Überleben dieser Gruppe bestmöglich gesichert. Darwin bezeichnete dies daher als »natürliche Zuchtwahl«[35].

Während die Verwandtenselektion von einem allgemein herrschenden Egoismus ausgeht, den Altruismus auf die engste Verwandtschaft beschränkt und dabei das Verhalten auf einem wie auch immer gearteten Kosten-Nutzen-Kalkül basiert, sieht das Bild der Gruppenselektion den Mensch durchaus als ein altruistisches Wesen, allerdings auf einen engen und überschaubaren Rahmen begrenzt.

Aber was sagen wissenschaftliche Experimente zu den dargestellten Erklärungsversuchen für die Existenz des Altruismus?

Antworten mit wissenschaftlichen Experimenten – die Widerlegung der Widerlegungen

Während es für einen Egoisten von zentraler Bedeutung ist, dass er selbst die gute Tat ausführt und entsprechend auch die Lorbeeren dafür erntet (sei es inneres Wonne- und Wohlgefühl, sei es soziale Anerkennung), ist für den Altruisten entscheidend, dass dem Leidenden geholfen wird. Genau diese Unterscheidung nutzten die Forscher Robert Hepach, Amrisha Vaish und Michael Tomasello in einem Experiment am Max-Planck-Institut in Leipzig. Sie konnten dabei zeigen, dass zweijährige Kleinkinder zufrieden waren, wenn einer Person in einer Notlage geholfen wurde. Bemerkenswerterweise war ihre Zufriedenheit dabei aber unabhängig davon, ob sie selbst dieser Person geholfen hatten oder nur sahen, dass dieser von einem Dritten geholfen wurde. In beiden Fällen waren sie zufriedener, als wenn der Person gar nicht geholfen wurde. Tomasello kommentiert dieses Resultat wie folgt:

> »In einem wichtigen Sinne bedeutet das, dass ein Interesse an Reziprozität (entweder direkt oder indirekt) nicht die evolutionäre Grundlage für die Hilfe von Kleinkindern sein kann, weil man den Akt selbst vollziehen müsste, um von der Reziprozität zu profitieren, so dass man als Helfer identifiziert werden und später eine Rückerstattung dafür bekommen kann.«[36]

Im Hinblick auf Erwachsene konnten der Sozialpsychologe Dan Batson von der Universität Kansas und sein Team in zahlreichen Experimenten dieses Ergebnis bestätigen. Die wahren Altruisten (diejenigen also, die die größte Empathie für das Opfer verspürten) empfanden die gleiche Zufriedenheit über das Ende des Leids des Opfers, unabhängig davon, ob sie selbst aktiv das Leid verhindern konnten oder schlicht nur wussten, dass das Opfer am Ende keine Stromstöße mehr erhielt. Ihre Zufriedenheit beruht also auf dem Ende des Leids des anderen – ob sie dabei selbst die handelnde Person waren, war hingegen weniger ausschlaggebend. Dan Batson fasst seine Erkenntnisse wie folgt zusammen:

»Die Ergebnisse der über 15 Jahre durchgeführten 25 Forschungsarbeiten haben die Annahme bestätigt, dass wahrer Altruismus, der einzig und allein auf der Motivation beruht, das Wohl des anderen zu ermöglichen, wirklich existiert. (…) Bis heute gibt es keine plausible Erklärung für die Ergebnisse dieser Studien, die sie mit Egoismus begründen würde.«[37]

Batson und sein Team gingen auch der Frage nach der Motivation für eine altruistische Tat in einer Reihe komplexer Experimente auf den Grund. Sie wollten herauszufinden, ob letztlich egoistische Motive bei altruistischen Taten im Vordergrund stehen, wir uns also lediglich von der eigenen Belastung durch das Leid anderer befreien wollen, oder ob tatsächlich das Ende des Leidens anderer ausschlaggebend ist.

Bei einem Experiment beobachten die Probanden eine ihnen unbekannte Versuchsperson namens Elaine beim Lösen einer Gedächtnisaufgabe. Während sich Elaine an Zahlenreihen zu erinnern versucht, werden ihr willkürlich Stromstöße verabreicht, um angeblich die Beeinflussung widriger Umstände bei den Gedächtnisaufgaben zu untersuchen. Eine Hälfte der Probanden wurde dazu gebracht, ihre Anteilnahme für Elaine der Wirkung eines Medikaments zuzuschreiben, das in Wirklichkeit jedoch ein Placebo war. Diese Probanden sprachen vorwiegend von einer persönlichen Belastung, also eher egoistischen Gründen. Die andere Hälfte, die kein Placebo erhalten hatte, bekundete demgegenüber vorwiegend eine persönliche Anteilnahme.

An dem Punkt, an dem die Stromschläge für Elaine offenbar sehr unangenehm wurden, boten Batson und sein Team den Probanden an, Elaine zu helfen, indem sie deren Platz einnahmen. Der einen Hälfte aller Probanden beider Gruppen wurde die Möglichkeit angeboten, einfach den Raum zu verlassen. Der anderen, dass sie Elaine weiter zusehen könnten, wenn sie ihr nicht helfen wollten.

Die Versuchspersonen, die zuvor das Placebo erhalten hatten und ihre Anteilnahme eher egoistischen Gründen zuschrieben, nahmen die Möglichkeit, den Raum zu verlassen, sehr schnell an. Für die Teilnehmerinnen ohne Placebo hingegen spielte die Option, den Raum zu verlassen, kaum eine Rolle: Zu einem hohen Prozentsatz beschlossen sie, dem Opfer zu helfen, und nahmen ihren Platz ein.[38] Mit diesem Experiment konnte bewiesen werden, dass unsere Handlungsmotivation weniger darauf abzielt, sich dem Anblick des Leids anderer Menschen zu entziehen. Es stehen weniger egoistische Motive im Vordergrund als vielmehr das genuin altruistische Motiv, das Leid eines anderen Menschen zu beenden.

Daher können wir zusammenfassen: Sowohl Kleinkinder als auch Erwachsene wünschen, dass anderen Menschen geholfen wird. Es spielt dabei keine Rolle, ob sie selbst die Tat ausführen und die Lorbeeren einsacken können oder nicht. Daher können weder das Konzept des reziproken Altruismus noch die Verwandten- oder Gruppenselektion den Altruismus ausreichend erklären.

Mitmenschliche Gefühle

Freude an der Freude und Leid am Leid des anderen, das sind die besten Führer des Menschen.

Albert Einstein[39]

Alle bisherigen Versuche, Altruismus als eine Form des Egoismus oder als mehr oder minder simples Tauschgeschäft »wegzuerklären«, können – wie gezeigt – die Natur des Menschen nicht ausreichend erklären. (Leider sagt aber diese unermüdliche intellektuelle Anstrengung viel darüber aus, wie wichtig es vielen Menschen ist, Altruismus auf schlichten Egoismus zu reduzieren.)

Diese Ansätze lassen alle eine vollkommen grundlegende menschliche Eigenschaft außer Acht. Hierauf verweist Matthieu Ricard: »Wären wir ausschließlich egoistisch, gäbe es keinen Grund, uns vom Leiden anderer betroffen zu fühlen.«[40] Ähnliches lässt sich auch über die Spiegelneuronen und die gesamte Biologie des menschlichen Gehirns sagen. Wenn wir ausschließlich egoistisch wären, welchen Sinn macht es dann, dass wir einen Schmerz verspüren, wenn wir sehen, wie ein anderer Mensch sich verletzt? Egal, wie sehr sich einige Denker abmühen, das Gegenteil zu beweisen: Der Mensch ist von Natur aus ein mitfühlendes, soziales Wesen.

Sympathie, Mitleid, Mitgefühl, Empathie, Resonanz: Unsere Sprache bietet einen Strauß an Begriffen für mitmenschliche Gefühle. Die Neurowissenschaftlerin Tania Singer unterscheidet drei Gefühle: emotionale Ansteckung, Empathie und Mitgefühl.

»Bei *emotionaler Ansteckung* mangelt es Ihnen an der Unterscheidung zwischen Ihnen selbst und den anderen (...) Das ist, als überkämen einen die Emotionen eines anderen und man könnte sie nachfühlen, ohne zu bemerken, dass diese Emotionen von jemand anderem herrühren«, definiert Singer.[41]

Die Fähigkeit des Menschen zur »emotionalen Ansteckung« ist von Natur aus unbegrenzt. Dies beweist das bereits in Kapitel zwei beschriebene Experiment von Ulf Dimberg: Der Mensch kann gar nicht anders, als sich emotional anstecken zu lassen. Der Anblick eines lachenden oder eines traurigen Gesichts löst innerhalb von 300 bis 400 Millisekunden das entsprechende Zucken unserer Gesichtsmuskeln aus, mit denen wir intuitiv den wahrgenommenen Gesichtsausdruck selbst annehmen. Dieses Verhalten zeigen Menschen im Übrigen schon unmittelbar nach ihrer Geburt. Eineinhalb Tage alte Säuglinge beginnen zu weinen, sobald sie einen anderen Säugling weinen hören.[42]

Der springende Punkt ist aber, dass diese wunderbare Gabe der Natur nicht zwischen den Gefühlen des anderen und unseren eigenen unterscheidet, sondern sie gleichsetzt.[43] Daher kann die emotionale Ansteckung als solche noch keine altruistische Motivation auslösen. Sie kann aber »ein Wegbereiter für Empathie sein«.[44]

»Als *Empathie* bezeichne ich die Fähigkeit, mittelbar an dem Gefühl eines anderen Menschen teilzuhaben. Sie verspüren Schmerz, darum verspüre ich Schmerz. Ich habe teil an einem ähnlichen Gefühl wie Sie. Zugleich weiß ich aber, dass der Schmerz, den ich verspüre, nicht mein eigener ist«, lautet die Beschreibung von Tania Singer.[45]

Der Mensch verfügt über die Fähigkeit, Empathie mit seinen Mitmenschen nicht nur durch Nachdenken zu erreichen, indem er sich intellektuell in die Lage des anderen hineinzuversetzen versucht, sondern der Mensch ist von Natur aus dank seines »sozialen Gehirns« auch in der Lage, den anderen zu erspüren. »Empathie bietet den direkten Zugang zum fremden Ich«, bemerkt der Philosoph Theodor Lipps.[46]

Diese Begabung zeigt er bereits im frühen Kindesalter. Ein beeindruckendes Experiment verdeutlicht, dass Kleinkinder im Alter von nur sechs bis zehn Monaten nicht nur zwischen egoistischem und altruistischem Verhalten unterscheiden können, sondern dass sie auch Empathie empfinden. Ein Team um die Psychologin Kiley Hamlin von der Universität Yale zeigte Kleinkindern ein Puppenspiel, in dem sich eine Figur vergeblich mühte, einen Hügel hinaufzugelangen. Dann kam ihr eine andere Figur zur Hilfe und schob sie hinauf, bevor eine dritte Figur erschien, die sie den Hügel wieder nach unten schubste. Wenn die Kleinkinder anschließend zwischen der zweiten und dritten Figur wählen durften, entschieden sie sich zumeist für den Helfer.[47]

Der niederländische Zoologe und Verhaltensforscher Frans de Waal bemerkte: »Wir sind programmiert zu helfen. Empathie ist eine automatische Reaktion, über die wir nur wenig Kontrolle haben. Wir können sie unterdrücken, mental abblocken oder darin versagen, nach ihr zu handeln, aber ausgenommen eines winzigen Prozentsatzes an Menschen – bekannt als Psychopathen – ist keiner immun gegen die Situation eines anderen.«[48]

Mitgefühl, das ich für einen Menschen empfinde, sollte grundsätzlich vom häufig als synonym verwendeten Mitleid unterschieden werden. Matthieu Ricard bezeichnet zutreffenderweise Mitleid als »egozentriertes Mitgefühl«, denn Mitleid ist auf mich selbst gerichtet, nicht auf den anderen.[49] Daher birgt das Mitleid auch die Gefahr einer Selbstfokussierung, die den anderen aus dem Blick verliert und stattdessen den Wunsch entstehen lässt, das eigene Leid rasch zu beenden, die Situation also zu vermeiden.[50] Der Schriftsteller Stefan Zweig erfasste diesen Unterschied sehr anschaulich, als er schrieb, dass sentimentales Mitleid eigentlich nur die »Ungeduld des Herzens ist, sich möglichst schnell freizumachen von der peinlichen Ergriffenheit vor einem fremden Unglück, jenes Mitleid, das gar nicht Mitleiden ist, sondern nur instinktive Abwehr des fremden Leidens von der eigenen Seele.«[51]

Mitgefühl wiederum beinhaltet im Gegensatz zur Empathie eine altruistische Motivation zur Hilfe. Tania Singer bemerkt daher: »Im Fall des *Mitgefühls* (…) erleben Sie echte Anteilnahme am anderen Menschen. (…) Sie spüren also nicht einfach nur, wie jemand sich fühlt (wie bei der Empathie), vielmehr haben Sie ein Gefühl für jemanden, verbunden mit der Motivation, das Leid der betreffenden Person zu lindern.«[52]

Besonders deutlich wird der fundamentale Unterschied zwischen Empathie und Mitgefühl bei einem Experiment, für das sich Matthieu Ricard als Proband selbst zur Verfügung stellte. Ricard, der als buddhistischer Mönch über jahrzehntelange Meditationserfahrung verfügt, wurde gebeten, Empathie zu spüren, indem er sich darauf konzentriert, sich das Leid der anderen vorzustellen und zu fühlen, ohne aber zuzulassen, dass sich altruistische Liebe und Mitgefühl entfalteten.[53] Nach nur ein bis zwei Stunden fühlte sich Ricard »vollkommen ausgebrannt, überlastet und ohnmächtig.«[54] Als er dann in dem Experiment zu Mitgefühl übergehen durfte, veränderte sich sein Gemütszustand umgehend; er empfand grenzenlose Liebe für die Menschen, über deren Leid er meditierte.[55]

In den Aufnahmen seines Gehirns im MRT-Gerät zeigten sich Mitgefühl und Empathie als zwei deutlich unterschiedliche Gefühle. Beim Empfinden von Mitgefühl waren insbesondere bestimmte Regionen des Gehirns, die bei positiven Empfindungen aktiviert werden, aktiver als bei der Empathie.[56]

Die bedrückende und ermüdende Erfahrung bei der Empathie, die Ricard erlebte, ist indessen ein vielsagender Hinweis auf die Schattenseite der Empathie. Die Untersuchung Ricards zeigt den Forschern aber auch das immense Potenzial von Mitgefühl »als Gegenspieler zu empathischem Leid und Burn-out.«[57] Denn im Gegensatz zur Empathie verspürte Ricard beim Mitgefühl keinerlei Erschöpfung. Die Forscher kommen zu dem Schluss, dass der Grund des hohen Anteils an Pflegekräften, die unter Burn-out leiden, in Wahrheit eine »Ermüdung der Empathie« und nicht des Mitgefühls sei.[58] Viele Fälle von Burn-out ließen sich verhindern, wenn Pflegekräfte lernen, Mitgefühl zu empfinden, anstatt Empathie zu entwickeln.[59]

Mitgefühl liegt in der Natur des Menschen. Schon Kleinkinder geben sich Mühe, eine andere Person zu trösten, wenn sie traurig ist, wie Michael Tomasello in einer Reihe von Experimenten nachweisen kann. Er resümiert, dass »von einem sehr frühen Alter an ist menschliche Hilfe durch eine mitfühlende Anteilnahme für die Notlage anderer vermittelt. (…) Tatsächlich helfen sie umso wahrscheinlicher, je mehr sie über die Situation des anderen bekümmert sind.«[60]

Ein weiteres Beispiel: Wenn Eineinhalb- bis Zweijährige sehen, dass ein Erwachsener ein Bild absichtlich zerreißt, das ein anderer Erwachsener gemalt hat, zeigen die Kinder ein besorgtes Gesicht. Sobald dann den Kindern die Möglichkeit gegeben wird, einem der Erwachsenen zu helfen, dann ist meistens das Opfer das Ziel ihrer Hilfe.[61] Das erstaunliche Mitgefühl von Kleinkindern dokumentierten auch Forscher, die 26 Kinder im Alter von zwei bis fünf Jahren 30 Stunden lang beim Spielen filmten. In diesem Zeitraum verzeichneten sie etwa 1 200 Handlungen des Teilens, des Trostspendens und der Kooperation. Alle eineinhalb Minuten also![62]

Als Erkenntnis einer Vielzahl wissenschaftlicher Experimente kann man daher mit Fug und Recht zusammenfassen, dass Mitgefühl Teil der menschlichen Natur ist. Im Umkehrschluss dürfen wir aber auch folgern, dass Mitgefühl nicht erst anerzogen wird. Auf einem anderen Blatt steht selbstverständlich, inwiefern Erziehung und Gesellschaft die natürliche Fähigkeit zum Mitgefühl zur Entfaltung bringt oder diese sogar verkümmern lässt. Der Psychoanalytiker Arno Gruen gibt daher zu bedenken: »Das Mitgefühl ist die in uns eingebaute Schranke zum Unmenschlichen. Mit seiner Unterdrückung und Verzerrung ist die Geschichte unserer Zivilisation nicht nur verflochten, sie ist ihr Fundament.«[63]

Wenn Mitgefühl ein natürliches Gefühl des Menschen ist und die Motivation beinhaltet, das Leid der betreffenden Person zu lindern, stellt sich die Frage, inwiefern auch Altruismus Teil der menschlichen Natur ist.

Altruismus – ein Teil der menschlichen Natur

Ist die intuitive Reaktion eines Erwachsenen egoistisch und muss erst in einem Prozess des Nachdenkens überwunden werden, gleichsam als Resultat eines Erziehungsprozesses, oder ist unsere intuitive Entscheidung im Gegenteil zunächst altruistisch und wird erst durch die Selbstkontrolle des Nachdenkens zu einer egoistischen Reaktion umgeformt? Diese grundlegende Fragestellung untersuchten David G. Rand, Joshua D. Greene und Martin A. Nowak der Universität

Harvard.[64] Die Studie mit dem Titel »Spontaneous Giving and Calculated Greed« (deutsch: Spontanes Geben und kalkulierte Gier) konnte faszinierenderweise zeigen, dass insbesondere bei schnellen Entscheidungen Altruismus, Kooperation und Großzügigkeit im Vordergrund stehen. Intuitiv fällen Menschen also eher altruistische Entscheidungen, während nach einer längeren Bedenkzeit bei einem Teil der Probanden eher egoistische Motive in den Vordergrund rücken.[65]

In einem weiteren Experiment konnte nachgewiesen werden, dass der Bereich des Gehirns, der impulsives Verhalten kontrollieren soll (im präfrontalen Cortex), Altruismus unterdrückt und egoistisches Verhalten unterstützt. Wird dieser Bereich künstlich ausgeschaltet, also ein Zustand erzeugt, in dem der Mensch seinen Impulsen direkt und spontan folgt, waren die Probanden um die Hälfte großzügiger als die Kontrollgruppe.[66] Auch eine Untersuchung der Universität Utrecht bestätigt, dass der Mensch eher als Altruist geboren wird und kalkulierendes Verhalten, das vorwiegend auf den eigenen Vorteil abzielt, erst im Laufe des Lebens erlernt wird.[67]

Wenden wir uns nun den Kleinkindern zu:

Fundamentale Bedeutung für das Verständnis der Natur des Menschen kommt einem faszinierenden Experiment des Harvard-Professors Felix Warneken zu, das er gemeinsam mit Michael Tomasello durchführte.[68] Die Testgruppe bestand aus Kleinkindern zwischen 14 und 18 Monaten, einem Alter also, bevor die meisten Eltern ihre Kinder aktiv zu dem Verhalten erziehen. Die Kleinkinder begegneten in diesem Experiment einem Erwachsenen, der vor einem Problem steht. Er kann beispielsweise eine Schranktür nicht öffnen, weil er hierfür keine Hand mehr frei hat. 22 von 24 Kindern halfen in mindestens einem Fall, und dies praktisch sofort, obwohl der Erwachsene kein Familienangehöriger war und auch keine Belohnung in Aussicht stand.

Insgesamt war die Hilfsbereitschaft der Kleinkinder so hoch, dass die Autoren des Experiments den Kindern ein neues Spiel zur Ablenkung einführen mussten. Obwohl die Kleinkinder fortan in ihr neu entdecktes Spiel vertieft waren, brach dennoch die überwältigende Mehrheit der Kinder ihr Spiel ab, um zu helfen. Sie waren also sogar bereit, »einen Preis« zu zahlen (um in den kapitalistischen Sprachduktus zu verfallen), um anderen helfen zu können.[69] Darüber hinaus lernten die Kinder schnell den Verlauf des Problems und antizipierten dann folgerichtig die benötigte Hilfe.[70]

Felix Warneken kommentiert das gefundene Ergebnis mit folgenden Worten: »Diese Kinder sind so klein, dass sie noch Windeln tragen und kaum sprechen können, und trotzdem zeigen sie schon Verhaltensweisen gegenseitiger Hilfe.«[71]

In einer weiteren Studie beobachteten die beiden Autoren das Verhalten der Kleinkinder, sowohl alleine als auch in Anwesenheit der Eltern. Dabei fanden sie heraus: Erstaunlicherweise ist die Hilfsbereitschaft von Kleinkindern unabhängig von der Anwesenheit und den Aufforderungen ihrer Eltern.[72]

Ein letztes interessantes Detail aus der Kleinkinderwelt: Eineinhalbjährige helfen oft, und sogar dann, wenn sie dafür etwas abgeben müssen. Bei Zweieinhalbjährigen ist diese Bereitschaft noch höher.[73]

Ein zentraler Aspekt des Altruismus in der Erwachsenenwelt untersuchte ein bedenkenswertes Experiment eines Teams von Molly Crockett (Universitäten London und Oxford).[74] Sie befasste sich mit der Frage, ob Menschen dem eigenen oder dem Schmerz einer fremden, unbekannten Person mehr Bedeutung beimessen. In dem Experiment konnten Menschen Geld dafür einsetzen, um kleine Stromschläge gegen sich selbst oder gegen andere abzuwenden. Das verblüffende Ergebnis war, dass die meisten Menschen hier die Interessen anderer über ihre eigenen stellten. Im Durchschnitt waren die Versuchspersonen bereit, sogar einen doppelt so hohen Beitrag zu zahlen, um einem anderen, unbekannten Menschen Schmerzen zu ersparen, als wenn es darum ging, den eigenen Schmerz durch einen Stromschlag zu vermeiden.

Der neomarxistische Wirtschaftswissenschaftler Samuel Bowles bringt die gewonnenen Erkenntnisse über den Menschen prägnant auf den Punkt:

> »In den letzten 20 Jahren haben wir festgestellt, dass Menschen weltweit viel moralischer und viel weniger egoistisch handeln, als Ökonomen und Evolutionsbiologen zuvor angenommen hatten, und dass unsere moralischen Grundsätze überraschend ähnlich

sind: Gegenseitigkeit, Fairness und Hilfe für Menschen in Not, sogar wenn das Handeln aus diesen Motiven für eine Person persönlich kostspielig sein kann.«[75]

Habgier versus Großzügigkeit – Geben macht seliger als Nehmen

Der Geist wird reich durch das, was er empfängt,
das Herz durch das, was es gibt.

Victor Hugo[76]

Die Annahme, der Mensch sei von Natur aus egoistisch, ist sehr eng verbunden mit der Ansicht, der Mensch sei materialistisch. Der Kapitalismus versucht wiederum, materialistische Interessen anzusprechen, um damit Nachfrage, Produktion und Wirtschaftswachstum anzukurbeln. Die Frage, ob der Kapitalismus eine Wirtschaftsform ist, die der Natur des Menschen entspricht, hängt somit eng mit der Frage zusammen, ob der Mensch von Natur aus materialistisch ist oder nicht. Da das Wirtschaftswachstum für viele Politiker und Wirtschaftswissenschaftler sakrosankt ist, hängt somit ihre gesamte wirtschaftliche Überzeugung genau von dieser Frage ab.

Der tschechische Wirtschaftswissenschaftler Tomas Sedlacek, der einen äußerst kritischen und differenzierten Blick auf sein Fachgebiet hat, sieht Habgier ohne jeden Zweifel als fundamentalen Bestandteil der menschlichen Natur:

»Der Mensch wurde (…) von Anfang an als von Natur aus unnatürliches Wesen betrachtet, das sich aus egoistischen Gründen mit weltlichen Besitztümern umgibt. Die materielle wie spirituelle Unersättlichkeit ist ein fundamentales Metacharakteristikum des Menschen – wir begegnen ihr bereits in den ältesten Mythen und Geschichten.«[77]

Dies lässt sich scheinbar auch anhand der Weltreligionen bestätigen. Sie alle lehnen das Streben nach Besitztum im Allgemeinen und die Habgier im Besonderen ab. Im neunten der Zehn Gebote warnt das Alte Testament vor dem Horten, der Habgier und dem Besitzstreben.[78] Im Katholizismus ist Habgier eine der sieben Todsünden. Im Brief an die Epheser des hl. Paulus heißt es sehr klar: »Ihr könnt sicher sein, dass kein unzüchtiger, unreiner oder habgieriger Mensch je das Reich Christi und Gottes miterleben wird«, und Paulus fordert: »Euer Leben sei frei von Habgier; seid zufrieden mit dem, was ihr habt.« Selbstverständlich findet sich auch in anderen Weltreligionen eine klare Haltung gegen den Materialismus.

Die Vielzahl an Warnungen vor der Habgier ist sicherlich bedenkenswert, denn es legt nahe, dass Habgier bereits vor 2000 Jahren ein fundamentales Problem in der menschlichen Gesellschaft gewesen ist. Es gibt auch Gegenstimmen. So ist der Philosoph und Sachbuchautor Richard David Precht keineswegs davon überzeugt: »Die unersättliche kapitalistische Gier, die wir heute für so selbstverständlich halten, dass wir es unserer Natur anlasten, war Menschen über Jahrtausende völlig fremd gewesen.«[79] Um ein historisches Gegenbeispiel zu nennen, könnte man hier auf die sehr egalitäre Jäger- und Sammlergesellschaft verweisen, in denen Menschen Jahrtausende lang lebten.

Ohne uns nun aber im Dickicht einer historischen Analyse zu verlieren, sei hier noch einmal betont: Unsere Suche gilt hier der Natur des Menschen, nicht der Frage, wie der Mensch sich in einer bestimmten Gesellschaft verhält. Beispiele habgieriger Menschen in unserer Umwelt sind zahlreich, sind aber keineswegs ein Beweis über die menschliche Natur.

Bevor wir uns der konkreten Analyse zuwenden, betrachten wir einige Beispiele, die mehr sind als die Ausnahme von der Regel.

»Es gibt kein Patent. Könnte man die Sonne patentieren?« So lautete die lapidare Erklärung von Robert Salk, der in den 1950er-Jahren den ersten Impfstoff gegen Kinderlähmung entdeckte.[80] Mit seinem Geschenk an die Menschheit hat der Mann, dessen Name heute viel zu wenigen bekannt ist, auf Einnahmen in Millionenhöhe verzichtet. Tim Berners-Lee, der Begründer des World Wide Web, hätte auch zu einem sehr reichen Menschen werden können. Aber er entschied sich, dass das World Wide Web rechtefrei sein sollte, damit für alle Menschen weltweit zugänglich ist und bleibt.

Für das Internet-Lexikon Wikipedia, mit 500 Millionen Besuchern pro Monat eine der meistgenutzten Seiten des Internets, schreibt fast eine halbe Millionen aktiver Nutzer ehrenamtlich Artikel.[81] Allein die englischsprachige Version umfasst knapp sechs Millionen Artikel. Weniger bekannt ist hingegen, dass Wikipedia als kommerzielle Website, so eine Schätzung bereits aus dem Jahre 2011, einen Jahresumsatz von vier Milliarden Dollar erzielen könnte.[82] Hierauf wird jedoch verzichtet.

Wie der Journalist Paul Mason zu Recht sagt, dürfte es eigentlich solche Akteure gar nicht geben, ginge es nach den herkömmlichen Volkswirtschaftslehren.[83] Wenn man aber einmal die wirtschaftswissenschaftliche Brille ablegt und betrachtet, welche grundlegende Bedeutung der gemeinnützige Sektor in der Wirtschaft und das Ehrenamt in und für die Gesellschaft hat, zeigt sich, dass der Mensch keineswegs auf sein egoistisches Streben reduziert werden darf. Eine Studie des Johns Hopkins Center for Civil Society Studies aus dem Jahr 2010 ergab, dass der gemeinnützige Sektor in den acht untersuchten Ländern im Schnitt ganze fünf Prozent des BIP darstellt.[84] Darüber hinaus gibt es in Europa sage und schreibe 100 Millionen Freiwillige, die sich ehrenamtlich in der Gesellschaft engagieren, allein in Deutschland sind es knapp 15 Millionen Menschen.[85]

Auch in Form von direkten Spenden zeigen sich Menschen überraschend großzügig. Einer der größten anonymen Philanthropen der Geschichte war Chuck Feeney. Ganze sechs Milliarden Dollar spendete er weltweit, bevor 1997 seine Identität bekannt wurde.[86] In Deutschland gibt es eine Reihe von anonymen Großspendern. So wie der Mensch, der der Bonner Stadtverwaltung 50 Millionen Euro anonym schenkte, oder ein unbekannter Hamburger, der einer Bürgerstiftung 15 Millionen Euro für soziale Projekte vermachte.[87] In Braunschweig verteilte ein unbekannter Wohltäter wiederholt Briefumschläge mit 10 000 Euro.[88]

Auch wenn man zu Recht die Bill-und-Melinda-Gates-Stiftung kritisieren kann und sollte, muss man dennoch die Kampagne »The Giving Pledge« an dieser Stelle erwähnen, die von Bill Gates und dem Investor Warren Buffett gegründet wurde. Laut ihrer Webseite ist sie »ein Versuch, die reichsten Personen und Familien in Amerika und der Welt einzuladen, um den Großteil ihres Reichtums der Philanthropie zu geben.« Bereits 190 Milliardäre haben eine entsprechende Verpflichtung unterschrieben.[89]

Lobenswerte Einzelfälle, mag man einwenden, die im Vergleich zur habgierigen Masse kaum ins Gewicht fallen. Vielleicht. Aber sicherlich ausreichend Sand im Getriebe der landläufigen Meinung streuen, »der Mensch sei halt so!«.

Ein Blick in das menschliche Gehirn zeigt, wie die Biologie des Menschen wirklich ist und welches Verhalten das Gehirn fördern will. Zwar aktiviert die Vorstellung, eine größere Geldsumme zu erhalten, das Belohnungszentrum. Aber die Vorstellung, den gleichen Betrag für einen wohltätigen Zweck zu spenden, aktiviert diese ebenso. Darüber hinaus wird zusätzlich auch ein Teil des präfrontalen Cortexes aktiv, der für soziale Aufmerksamkeit und Zuneigung zuständig ist.[90]

In zahlreichen Experimenten zeigt sich, wie erstaunlich erfolgreich das Belohnungszentrum Großzügigkeit fördert. Die kanadische Psychologin Elizabeth Dunn etwa machte 632 repräsentativ ausgewählten US-Amerikanern ein unverhofftes Geldgeschenk. Die eine Hälfte hatte die Auflage, das Geld noch am selben Tag für eigene Wünsche auszugeben. Die andere Hälfte musste das Geld am selben Tag für andere Menschen ausgeben. Am Abend wurden die Testpersonen nach ihrem Wohlbefinden gefragt. Menschen, die mit dem Geld anderen eine Freude gemacht hatten waren in besserer Stimmung, als diejenigen, die mit dem Geld sich selbst etwas Gutes tun durften. Auch Befragungen von Menschen, die eine Bonuszahlung ihrer Firma erhalten hatten, zeigt, dass Menschen, die überproportional viel von der Bonuszahlung für andere Menschen nutzten, sich besser fühlten.[91]

Eine aktuelle Studie bestätigt das Resultat: Knapp 100 Studenten erhielten täglich fünf Tage lang jeweils fünf Euro. Ein Teil der Probanden durfte das Geld für sich selbst ausgeben, die übrigen Versuchspersonen sollten jeden Tag auf exakt dieselbe Weise die fünf Euro an andere Menschen weiterverschenken. An jedem Abend gaben die Probanden Auskunft darüber, wie glücklich sie das Geldausgeben gemacht hatte. Während die Versuchsteilnehmer sich anfangs durchaus freuten, fünf Euro für sich selbst verwenden zu dürfen, nahm ihr Glücksgefühl mit jedem Geldgeschenk ein wenig mehr ab. Die Probanden jedoch, die andere beschenkten, erlebten selbst am fünften Tag noch ein ähnliches Glücksempfinden wie zu Beginn. Auch ein zweiter Versuch, bei dem 500 Probanden Geldbeträge erspielen konnten, die sie entweder für behalten oder aber verschenken durften, kam zum gleichen Ergebnis.[92]

Mit Fug und Recht darf man schlussfolgern, Geben macht seliger als Nehmen.

Moral und Fairness

Haben Menschen von Natur aus ein Gefühl für Fairness? Für eine gerechte Verteilung? Und wenn ja, empfinden sie Ungerechtigkeit nur, wenn sie selbst das Opfer sind oder richten sie auch dann ihr Handeln nach Maßgaben der Gerechtigkeit aus, wenn sie selbst entscheiden, wie etwas verteilt wird?

Lange Zeit ging man davon aus, dass Kinder erst im Alter von sechs oder sieben Jahren infolge der Erziehung ein Gefühl für Gerechtigkeit entwickeln. Tatsächlich zeigen aber eine Reihe neuerer Experimente, dass klare Anzeichen von fairem Verhalten deutlich früher auftreten. Schon im Windelalter zeigen Kleinkinder ein Empfinden für Gerechtigkeit, wenn 6 bis 10 Monate alte Kinder in einem Experiment Puppen zum Spielen bevorzugen, die einer anderen Puppe geholfen hatten. Den Unterschied zwischen einer fairen und einer unfairen Verteilung erkennen Kleinkinder schon im Alter von 15 Monaten, wie Studien zeigen.[93]

Auch die Bereitschaft der Kleinkinder, ihr Verhalten nach ihrem Gerechtigkeitsempfinden auszurichten, zeigt sich früh. Der Harvard-Professor Felix Warneken führte ein beeindruckendes und ausgefeiltes Experiment durch, um den Gerechtigkeitssinn zu testen und die damit zusammenhängende Bereitschaft zu teilen. Zwei dreijährige Kinder zogen gemeinsam an einem Seil, um ein Brett heranzuholen und so an ein Spielzeug oder an Süßigkeiten in einer durchsichtigen Box zu gelangen. Ein Kind alleine hatte hierzu nicht ausreichend Kraft. Nachdem die Kinder erfolgreich waren und die Box bei ihnen angekommen war, gab es manchmal darin zwei Löcher und manchmal nur eines, sodass regelmäßig ein Kind in der Versuchung war, sich die Belohnung alleine zu sichern. Doch fast immer teilten die

Kinder den Fund gerecht auf. Felix Warneken kommentiert dieses Ergebnis: »Wir waren überrascht, dass diese Regel so strikt war, dass Gleichheit so stark bevorzugt wurde. Es war selten der Fall, dass ein Kind alles nahm und das andere Kind zu sagen hatte: ›Hey, das ist nicht fair.‹« Manchmal machte sogar ein Kind seinen Partner darauf aufmerksam, wenn er nicht seinen Teil genommen hatte.[94]

Auf eine andere Weise prüfte ein raffiniertes Experiment des Forscherteams um Katharina Hamann vom Max-Planck-Institut in Leipzig, ob Kinder freiwillig auf den eigenen Vorteil zugunsten einer gerechten Verteilung verzichten: Zwei Dreijährige erhielten nach einer gemeinsamen Arbeit drei Belohnungen, wobei ein Kind zwei und das andere nur eine bekam. Das übervorteilte Kind müsste also nun ein Opfer bringen, um eine tatsächlich faire Verteilung der Belohnungen zu gewährleisten. Fast immer teilte das von Glück begünstigte Kind mit dem glücklosen Kind![95]

In einem weiteren Experiment verzichteten sechs achtjährige Kinder lieber auf eine Belohnung und warfen sie weg, um zu vermeiden, dass eine ungleiche Verteilung entstand, auch wenn sie selbst diese zusätzliche Belohnung erhalten hätten.[96]

Und zuletzt ein faszinierendes Experiment des Forscherteams um Katharina Hamann, welches das sehr ausgeprägte Gefühl von Fairness und Gerechtigkeit demonstriert: Zwei dreijährige Kinder sollten dabei gemeinsam eine Holzlatte eine Treppe hinauftragen, um jeweils eine Belohnung zu erhalten. Das Besondere hierbei war jedoch, dass die Vorrichtung so konstruiert war, dass eines der Kinder schon deutlich früher seine Belohnung erhalten konnte, während das andere Kind noch die restlichen Treppenstufen hinaufsteigen musste. So gut wie alle Kinder halfen jedoch weiter, damit auch der Partner die Belohnung erhalten konnte. Drei Viertel der Kinder halfen sogar sofort, ohne erst zu der Maschine zu gehen, wo ihre Belohnung sie erwartete.[97]

Summiert man diese Experimente, lässt sich festhalten: Das Verhalten des Kindes findet in den Denkfiguren des Homo oeconomicus schlicht nicht statt. Kleinkinder sind keine »unbeschriebenen Blätter«, sondern von Natur aus offenbar mit einem beeindruckenden Gerechtigkeitsgefühl gesegnet.

Gehen wir jetzt einen Schritt weiter und wenden uns Experimenten zu, welche das Verhalten von Erwachsenen analysieren. Zentrale

Frage: Wie ausgeprägt ist bei ihnen das Gefühl für Gerechtigkeit und Fairness? Oder anders gefragt: »Überlebt« das beeindruckende Potenzial des Kindes bis ins Erwachsenenalter oder sind die Erwachsenen ungerecht, jeder sich selbst der Nächste und ist in einer Umwelt der Habgier kein Platz für Fairness?

Besonders wichtige Antworten auf diese Fragen liefern zwei Experimente aus der Spieltheorie: das Ultimatum-Spiel und das Diktator-Spiel.

Das Ultimatum-Spiel führte Werner Gürth erstmals 1982 durch. Hierbei spielen zwei Menschen miteinander, die sich nicht kennen, aber auch nicht miteinander kommunizieren können. Spieler A erhält einen Geldbetrag, beispielsweise 100 Euro. Es steht ihm nun frei, welchen Teil er hiervon Spieler B anbietet. Spieler B, der die Ausgangssumme kennt, kann nun seinerseits das Angebot annehmen (dann erhalten beide Spieler die von Spieler A vorgeschlagene Summe) oder ablehnen (dann gehen beide Spieler leer aus).

Ziel dieses Spiels ist herauszufinden, inwiefern die Menschen sich in der Tat als Nutzenmaximierer erweisen und welche Bedeutung Fairness in ihrem Verhalten spielt. Der Wirtschaftsprofessor Axel Ockenfels erklärt, welches Verhalten man von einem wahren Homo oeconomicus erwarten sollte: »Die klassische Wirtschaftstheorie macht eine klare Prognose: Die sagt, Sie geben mir einen Euro – denn das ist, was ›Homo oeconomicus‹ tun würde unter der Annahme ›Mehr Geld ist besser als weniger Geld‹. Wenn Sie mir einen Euro geben und ich annehme, dann bekomme ich einen Euro. Wenn ich ablehne, bekomme ich nichts. Und da ein Euro besser ist als nichts, nehme ich an. Da Sie ›Homo oeconomicus‹ sind, antizipieren Sie dieses Verhalten und dürfen sich darauf freuen, dass Sie fast den gesamten Kuchen kriegen und ich fast nichts.«[98] Dies wäre die klassische individuelle Nutzenmaximierung rational agierender Spieler. Die Investition wird minimiert. Der Gewinn maximiert. Der Habgier wäre Genüge getan.

Das Experiment zeigt einmal mehr, dass sich Menschen so gut wie nie verhalten, wie es die Wirtschaftswissenschaft vorhersagt. Dabei ist zu beachten, dass dieses Experiment oftmals und in vielen Ländern der Erde wiederholt wurde. Die meisten Studien im Rahmen des Ultimatum-Spiels kommen zu dem Ergebnis, dass die Entscheider dem Partner zwischen 40 und 50 Prozent anbieten. Angebote, die geringer waren als 30 Prozent, lehnen die Hälfte aller Partner ab. Sie verzichteten also lieber auf einfach verdientes Geld, als eine unfaire Verteilung zu akzeptieren.[99] Ockenfels kommentiert dieses Resultat: »Sie können das Spiel auch 100 Mal wiederholen, das Ergebnis ist immer dasselbe: Die Leute haben eine Unfairness-Aversion. Sie wollen den anderen dafür bestrafen, dass er unfair war.«[100]

Eine Variante des Ultimatum-Spiels ist das sogenannte Diktator-Spiel. Es zielt ebenfalls auf die Klärung der Frage ab, wie es um die Fairness des Menschen bestellt ist. Die Grundsituation entspricht hier exakt dem Ultimatum-Spiel, allerdings mit dem feinen, aber durchaus wichtigen Unterschied, dass jetzt der Vorschlag des Spielers, der die Verteilung des Geldes beziffert, definitiv ist, dem Partner wird also keine Entscheidungsbefugnis über Annahme oder Ablehnung des Angebots eingeräumt. 255 Experimente zum Diktator-Spiel wurden in einer Studie vom Max-Planck-Institut in Bonn ausgewertet. Im Schnitt gaben die Entscheider immer noch mehr als ein Viertel ab, obwohl der unbekannte Partner die Aufteilung nicht torpedieren konnte, sie also problemlos ihrer Habgier freien Lauf lassen und schlicht die gesamte Summe hätten behalten können.[101]

Dies ist extrem erstaunlich, denn jedes Angebot über null stellt für den Entscheider einen konkreten Verlust dar und ist aus wirtschaftlicher Sicht schlicht unvernünftig. Insbesondere wenn man bedenkt, dass auch ein extrem niedriges Angebot in keiner Weise selbstschädigend wäre.

Allen Unkenrufen zum Trotz ist der Mensch von Natur aus mit einem faszinierenden Gerechtigkeitsgefühl gesegnet, das auch im Erwachsenenalter weniger stark zu verschwinden scheint, als man gemeinhin annehmen könnte.

Neid – Ich will, was du hast!

Neid ist, wie die Alltagserfahrung uns lehrt, kein eingebildetes, krankhaftes Phantomgefühl. Der Schmerz darüber, andere Menschen in besseren Positionen zu sehen (und sich selbst damit in schlechterer), löst – ebenso wie das Erlebnis der Ausgrenzung – einen fast physischen Schmerz aus.[102] Ist Neid nicht der Beweis schlechthin, dass der Mensch eben nicht fair und gerecht ist?

Besonders vielsagend zum Thema Neid erscheint ein klassisches Experiment, in dem die Probanden die Wahl hatten, sich zu entscheiden, ob sie lieber in einem Unternehmen 33 000 US-Dollar verdienen würden, während ihre Kollegen 30 000 US-Dollar erhielten, oder ob sie es bevorzugen würden in einem anderen Unternehmen 35 000 US-Dollar als Lohn zu erhalten, wobei dort ihre Kollegen hier 38 000 US-Dollar Einkommen erzielen würden. Die große Mehrzahl der Menschen verzichtet lieber auf ganze 2 000 US-Dollar und verdient mehr als ihre Arbeitskollegen, anstatt selbst zwar mehr Geld mit nach Hause nehmen zu dürfen, aber gleichzeitig zu wissen, dass sie weniger verdienen als ihre Kollegen.[103] Ähnliche Experimente zur körperlichen Attraktivität kommen zu vergleichbaren Ergebnissen.[104]

Oftmals werden diese Ergebnisse als Ausdruck von Neid gedeutet. Der Mensch sei bereit, sogar auf Geld zu verzichten, nur damit er *mehr* hat als die anderen. Dies sei seine Natur. Aber die Ergebnisse lassen sich auch anders deuten: Der letzte Platz in einer Konkurrenzsituation erscheint vielen Menschen so unerträglich, dass sie sogar bereit sind, ein Opfer zu bringen, um nicht *weniger* als die anderen zu haben und sich nicht als Schlusslicht wiederfinden zu müssen.

Diese »Aversion gegen den letzten Platz« dokumentiert auch ein anderes klassisches Experiment: Probanden sind gegenüber Menschen, die in der Tabelle unter ihnen sind, viel weniger großzügig, wenn sie selbst auf dem vorletzten Platz liegen. Sie geben das Geld lieber denen, die in der Hierarchie über ihnen stehen, anstatt den Letztplatzierten zu helfen, sie selbst zu überholen.[105]

Neid erscheint somit als Ausdruck eines starken Wunsches nach Gleichheit. Eine Reihe von Gründen legt diesen Schluss nahe: »So scheint das Verlangen nach Gleichheit Teil unseres Wesens geworden zu sein. Es plagt uns der Neid bis heute. Bei keinem anderen Tier existiert dieses Gefühl: der Wunsch, einem anderen etwas wegzunehmen, um ihn auf gleiche Höhe zu bringen«, gibt der Wissenschaftsautor Stefan Klein zu bedenken.[106] Hintergrund seiner Aussage ist die Beobachtung, dass die Gattung Mensch nur gemeinsam und in Kooperation überleben konnte. Daher sei es ein Tabu gewesen, sich über den anderen zu stellen. In gewisser Weise sei also der Statuskampf nicht Teil der Natur des Menschen, sondern im Gegenteil in klarem Widerspruch zu diesem und Ausdruck der Aversion des Menschen auf eine ungleiche Gesellschaft.

Ungleichheits-Aversion

Faszinierenderweise haben Menschen von Natur aus nicht nur ein ausgeprägtes Gerechtigkeitsgefühl, sondern auch einen starkes Misstrauen gegenüber gesellschaftlicher Ungleichheit. Schon Kinder im Alter von drei bis acht Jahren zeigen eine Aversion gegen eine ungleiche Verteilung.[107] Generell bevorzugen Menschen eine relativ egalitäre Verteilung der Ressourcen und akzeptieren nur eine geringe Ungleichheit, wie eine Reihe von Studien belegt.[108]

Sowohl Kinder als auch Erwachsene lehnen in der großen Mehrheit unfaire Verteilungen ab, auch wenn sie damit auf einen Teil des Kuchens verzichten müssen. Erstaunlicherweise hängt jedoch die an den Tag gelegte Fairness nicht davon ab, ob der Mensch Opfer einer ungerechten Verteilung ist, sondern Menschen sind grundsätzlich bereit, auch auf den eigenen Vorteil zu verzichten, um eine Ungleichheit zu vermeiden.

Für diese Eigenschaft, die die Wissenschaft »Ungleichheits-Aversion« nennt, gibt es noch weitere Belege, die beweisen, welch beeindruckende Bedeutung das Wohl des Mitmenschen im Verhalten beigemessen wird.

In einem wichtigen Experiment wollte das Team um Christopher Dawes (Universität San Diego) der Bedeutung einer gleichen und fairen Verteilung für den Menschen auf den Grund gehen.[109] Jeder Proband einer Gruppe erhielt eine Summe Geld zugesprochen, über deren Höhe ein Computer entschied, sodass von Anbeginn eine ungleiche Verteilung herrschte, die für alle Teilnehmer sichtbar war. Die Spieler hatten dann die Möglichkeit, durch Einsatz ihres Geldes entweder das Guthaben eines Mitspielers zu erhöhen oder zu verringern, wobei die erzielte Veränderung dreimal höher als das eingesetzte Guthaben war. Die Spieler blieben in diesem Experiment anonym, nach jeder Runde wurden die Gruppen neu zusammengesetzt, um konkrete Reaktionen auf das Verhalten eines Spielers sowie den Einfluss von Reputation zu verhindern.

Der Homo oeconomicus dürfte eigentlich keinerlei Interesse daran haben, sein eigenes Geld für die Reduzierung oder Erhöhung fremder Guthaben einzusetzen. Aber wieder einmal unterscheiden sich reale Menschen gravierend von der wirtschaftswissenschaftlichen Vorstellung. Im Verlauf des Experiments nahmen zwei Drittel der Probanden die Chance zur Veränderung der Guthaben der beteiligten Spieler wahr. Zwar reduzierten gut zwei Drittel der Probanden mindestens einmal das Guthaben eines Spielers, aber erstaunlicherweise opferten knapp drei Viertel mindestens einmal einen Teil ihres eigenen Geldes, um das Guthaben eines anderen Spielers zu erhöhen. Dabei war insbesondere die Bedeutung der Ungleichheit in der Gruppe für die Auswahl der Aktion entscheidend. So wurde hauptsächlich das Guthaben eines Mitspielers aufgestockt, der unterdurchschnittlich wenig Geld hatte, oder die Vermögen jener Probanden verringert, die besonders viel Geld zugeteilt bekommen hatten. Die Forscher bestätigen mit ihrem Experiment eine ausgeprägte Ungleichheits-Aversion und schreiben: »Die Ergebnisse deuten darauf hin, dass soziale Ungleichheit negative Gefühle hervorruft, sowohl zur Reduzierung als auch zur Steigerung der Einkommen anderer motivieren.«[110]

In einem neueren Experiment eines Teams um Christopher Dawes wurde das dargestellte Experiment leicht abgewandelt wiederholt: Jeweils ein Proband der Spielgruppen lag in einem Gehirnscan.[111] Dieser belegte: In ungleichen Verteilungssituationen reagiert der Mensch mit Schmerz, wenn andere Probanden zusätzlich Geld erhalten, obwohl diese bereits mehr als man selbst besitzen. Faszinierenderweise reagiert das Belohnungszentrum jedoch positiv auf einen Geldtransfer zu anderen Probanden, wenn man selbst bereits mehr besitzt. Das soziale Gehirn belohnt also die Herstellung einer zunehmenden Gleichheit in der Gruppe.[112]

Der neoliberale Wirtschaftsnobelpreisträger Milton Friedman dürfte durch diese Fakten zutiefst in seinem Menschenbild erschüttert sein. War er doch felsenfest davon überzeugt, dass Gier zur Natur des Menschen gehört und jede Gesellschaft daher auf zwischenmenschlicher Gier aufgebaut ist. Tatsächlich haben aber Menschen in Jäger- und Sammlergesellschaften Jahrtausende lang egalitär zusammengelebt. Auch die wenigen Jäger- und Sammlergesellschaften, die heute noch existieren, sind weiterhin fast ausschließlich egalitär ausgerichtet.[113] Leider interessiert sich aber die Wirtschaftswissenschaft nur ausgesprochen selten für die Erkenntnisse anderer Wissenschaften.

Das öffentliche Gut – Gemeinsam für alle oder jeder für sich?

Ein konkretes Beispiel für den fehlenden Gerechtigkeitssinn des Menschen scheint aber die Allmende zu sein. Der US-Mikrobiologe Garrett Hardin schrieb 1968 den vielbeachteten Artikel *Tragedy of the Commons* (Deutsch: *Die Tragik der Allmende*), in dem er die Idee von frei verfügbaren Ressourcen, die von allen genutzt werden können, für gescheitert erklärt. Er bemüht dazu das Bild einer Weidefläche, der Allmende, auf der alle Bauern ihr Vieh weiden lassen. Die Allmende, so Hardin, werde über kurz oder lang abgeweidet und zerstört, da der Mensch als Egoist nicht am Erhalt des Gemeinguts interessiert sei.[114]

Privatisierung öffentlicher Güter erscheint angesichts des Scheiterns der Allmende als logische Konsequenz zur optimalen Ausnutzung und Sicherung knapper Ressourcen. Von neoliberalen Denkern wurde Hardin gefeiert, und letztlich war er damit maßgeblich an der Entwicklung des kapitalistischen Menschenbilds beteiligt. Die Tatsache, dass er bei seiner Analyse kein konkretes Beispiel anführte oder gar historische Untersuchungen präsentierte, schien dabei nicht zu stören.

Doch beweist das Beispiel der Allmende tatsächlich, dass der Mensch unfähig ist, frei verfügbare Güter fair zu teilen? Mit dem »Öffentliche-Güter-Spiel« bietet die Spieltheorie eine Möglichkeit, Hardins Hypothese zu überprüfen. Eine typische Variante ist es hier, dass jeder der zehn Spieler, die jeweils 20 Euro erhalten haben, vor die Entscheidung gestellt wird, welchen Betrag er in den gemeinsamen Topf einzahlen will. Die Spieler wissen bei ihrer Entscheidungen allerdings nichts über das Verhalten ihrer Mitspieler. Sobald sich alle anonym entschieden haben, verdoppelt der Spielleiter den eingezahlten Betrag und verteilt die Gesamtsumme dann in gleichen Teilen auf die einzelnen Spieler.

Am erfolgreichsten ist die Gruppe also, wenn jeder sein gesamtes Geld dem öffentlichen Gut beisteuert. Denn kooperieren alle, so können auch alle ihr eigenes Guthaben verdoppeln. Vertraut aber nur ein einziger Spieler seine 20 Euro dem Gemeinschaftstopf an, können sich alle Trittbrettfahrer freuen, denn von den 40 nun zu verteilenden Euro erhalten sie jeweils vier Euro für ihre egoistische Verweigerungshaltung. Der Altruist hingegen erhält von seinen 20 Euro ebenfalls nur vier Euro zurück und hat damit aber auf einen Schlag fast sein gesamtes Kapital verloren.

Die Wirtschaftswissenschaften würden ebenso wie der Spieltheoretiker John Nash erwarten, dass kein einziger Spieler in diesem Experiment auch nur den geringsten Beitrag leistet, denn aus seiner Sicht hätte er im schlechtesten Fall kein Geld verloren und würde aber, sofern nur ein einziger Spieler einen Beitrag einzahlt, als rationaler Nutzenmaximierer sogar einen Gewinn erzielen.

Aber wie verhalten sich die Probanden tatsächlich? In den Experimenten des schweizerischen Wirtschaftswissenschaftlers Ernst Fehr von der Universität Zürich, der eine ganze Reihe von Öffentliche-Güter-Spiele durchführte, sind lediglich 30 Prozent der Probanden egoistisch und kooperationsunwillig.[115] Hingegen bringen zu Beginn des Spiels 60 bis 70 Prozent Vertrauen auf und setzen immerhin zwischen 40 und 60 Prozent des Ausgangsgeldes für das öffentliche Gut ein. Sie müssen aber in den ersten Runden feststellen, dass es eine Minderheit gibt, die die Gelegenheit zum Trittbrettfahren ausnutzt. Daher die naheliegende Reaktion: Runde um Runde schwindet das Vertrauen, gleichzeitig wächst aber das Gefühl der Unfairness, sodass immer mehr Spieler die Seite wechseln und auch auf das Trittbrett springen. Matthieu Ricard kommentiert dieses Resultat treffend: »Das Problem ist also nicht, dass Menschen nicht zur Zusammenarbeit bereit wären und Altruismus keinen Platz in der Wirtschaft hat, sondern dass die Profitjäger die Mehrheit daran hindern, ihren Altruismus zu leben. Anders gesagt, die Egoisten bringen das System zum Entgleisen.«[116]

Fazit: Bei der zehnten Spielrunde war der Einsatz in das öffentliche Gut nur noch sehr gering. An dieser Stelle führte Ernst Fehr die sogenannte »altruistische Strafe« ein. Jedem Spieler wurde jetzt die Möglichkeit eröffnet, anonym einen Euro einzuzahlen, um einem

Trittbrettfahrer eine Strafe aufzubrummen, die vom Spielleiter dann auf drei Euro erhöht wurde. Aus Sicht des Nutzenmaximierers sollte man wiederum erwarten, dass dieses Angebot ungenutzt bleibt, da ja der Bestrafende hierfür die Kosten mittragen muss: Doch das Gegenteil ist der Fall. Tatsächlich setzt etwa die Hälfte der Probanden die altruistische Bestrafung ein.[117] Wieder einmal zeigt sich, dass das menschliche Gehirn so angelegt ist, dass es unfaires Verhalten bestraft sehen möchte.[118]

Die Chance, Trittbrettfahrer zu sanktionieren, hat im Übrigen einen bemerkenswerten Erfolg. Probanden, die in der zehnten Runde so gut wie keinen Beitrag in den gemeinsamen Topf eingezahlt hatten, gaben in der zwanzigsten Runde beinahe 100 Prozent.[119]

Das Öffentliche-Güter-Spiel bietet noch weitere Möglichkeiten, faszinierende Facetten des Menschen zu entdecken. Der Mathematiker und Biologe Martin Nowak entwickelte gemeinsam mit Anna Dreber eine Variante des Öffentlichen-Güter-Spiels, um seiner früher geäußerten Kritik an dem Spiel Rechnung zu tragen. Nowak hatte nämlich darauf hingewiesen, dass in dieser Art des Experiments die altruistische Strafe anonymer Natur ist, obwohl es in der Wirklichkeit bei Gemeinwesen zu keinen anonymen Begegnungen kommt.[120] Des Weiteren bemerkte er, dass Strafe zwar Kooperation angesichts der anwesenden Egoisten erzwingt, aber zugleich auch die Vorteile echter Kooperation zunichte zu machen droht.[121] Die neue Variante des Öffentlichen-Güter-Spiels sollte deshalb die Vorteile echter Kooperation herausfinden.

Bei dem so strukturierten Experiment gab es jetzt in einer Gruppe die Möglichkeit zu bestrafen, in einer zweiten das Angebot, Kooperation zu belohnen, und in einer dritten die Variante, dass die Teilnehmer die Wahl zwischen Belohnung und Strafe hatten.

Es zeigte sich, dass Bestrafungen zwar zu einer Kooperation führten, allerdings um den Preis, dass der Gesamtertrag innerhalb der Gruppe so gering ausfiel wie der der Kontrollgruppe, die das Öffentliche-Güter-Spiel ganz ohne Sanktionsmöglichkeiten spielte und wo sich langfristig keine Kooperation einstellte. Die Gruppe hingegen, die mit Belohnungen arbeitete, konnte insgesamt einen deutlich höheren Gewinn für das öffentliche Gut erzielen. Das heißt, echte Kooperation führte auch zu einem besseren Ergebnis.[122] Unterstützt man die positiven Anlagen des Menschen und verfällt nicht dem Trugschluss des kapitalistischen Menschenbildes, so ist das Endergebnis für die Gemeinschaft deutlich besser.

Nicht nur die Wissenschaft, auch die historischen Erfahrungen widersprechen dem Unkenruf der »Tragödie der Allmende«. Die US-Amerikanerin Elinor Ostroms erhielt 2009 den Wirtschafts-Nobelpreis für ihre lebenslange Forschung über die Allmende. In ihrem Buch *Die Verfassung der Allmende* widerspricht sie Hardins Artikel vehement. Ihr Buch ist reich an Beispielen von Völkern, die Vereinbarungen nach genossenschaftlichem Prinzip geschlossen haben. Ein besonders beeindruckendes Beispiel ist das spanische Bewässerungssystem der »Huertas« (deutsch: Gärten). Es funktioniert in wasserarmen Regionen Spaniens seit weit über 500 Jahren. Die Nutzer treffen sich regelmäßig, sprechen die Regeln gemeinsam ab und benennen Wächter. Es gibt praktisch keine Trittbrettfahrer. Beispielsweise gibt es in der Region von Valencia nur 0,008 Prozent illegaler Wasserabzapfung.[123] Die Historikerin Susan Buck Cox bemerkt: »Möglicherweise gab es in Wahrheit gar nicht die ›Tragik der Allmende‹, sondern vielmehr ihren Triumph: Über Jahrhunderte, vielleicht Jahrtausende (…) wurde das Land erfolgreich von den Gemeinschaften verwaltet.«[124]

Offenbar, so lässt sich mutmaßen, ist die Tragik der Allmende eher auf ein negatives Menschenbild gestützt als auf eine Reflexion der menschlichen Realität und der menschlichen Geschichte mit tatsächlichen Bezügen und Erfahrungen. Wie gezeigt, können öffentliche Güter noch mehr zum Gemeinwohl beitragen, wenn ein Verhalten gefordert und gefördert wird, welches der menschlichen Natur – soweit möglich – entspricht und damit auch gerecht wird. Inwiefern diese Erkenntnis in einer Zeit Berücksichtigung findet, in der Privatisierung als Patentrezept zur Bewältigung wirtschaftlicher Problemlagen gilt und daher vor allem den Eigennutz des Menschen als Garant für wirtschaftlichen Erfolg anspricht, ist allerdings eine andere Frage.

Aggression

Sind Menschen von Natur aus aggressiv? (...)
Die Antwort ist ja.

Edward O. Wilson, Soziobiologe[125]

Die Überzeugung, der Mensch sei von Natur aus egoistisch, ist eng mit der Vorstellung verbunden, Aggression sei Teil der menschlichen Natur im Kampf »jeder gegen jeden«.

Der Blick in die Geschichte der Menschheit, die scheinbare Allgegenwart von Krieg und Mord sowie einer Umwelt, die vermeintlich von »Fressen und gefressen werden« bestimmt ist, scheinen die aggressive Natur des Menschen zu bestätigen. Sobald gesellschaftliche Schutzmechanismen wegfallen, verhielten wir uns wieder wie (aggressive) Tiere, postulierte schon Thomas Hobbes.

Sigmund Freud bezeichnete Aggression als »eine ursprüngliche, selbstständige Triebanlage des Menschen.« Sein Urteil, das er unmittelbar nach der Katastrophe des Ersten Weltkriegs in *Das Unbehagen in der Kultur* darlegte, ist schonungslos und eindeutig: »Das gern verleugnete Stück Wirklichkeit hinter alledem ist, dass der Mensch nicht ein sanftes, liebesbedürftiges Wesen ist, das sich höchstens, wenn angegriffen, auch zu verteidigen vermag, sondern dass er zu seinen Triebbegabungen auch einen mächtigen Anteil von Aggressionsneigung rechnen darf. Infolgedessen ist ihm der Nächste nicht nur möglicher Helfer und Sexualobjekt, sondern auch eine Versuchung, seine Aggression an ihm zu befriedigen, seine Arbeitskraft ohne Entschädigung auszunützen, ihn ohne seine Einwilligung sexuell zu gebrauchen, sich in den Besitz seiner Habe zu setzen, ihn zu demütigen, ihm Schmerzen zu bereiten, zu martern und zu töten. *Homo homini lupus*; wer hat nach allen Erfahrungen des Lebens und der Geschichte den Mut, diesen Satz zu bestreiten?«[126]

Folglich sei daher die Zähmung der naturgegebenen Aggression des Menschen eine fundamentale Aufgabe des Zivilisationsprozesses, und er warnte: »Unter günstigen Umständen, wenn die seelischen Gegenkräfte, die sie (die Aggression) sonst hemmen, weggefallen sind, äußert sie sich auch spontan, enthüllt den Menschen als wilde Bestie, der die Schonung der eigenen Art fremd ist.«[127]

Ähnlich wie für Freud war für den Verhaltensforscher Konrad Lorenz »der Aggressionstrieb ein echter, primär arterhaltender Instinkt«. In seinem Klassiker *Das sogenannte Böse* warnte er vor der gefährlichen Natur des Menschen: »Die Spontanität des Instinkts ist es, die ihn so gefährlich macht«,[128] und er zeigte sich überzeugt, dass die Aggression »unerlässlich zur Erreichung höchster Menschheitsziele« sei. In der Natur sah Lorenz für den Menschen im Überlebenskampf nur zwei Möglichkeiten: Flucht oder Kampf.[129]

Zweifelsohne haben die beiden Denker für die Theoriebildung im 20. Jahrhundert eine zentrale Rolle gespielt, doch wie sind ihre Ansichten zur aggressiven Natur des Menschen aus heutiger Sicht zu beurteilen? Tatsächlich finden in der modernen Forschung die Ansichten von Freud und Lorenz in ihrer Radikalität kaum mehr Befürworter. Dies dürfte aber im Ergebnis nur wenig daran ändern, dass ihre Schriften noch heute einen indirekten und sehr wirksamen Einfluss auf den Glauben vieler Menschen haben, Aggression sei ein fundamentaler Bestandteil der menschlichen Natur. Insbesondere in den USA ist diese These noch sehr populär. Vermutlich »weil es als biologische Legitimation für den Raubtierkapitalismus dient«, wie Joachim Bauer schreibt.[130]

Ein Experiment mit Menschenaffen, welches Dario Maestripieri von der Universität Chicago durchgeführt hat, gibt einen bemerkenswerten Einblick in die Natur der Aggression und offenbart eine bisher völlig unbeachtete Perspektive. Affenbabys, die von einer fürsorglichen Mutter großgezogen wurden, waren später selbst sehr viel fürsorglicher als jene, die von aggressiven Affenmüttern großgezogen wurden, und das vollkommen unabhängig davon, ob sie von ihrer eigenen Mutter großgezogen oder im Rahmen des Experiments einer fremden Mutter anvertraut wurden.[131]

Einmal mehr zeigte sich hier die besondere Bedeutung der Umwelt (und nicht der Gene). Maestripieri gelang mit diesem Experiment ein Hinweis, dass selbst erlebte Gewalt auf die Entwicklung eigenen aggressiven Verhaltens einen entscheidenden Einfluss hat.[132] Mit Recht kann man hier von einer sozialen Ansteckung sprechen. Fürsorgliche Erziehung führt mit hoher Wahrscheinlichkeit zu einem fürsorglichen Verhalten später den eigenen Kindern gegenüber. Aber ebenso verhält es sich mit der Aggression. Hier sehen wir einen bedenklichen Teufelskreis und einmal mehr einen Beweis für die Bedeutung des sozialen Umfeldes auf den Menschen.

Doch werfen wir erneut einen Blick aufs menschliche Gehirn. Im Hinblick auf die Aggression spricht das Belohnungszentrum einmal mehr eine eindeutige Sprache, welches Verhalten der Natur des Menschen entspricht, welches Verhalten »belohnt« wird. Wenn man seine Aggression auslebt und jemandem Leid zufügt, ohne dass es dafür einen Auslöser gibt, schüttet das Belohnungszentrum kein Dopamin aus. Jedenfalls bei Menschen mit gesunder Psyche. Das Gehirn fördert und fordert also von seiner Biologie mitnichten eine unbegründete Aggression. Das widerspricht erkennbar Freuds These über die Aggression.[133]

Schon Darwin, der interessanterweise die Aggression keineswegs als Instinkt oder Trieb beschrieben hatte, sondern vielmehr das Bedürfnis und den Wunsch des Menschen nach Bindung und Zugehörigkeit, hatte darauf hingewiesen, dass die Auslösung der Aggression eine spezifische Situation oder einen besonderen Reiz benötigt.[134]

Der Blick auf das menschliche Gehirn gibt einen weiteren wichtigen Hinweis: Aggressionen entspringen derselben Hirnregion wie Ängste, ein Phänomen ist ohne das andere nicht zu verstehen.[135] Das heißt, dass es erst eines Auslösers von außen bedarf, der es für den betroffenen Menschen subjektiv notwendig erscheinen lässt, mit Angst oder Aggression zu reagieren.[136]

Bedenkt man, wie sehr der Mensch von seiner Natur aus auf Bindung und auf den Wunsch nach Gemeinschaft ausgerichtet ist, dann kann es kaum überraschen, dass Ausgrenzung und Zurückweisung aus einer Gruppe oder dem sozialen Umfeld nicht nur als konkreter Schmerz empfunden wird, sondern sie sind auch die stärksten und wichtigsten Aggressionsauslöser.[137]

Wenn der Mensch etwa darunter leidet, dass er nie zu denen »da oben« dazugehören wird, weil er es sich finanziell nicht leisten kann (oder aufgrund seiner/ihrer Hautfarbe, Kultur, Religion oder Sexualität ausgegrenzt wird) oder sogar in einer ausgegrenzten Wohngegend lebt, dann ist Aggression ein naheliegendes, ein schlicht zu erwartendes Reaktionsmuster. Ob die Politik das will oder nicht, ob sie den Zusammenhang sieht oder ihn ignoriert: Hier geht ein simpel gestricktes Law-and-Order schlicht und einfach an der Natur des Menschen vorbei.

Aber es gibt noch weitere gewichtige Argumente, weshalb der Mensch von Natur aus ein aggressives Wesen sein soll.

Abstammung vom wilden Tier

Ein dreijähriger Junge fällt in einem Zoo in das Gorillagehege und verliert bei dem Sturz aus fünf Metern Höhe sein Bewusstsein. Sofort nähert sich das Gorillaweibchen Binti Jua. Die hilflosen Zuschauer befürchten das Schlimmste. Doch Binti Jua nimmt das Kleinkind in die Arme und trägt es zur Tür, damit ein Wächter das Kind in Empfang nehmen kann. Diese unglaubliche Geschichte geschah 1996 in Brookfield in der Nähe von Chicago.[138] Ein vergleichbarer Vorfall hatte sich bereits zehn Jahre zuvor ereignet.[139] Diese Rettungsgeschichten stehen in merkwürdigem Kontrast zu der festen Überzeugung, der Mensch sei von Natur aus ein aggressives Wesen, weil er von Affen abstamme, deren Brutalität ja allgemein bekannt sei.

Diese Ansicht vertreten etwa die beiden Anthropologen Richard Wrangham und Dale Peterson in ihrem Bestseller *Demonic Males: Apes and the Origins of Human Violence* (deutsch: Dämonische Männchen: Menschenaffen und die Ursprünge menschlicher Gewalt). Darin beschreiben sie eine Reihe brutaler Morde unter Schimpansen, die sich zu Gruppen zusammenschließen, um ihre Opfer umzubringen. Ihre zentrale These lautet: Die Menschen stammen von männlichen »Killeraffen« ab und sind »die abgestumpften Überlebenden von fünf Millionen Jahren Gewöhnung an tödliche Aggression«.[140] Deshalb appellieren die Autoren:

> »Der nüchterne, wache Verstand sagt uns, dass wir, wenn wir die Linie von unserem schimpansenartigen Urahn bis zum modernen, Mauern und Gefechtsplattformen errichtenden Menschen überblicken, also die ganzen 5 Millionen Jahre lange Zeit bis zur Gegenwart, stoßen wir unvermeidlich stets auf das Phänomen männlicher Aggression, das Lebensstil, Technik und Bewusstsein unserer Ahnen geprägt hat.«[141]

Eine Reihe anderer Wissenschaftler vertritt jedoch die gegenteilige Ansicht und hält diese Darstellung für stark überzogen. Die englische Primatologin Jane Goodall, die fast 35 Jahre mit Schimpansen lebte, konnte beobachten, dass Schimpansen ein Viertel ihrer Zeit sozialen Interaktionen widmen. In einer Woche erlebt ein Affe durchschnittlich nicht mehr als zwei Konflikte.[142] Mehr noch: Eine zusammenfassende Betrachtung zahlreicher Studien zu 60 verschiedenen Affenarten hat gezeigt, dass die meisten Interaktionen der Tiere freundschaftlicher Natur waren.[143] Auch Shirley Strum, die über 15 Jahre Paviane beobachtet hatte, bestätigt: »Aggression hat keinen so allgegenwärtigen und großen Einfluss in der Evolution, wie man vielleicht angenommen hatte.«[144]

Rückschlüsse aus Tierversuchen und -beobachtungen zur Natur des Menschen sollten generell nur mit Vorsicht gezogen werden. Zwar haben Schimpansen in der Tat eine DNA, die zu 99,5 Prozent mit der des Menschen übereinstimmt, das Gleiche gilt aber auch für Bonobos – und deren Verhalten entspricht bekannterweise eher dem Slogan »Make Love, not War«. Frans de Waal äußert sich dazu treffenderweise: »Hätte man Bonobos bereits früher gekannt, dann hätten Rekonstruktionen der menschlichen Evolution sexuelle Beziehungen, die Gleichwertigkeit der Geschlechter und den Ursprung der Familie vielleicht stärker betont – statt sich auf Krieg, Jagd, Werkzeugtechnologie und andere maskuline Stärken zu konzentrieren.«[145]

Anthropologie – unsere wilden Urahnen

Dieser bemerkenswerte Mörder, Australopithecus africanus, das letzte Tier vor dem Menschen (…) unser letzter direkter Vorfahre in der Tierwelt.

Robert Ardrey[146]

1925 machte der Anatomieprofessor Raymond Dart eine bedeutende Entdeckung. Er fand den versteinerten Schädel eines jungen Primaten, der affen- und menschenähnliche Merkmale aufwies und außerordentlich gut erhalten war: den »Australopithecus africanus«.

Dieser lebte vor rund zweieinhalb bis drei Millionen Jahren. Die Frakturen in Schädel und Knochen dieses und weiterer Funde des »Australopithecus« erschienen als eindeutige Beweise, dass diese Vormenschen nicht nur Jäger, sondern auch Mörder waren. Raymond Dart beschrieb daher diese Vormenschen sehr anschaulich als »Totschläger, fleischfressende Kreaturen, die ihre lebende Beute brutal ergriffen, sie zu Tode prügelten, ihre zerschlagenen Körper zerrissen, sie Glied für Glied zerteilten, ihren unersättlichen Durst am warmen Blut der Opfer stillten und gierig sich windendes Fleisch verschlangen«.[147]

Auch die Forschung über primitive Völker zeigte Ergebnisse, die den angeborenen Egoismus und die Grausamkeit des Menschen zu bestätigen schienen. Der Anthropologe Napoleon Chagnon hatte insgesamt fünf Jahre unter dem Volk der Yanomami in Brasilien und Venezuela verbracht. Sein Bericht wurde 1968 zu einem Bestseller und Chagnon zu einem vielzitierten Autor, wenn die Grausamkeit primitiver Völker bewiesen werden sollte. Er konstatierte, dass es bei den Yanomami regelmäßig zu tödlichen Überfällen auf Nachbardörfer komme. Dabei gehe es häufig um die Eroberung einer Frau.[148] Im Jahr 1988 schrieb Chagnon einen Beitrag, der bislang zu den meistgelesen Artikeln der Anthropologie zählt. In darwinistischer Manier theoretisiert der Autor über die Hintergründe des von ihm beschriebenen Verhaltens. Er berichtet, dass die Männer, die an Überfällen teilnahmen, zweieinhalbmal mehr Frauen besaßen und dreimal mehr Kinder zeugten. Daher schlussfolgert er: »Die Gewalt ist eine mächtige Kraft in der menschlichen Gesellschaft und kann die Hauptkraft hinter der Evolution der Kultur sein.«[149]

Mehrere Anthropologen aber, die länger als Chagnon unter den Yanomami gelebt haben, widersprechen einhellig seiner Beschreibung. Zudem erscheint das von Chagnon ermittelte Ergebnis der Anzahl an Frauen und Kindern als ein Resultat schlechter Datenanalyse.[150]

Auch der Beleg des »Australopithecus«, wie Raymond Dart ihn dargestellt hat, kann einer kritischen Auseinandersetzung nicht standhalten. Eine genaue Untersuchung der versteinerten Überreste förderte nämlich den Befund zutage, dass die Knochen- und Schädelbrüche durch den jahrtausendelangen Gesteinsdruck ihrer Fossilentwicklung entstanden sind.[151] Die Vormenschen, die Dart als ünstige Killer beschrieb, waren in Wirklichkeit nämlich Futter ›oparden. Frans de Waal beschreibt anschaulich:

> »Ironischerweise geht man heute davon aus, dass die Australopithecus keineswegs ein besonders blutrünstiger Jäger, sondern vielmehr selbst die bevorzugte Beute großer Fleischfresser war. (…) Aller Wahrscheinlichkeit nach war das Leben unserer Vorfahren zu Beginn unserer Abstammungslinie von Angst statt von Angriffslust geprägt.«[152]

So bedeutend die Anthropologie also für die Analyse der Natur des Menschen zweifellos ist, so wenig überzeugend erscheinen bislang ihre Beweise für eine egoistische, aggressive und konkurrenzbetonte Natur des Menschen.

Milgram – ein beunruhigendes Experiment

Als Beweis für die angeblich naturgegebene Aggression und Lust am Leiden anderer wird häufig das vermutlich berühmteste Experiment in der Geschichte der Psychologie genannt: das Milgram-Experiment.[153] Es wurde oft und in den verschiedensten Ländern wiederholt. Sogar in einer französischen Fernsehsendung vor wenigen Jahren.[154] Die Ergebnisse sind eindeutig und nicht anzuzweifeln.

In diesem Experiment – wir schreiben das Jahr 1961 – erklärte der US-amerikanische Psychologe Stanley Milgram von der Universität Yale seinen 26 Probanden, sie würden an einem Versuch zum Gedächtnistraining teilnehmen, der die Auswirkung von Strafen auf den Lernprozess untersuchen solle. Der Proband hatte dabei eine Reihe von Tasten von 15 bis 450 Volt vor sich, die mit klaren Erklärungen von »harmlos« bis hin zu »Achtung, sehr gefährlicher Elektroschock« versehen waren. Wenn der Schüler (der in Wahrheit Mitarbeiter von Milgram war und in einem abgetrennten Raum saß) einen Fehler bei einer Aufgabe machte, wurde der Proband durch den Versuchsleiter aufgefordert, dem Schüler einen elektrischen Schlag zu geben, der jeweils um 15 Volt erhöht wurde. Die zunehmend intensiven Schmerzensschreie waren für den Probanden deutlich zu hören. Bei 330 Volt verstummte der Schüler schließlich. Insgesamt gingen zwei Drittel der Probanden bis zur höchsten und lebensgefährlichen Stufe. Im Schnitt lag die höchste Stufe bei 360 Volt, also zwei Stufen über dem extrem bedenklichen Signal, dass der Schüler körperlich nicht mehr auf den erneuten elektrischen Schlag reagierte.[155]

War damit der Beweis für das Böse in der menschlichen Natur erbracht? Nein! Niemand anderes als Milgram selbst wies darauf hin, dass diese Deutung verfehlt ist, weil sie die genaueren Umstände des Experimentes übersieht. Wie der Forscher betont, zeigt sein Versuch vielmehr in erster Linie, wie autoritätshörig Menschen sind und wie sehr sie der Autoritätsperson auch unter nicht alltäglichen Umständen gefallen wollen.[156]

Im Versuch drängte der Autorität und Wissenschaftlichkeit ausstrahlende Versuchsleiter die Probanden immer wieder, zur nächsten Stufe der Bestrafung zu schreiten. In den Videoaufnahmen des Experiments zeigen die Probanden erkennbare Zeichen von Stress; sie bitten den Versuchsleiter, aufhören zu dürfen. Nach dem Experiment erlitt eine Reihe von Probanden sogar Nervenzusammenbrüche.[157] Bemerkenswert auch: Von den insgesamt 636 Probanden drehten nur zwei mit Genuss den Schalter auf die lebensgefährliche Voltzahl.[158]

In abgewandelten Formen dieses Experiments – beispielsweise bei Anwesenheit zweier Versuchsleiter, die unterschiedlicher Meinung über das Strafmaß waren – verabreichten die Probanden eine deutlich geringe Voltzahl. Ebenso bei Abwesenheit des Versuchsleiters, dem der Proband dann am Telefon versicherte, die nächsthöhere Strafe gedrückt zu haben, obwohl dies in Wirklichkeit häufig gar nicht der Fall war.[159] Allein der Umstand, wenn dieses Experiment nicht in den ehrfurchtsgebietenden Räumen der renommierten Universität von Yale stattfand, reduzierte den Prozentsatz der Probanden, die bis zur höchsten Stufe gingen, von zwei Drittel auf weniger als die Hälfte.[160]

Gewalt – die Macht des Stärkeren

Der Mensch ist ein Raubtier, dessen natürlicher Instinkt ihn dazu treibt, mit der Waffe zu töten.

Robert Ardrey[161]

Ist unsere Gesellschaft heute gewalttätiger als früher? Steven Pinker, Professor für Psychologie an der Universität Harvard, ging dieser Frage nach und ließ eine entsprechende Internetumfrage durchführen. Die Befragten waren der Ansicht, dass heute mehr Gewalt herrsche als früher. Im Durchschnitt, schätzten sie, gehe es in England im 20. Jahrhundert um 14 Prozent gewalttätiger zu als im 14. Jahrhundert. Die Wahrnehmung der Befragten, der sich auch vermutlich viele Leser instinktiv anschließen, steht aber im eklatanten Widerspruch zur Wirklichkeit. Denn tatsächlich ist die Gewalttätigkeit in England im 20. Jahrhundert um sage und schreibe 95 Prozent niedriger als noch vor 600 Jahren.[162]

Pinkers überraschende Schlussfolgerung, zu der er in *Gewalt. Eine neue Geschichte der Menschheit* gelangt, lautet daher ganz gegenläufig: »Wir dürften in der friedlichsten Epoche leben, seit unsere Spezies existiert.«[163] Der Forscher belegt anhand von umfangreichem Zahlenmaterial, dass beispielsweise die Morde in verschiedenen Gegenden von England vom 13. bis zum 20. Jahrhundert um den Faktor 10, 50 und in manchen Fällen sogar um 100 zurückgingen. Im Mittelalter kamen in Oxford pro Jahr 110 Morde auf 100 000 Einwohner. Im 20. Jahrhundert wurde hingegen weniger als ein Mord pro 100 000 Einwohner in London-Mitte registriert. Insgesamt ging die Mordquote in den europäischen Staaten zwischen dem Spätmittelalter und dem 20. Jahrhundert um das Zehn- bis Fünfzigfache zurück.[164] Angesichts der eindeutigen Zahlen gibt Pinker zu bedenken: »Wenn die Vergangenheit ein fremdes Land ist, dann ist dieses Land erschreckend gewalttätig. Man vergisst nur allzu leicht, wie gefährlich das Leben früher war, wie tief Brutalität sich einst durch das ganze Gewebe des Alltagslebens zog.«[165]

Von der Vergangenheit in die Gegenwart: Sosehr auch aktuell die Terrorangst die politischen Debatten beherrscht, so wenig Einfluss hat der Terrorismus tatsächlich auf die Entwicklung der Gewalt. Die

Daten der Global Terrorism Database belegen nämlich, dass die Zahl der Toten durch Terrorakte im Vergleich zu anderweitigen Ursachen eines gewaltsamen Todes fast vernachlässigbar gering ist.[166] Oder, um es bildhafter zu machen: Ein US-amerikanischer Bürger läuft eher Gefahr, von einem Möbelstück erschlagen zu werden, als einem Terroranschlag zum Opfer zu fallen.[167]

Auch andere Formen der Gewalt sind im Verlauf der Jahrhunderte der Menschheitsgeschichte rückläufig. Die Todesstrafe war lange Zeit ein öffentliches Spektakel. Manche französischen Kleinstädte kauften gar der Nachbarstadt einen Verurteilten ab, um eine öffentliche Hinrichtung präsentieren zu können.[168] Folter war im Mittelalter ebenfalls noch ein öffentliches Spektakel, bei der das Mitmachen durchaus erlaubt war. Die Sklaverei der Kolonialmächte kostete mindestens 17 Millionen Afrikanern und Bewohnern des Mittleren Ostens das Leben, manche Schätzungen nennen bis zu 65 Millionen Tote.[169]

Auch die tägliche Gewalt, die etwa in der Schule herrscht, ist rückläufig und wird weniger toleriert. Die Memoiren eines preußischen Lehrers aus dem 18. Jahrhundert belegen dies eindrucksvoll: Wie er akribisch notierte, verteilte er in seinen 51 Jahren Schuldienst 154 000 Peitschenschläge und 911 527 Stockhiebe.[170]

Pinkers Schlussfolgerung seiner umfassenden Analyse der Geschichte der Gewalt lautet: »Der Rückgang der Gewalt dürfte die bedeutsamste und am wenigsten gewürdigte Entwicklung in der Geschichte unserer Spezies sein.«[171]

Krieg – Natur- oder Ausnahmezustand?

Die Geschichte der menschlichen Rasse ist der Krieg.

Winston Churchill[172]

Ein weiteres zentrales Argument für den angeblich angeborenen Aggressionstrieb des Menschen ist die bedrückende Anzahl von Kriegen. Das 20. Jahrhundert geht mit mehr als 60 Millionen Toten allein im Zweiten Weltkrieg und rund 15 Millionen Opfern im Ersten Weltkrieg als das blutigste in die Menschheitsgeschichte ein. Sigmund

Freud erklärte in seinem Briefwechsel mit Albert Einstein: »Die Tötung des Feindes (befriedigt) eine triebhafte Neigung«, und fragte: »Warum empören wir uns so sehr gegen den Krieg? (…) Er scheint doch naturgemäß, biologisch wohl begründet, praktisch kaum vermeidbar.«[173]

Diese wenig optimistische Einschätzung lässt sich erstaunlicherweise kaum durch die harte Welt der Fakten untermauern. Eine detaillierte Analyse der Kriege in der Menschheitsgeschichte durch Steven Pinker enthüllt, dass im Laufe der Geschichte tatsächlich nicht nur die Anzahl der Kriege abgenommen hat, sondern auch die Dimension der Zerstörung. Der Wissenschaftler kommentiert: »Wer hat gewusst, dass es vor dem Ersten Weltkrieg fünf Kriege und vier andere Gräueltaten gab, bei denen mehr Menschen ums Leben kamen als in diesem Krieg? Nach meiner Vermutung werden viele Leser auch überrascht sein, dass 14 der 21 schlimmsten Massaker und Kriege der Menschheit bereits vor dem 20. Jahrhundert stattgefunden haben. Rechnet man die Zahl der Opfer jener Katastrophen auf die Gesamtbevölkerung um, findet sich sogar nur eine Gräueltat aus dem 20. Jahrhundert unter den ersten 20. Auf den vordersten Rängen der blutigsten Kriege befinden sich die mongolischen Eroberungen durch Djingis Khan. Der Historiker J.J. Saunders gibt ein anschauliches Beispiel für die Brutalität dieses Feldzuges:

> »Es liegt etwas unbeschreiblich Abstoßendes in der kaltschnäuzigen Wildheit, mit der die Mongolen ihre Massaker verübten. Die Bewohner einer zum Untergang verurteilten Stadt mussten sich auf einer Ebene außerhalb der Stadtmauern versammeln; jeder mongolische Kämpfer war mit einer Streitaxt bewaffnet und erhielt den Befehl, eine gewisse Zahl von Menschen – 10, 20 oder 50 – zu töten. Als Beweis, dass die Befehle ordnungsgemäß ausgeführt waren, mussten die Mörder manchmal jedem Opfer ein Ohr abschneiden.«[174]

In seinem Grundlagenwerk über die Geschichte der Gewalt kommt Pinker nach der Studium einer Vielzahl historischer Quellen zu den folgenden Ergebnissen: Die Häufigkeit und Dauer von Kriegen ist insgesamt rückläufig. Die Großmächte sind seltener in Kriege verwickelt, sei es untereinander oder mit Drittstaaten. Noch im 15. bis zum 17. Jahrhundert brachen in Europa durchschnittlich jedes Jahr zwei bis drei Kriege aus. Auch in der Statistik zeigt sich, dass der Großraum Europa heute weitgehend friedfertig ist.[175]

Der Historiker Sir Henry Maine fasst es so zusammen: »Krieg scheint so alt zu sein wie die Menschheit, Frieden aber ist eine moderne Erfindung.«[176] Die sogenannte humanistische Revolution ist daher für Pinker vor allem das Resultat des Zivilisationsprozesses und der Erfindung des Staates als notwendigen Friedensgaranten. Ganz im Sinne von Thomas Hobbes. An dieser Stelle fällt auf, dass Pinker bei all seinem Optimismus die Natur des Menschen hingegen pessimistisch einschätzt. Daher fragt er: »Woran liegt es, dass die prähistorischen Menschen uns offenbar keine interessante Leiche hinterlassen konnten, ohne auf gewalttätige Methoden zurückzugreifen?«[177]

So überzeugend Pinkers Analyse des Mittelalters und der Neuzeit ist, so ideologisch verzerrt erscheint Pinkers Versuch, die Institution des Staates als einzige Lösung zur Eindämmung der kriegerischen Natur des Menschen zu präsentieren.

Im Hinblick auf prähistorische Menschen widersprechen Pinker zahlreiche Experten. Insbesondere für die Epoche der Jäger und Sammler, die 99 Prozent der menschlichen Existenz auf Erden ausmacht, finden sich praktisch keine archäologische Beweise für kriegerische Auseinandersetzungen.«[178]

Wie der Neurowissenschaftler Robert Sapolsky detailliert nachweist, verfällt Pinker der Theorie einer »Verkriegerung der Vergangenheit«, um das Gewaltpotenzial zu betonen, dass der Natur des Menschen innewohnt, und um auf diesem Weg die besondere Bedeutung der modernen Erfindung des Staates zu unterstreichen.[179] Ähnliches lässt sich auch generell zu Pinkers Analyse der Gewalt sagen.

Ein durchaus interessanter Beleg: Bis heute ist nur ein Schauplatz eines eindeutig nachweisbaren Massakers aus der Zeit der Jäger und Sammler gefunden worden.[180]

Für Frans de Waal ist das fast vollständige Fehlen von kriegerischen Auseinandersetzungen in dieser Zeit allerdings durchaus logisch, denn die ersten kleinen menschlichen Gesellschaften, die in verstreuten Gruppen weit voneinander entfernt lebten, »waren sehr viel mehr damit beschäftigt, den damals die Natur beherrschenden Raubtieren zu entrinnen, um zu überleben«.[181]

Tatsächlich handelte es sich bei den Jägern und Sammlern um eine überwiegend egalitäre Gesellschaft, die erstaunlich friedlich miteinander lebten und miteinander teilten.[182] Das Zusammenleben hatte damals auch beeindruckende Anzeichen des sozialen Zusammenhalts. Archäologen haben Knochen von Neandertalern gefunden, die jahrelang mit schweren körperlichen Behinderungen überlebten, weil sie offenbar von Angehörigen ihrer Gruppe versorgt wurden.[183] Man hat auch Reste von Nahrung in Höhlen gefunden, die Einzelne bequem selbst verzehren konnten, welche aber offenbar dennoch geteilt wurden.[184]

Auch wenn es in der Jäger- und Sammlergesellschaft durchaus zu Morden gekommen ist, so unbekannt scheinen kriegerische Auseinandersetzungen gewesen zu sein, bis der Mensch sesshaft wurde und Besitztümer anhäufte.

Kommen wir nun zu der faszinierendsten Facette der menschlichen Natur, wenn es um Gewalt geht.

Tötungshemmung

Ein gesunder und normaler Mensch hat ein allgemein nicht erwartetes Widerstreben dagegen, einen anderen Menschen zu töten.

S. L. A. Marshall, Militärhistoriker[185]

William Manchester, ein US-amerikanischer Soldat, pirschte sich während des Zweiten Weltkrieges an einen japanischen Eliteschützen heran und erschoss ihn. Als er realisierte, was er getan hatte, stammelte er vor sich hin: »Es tut mir leid!« Danach musste er sich heftig übergeben.[186]

Auch wenn angeblich die wahre Natur des Menschen sich im Krieg offenbaren soll, zeigt die Untersuchung des Militärhistorikers und Brigadegenerals S. L. A. Marshall, dass William Manchesters Hemmung zu töten keineswegs eine Ausnahme war. Marshalls Analyse kam zu dem überraschenden Ergebnis, dass im Kampfeinsatz nur 10 bis 15 Prozent tatsächlich auf den Feind schießen, um diesen zu töten, während 75 Prozent ohne Tötungsziel schießen, selbst wenn sie sich in einer direkten Gefahrensituation befinden. General Marshalls Schlussfolgerung lautete, es sei »vernünftig, anzunehmen, dass ein gesunder und normaler Mensch – also jemand, der in der Lage ist, die mentalen und körperlichen Strapazen eines Kampfes auszuhalten – (...) nimmt einem anderen nicht aus freien Stücken das Leben, wenn er eine Möglichkeit hat, dies zu vermeiden«.[187] Er plädierte daher für ein spezielles Training, das die Natur des Menschen berücksichtigt.

Die Erfahrung von Oberst Albert J. Brown im Zweiten Weltkrieg korrespondiert stark mit Marshalls Ergebnissen: »Majore und Feldwebel mussten an der Kampflinie hin und her gehen und ihre Männern treten, damit sie schossen. Wir hatten schon das Gefühl, etwas zu erreichen, wenn wir zwei oder drei Männer aus einer Einheit dazu brachten zu schießen.«[188]

Auch wenn seit den 1980er-Jahren methodische Zweifel an der wissenschaftlichen Genauigkeit von Marshalls Untersuchungen herrschen,[189] so teilen zahlreiche weitere Studien Marshalls Grundthese.[190] Der US-amerikanische Oberstleutnant Dave Grossman kommt in seinem Buch *On Killing* zu dem Schluss: »Im entscheidenden Augenblick wurde jedem Soldaten klar, dass er den Mann, der vor ihm stand, nicht töten konnte.«[191]

Grossman analysierte das Phänomen der Abneigung, einen anderen Menschen zu töten, auch in anderen Kriegen wie die napoleonischen Kriege, dem amerikanischen Bürgerkrieg und dem Falklandkrieg. Auch hier kommt er zum gleichen Ergebnis.[192] Grossman zitiert unter anderem das Tagebuch des Unteroffizier Benjamin McIntyre aus dem amerikanischen Bürgerkrieg: »Es mag überraschen, dass eine Kompanie eine Salve nach der anderen in einer Entfernung von höchstens 15 Fuß zündet und es dabei kein einziges Opfer gibt. Doch genau das ist geschehen.« Ganze 50 000 Kugeln wurden in dieser Schlacht verschossen. Bei der genannten Distanz lag die Wahrscheinlichkeit, den Feind zu treffen, bei 50 Prozent. Daher hätte es in jeder Minute mehrere Hundert Opfer geben müssen.[193] Auch von der Schlacht bei Weißenburg im Jahr 1870 wird Ähnliches berichtet. Die Franzosen verschossen 48 000 Kugeln auf die offen vorrückenden Deutschen. Dabei wurden nur rund vierhundert getötet. Ein Toter auf 119 verschossene Kugeln.[194]

Besonders erstaunlich die Entdeckung des Historikers John Keegan. Obwohl die Soldaten bei der Schlacht von Waterloo und bei der Schlacht an der Somme mit Bajonetten ausgerüstet waren, gab es fast keine Stichwunden. Wenn es zum Nahkampf kam, war offenbar die Abneigung dagegen, den Körper des anderen zu durchbohren, so extrem, dass die Soldaten ihre Waffen meist umdrehten und den Kolben nutzten, um auf den Gegner einzuschlagen.[195]

Das Militär hat die Tötungshemmung der Soldaten erkannt und diese zunehmend erfolgreich durch Konditionierung in der Militärausbildung überwunden. So stieg während des Koreakrieges der Anteil der Soldaten, die auf den Feind schossen, von 15 Prozent auf mehr als 50 Prozent. Im Vietnamkrieg dann sogar auf 90 bis 95 Prozent.[196]

Die Notwendigkeit und der Erfolg dieses Trainings unterstreicht aber einmal mehr die eigentliche Natur des Menschen, die erst überwunden werden muss, damit möglichst alle Soldaten auf den Feind zu schießen gewillt sind. Ein anderer Blick auf das Töten im Krieg enthüllt ebenfalls wichtige Einblicke in die Natur des Menschen. So ergab eine Studie von Swank und Marchand, dass die etwa zwei Prozent der US-amerikanischen Soldaten, die im Zweiten Weltkrieg ununterbrochene Kampfhandlungen über längere Zeiträume durchstanden und keinerlei Schuldgefühle verspürten, das Profil von aggressiven Psychopathen hatten.[197] Die nicht psychopathischen Soldaten hingegen litten bereits nach 60 Tagen ununterbrochener Kampfhandlungen an verschiedenen psychiatrischen Störungen wie der Posttraumatischen Belastungsstörung (PTBS).[198]

Die Natur des Menschen scheint nicht für das Leben und Töten im Krieg geschaffen zu sein. Es sollte nachdenklich stimmen, dass die Zahl der US-Soldaten, die nach ihrer Rückkehr aus den Kriegen in Afghanistan und im Irak Selbstmord begangen haben, höher ist als die Zahl der dort Gefallenen.[199] Studien belegen, dass offenbar weniger die Kriegsteilnahme als solche für PTBS verantwortlich war als vielmehr der tatsächliche Tötungsakt.[200] So leiden auch Drohnenpiloten an PTBS, obwohl sie vom Kampfgeschehen Tausende von Kilometern entfernt sind.[201] Bei der Marine im Zweiten Weltkrieg hingegen ist dieses Phänomen so gut wie unbekannt: Die Marinesoldaten konnten zwar durchaus in Lebensgefahr schweben, waren aber so gut wie nie direkt an Tötungsakten beteiligt.[202]

PTBS scheint also eine Antwort des Menschen auf eine extreme Stresssituation zu sein, für die seine Natur nicht geschaffen ist. Statt einer natürlichen Tötungslust, die sich im Krieg angeblich austobt, muss man von einer natürlichen Tötungshemmung sprechen.

Intrinsische und extrinsische Motivation

Was motiviert den Menschen zu einer Handlung, sei sie egoistisch oder altruistisch? Was motiviert ihn zum Lernen und zur Arbeit? Es ist naheliegend, dass die Frage, was den Menschen am wirksamsten und mit den besten Folgen für Seele und Körper motiviert, viel über die Natur des Menschen aussagt.

Gemeinhin wird zwischen zwei Formen der Motivation unterschieden: intrinsischer und extrinsischer Motivation. So sind Menschen beispielsweise für ihr Verhalten aus eigenem Antrieb (also intrinsisch) motiviert, weil sie Lust haben, ein Buch zu lesen und wissen wollen, wie es weitergeht, oder sie einfach mehr wissen wollen. Auf der anderen Seite steht die extrinsische Motivation: Menschen werden von außen motiviert, weil ihnen etwa eine Belohnung in Aussicht gestellt wird oder eine Strafe droht.

Der Behaviorismus ist von der extrinsischen Natur der Motivation überzeugt. Bereits im Jahr 1913 erklärte sein Begründer John B. Watson in dem wegweisenden Artikel *Psychology as the Behaviorist Views it* (deutsch: Die Psychologie, wie der Behaviorist sie sieht), seine »objektive Methode« klammere bewusst das Innenleben des Menschen komplett aus – ganz im Gegensatz zur Psychotherapie – und betrachte nur das Verhalten des Menschen, welches in die Kategorien »Reiz« und »Reaktion« aufgeteilt wird. Die klassische Konditionierung von Hunden in Form des Pawlowschen Reflexes dürfte das berühmteste Beispiel hierfür sein: Nachdem Hunde mehrfach einen Glockenton gehört hatten, bevor sie unmittelbar danach Futter erhielten, reichte bereits der äußere Reiz des Glockentons, um den Speichelfluss der Hunde auszulösen.

Das kapitalistische Menschenbild geht ebenso wie der Behaviorismus von der extrinsischen Motivation des Menschen aus. Daher folgt die Notwendigkeit von Anreizen. Diese sind zumeist in materieller Form, denn der Mensch ist ja angeblich von Natur aus materialistisch. Geld erscheint daher als optimales Motivationsmittel.

Geld bewegt die Welt – aber wohin?

Das kapitalistische Belohnungs- und Bestrafungssystem (ist) von bestechender Schlichtheit.

Meinhard Miegel[203]

Geld beherrscht die Welt. Geld spricht direkt das Belohnungszentrum an. Je größer die Summe, die in Aussicht steht, desto stärker der Dopaminausstoß.[204] Geld ist die extrinsische Motivation par excellence. Daran scheint kein Zweifel zu bestehen. Entsprechend weitverbreitet ist der Einsatz von Geld als Motivationsmittel: Sei es in Form des Gehalts, des Bonus oder eines Preisgeldes. Und es scheint zu funktionieren: Menschen zeigen ein höheres Durchhaltevermögen und versuchen fast doppelt so lange, ein sehr schwieriges Problem zu lösen, wenn sie zuvor unbewusst an Geld erinnert wurden (in der Wissenschaft spricht man vom sogenannten Priming).[205] Das sollte als Beleg für die positive Motivationsfähigkeit des Geldes reichen, oder? Nein, weit gefehlt. Tatsächlich zeigt die Fokussierung auf das Geld eine ganze Reihe bedenklicher Nebeneffekte: Menschen, die in Experimenten auf Geld geprimt waren, sind egoistischer und weniger hilfsbereit.[206] Sie sind auch im wahrsten Sinn des Wortes distanzierter gegenüber ihren Mitmenschen. So stellen Probanden ihre Stühle viel weiter auseinander als die nicht geprimten Kollegen.[207]

Auf Geld geprimte Menschen sind auch deutlich weniger sozial und bevorzugen Einzelaktivitäten.[208] Und nicht zuletzt sind sie weniger großzügig.[209] Es ist geradezu augenscheinlich, dass alleine der Gedanke an Geld die Menschen trennt und aus Mitmenschen Konkurrenten macht.[210]

Schon der Wirtschaftswissenschaftler John Maynard Keynes erkannte die unheilvolle Wirkung des Geldes und hoffte auf ein gewandeltes Verhältnis in einer besseren Zukunft: »Die Liebe zum Geld als

Besitz wird betrachtet werden, wie sie ist, eine irgendwie ekelhafte Krankheit, eine dieser halbkriminellen, halbpathologischen Eigenheiten, die man mit Schaudern Spezialisten in Fragen der Geisteskrankheit übergibt.«[211]

Es kann keinen Zweifel geben: Die Nebenwirkungen von Geld auf den Menschen sind nicht von der Hand zu weisen.

Faulheit und Neugierde

Faulheit ist tief in unserer Natur angelegt.

Daniel Kahneman[212]

Die als Motto zitierte Aussage eines Wirtschaftsnobelpreisträgers spricht sicherlich vielen Menschen aus der Seele. Die angeblich natürliche Faulheit des Menschen lässt extrinsische Motivationen selbstverständlich und notwendig erscheinen. Denn, so die allgemeine Überzeugung, ohne einen entsprechenden Anreiz legen sich viele Menschen einfach auf die faule Haut und lassen ihrer Natur in der Hängematte freien Lauf: angebliche »Faulenzer«, »Drückeberger«, »Scheinarbeitslose« und »Sozialschmarotzer«.

Die Politiker stehen mit ihrer Einschätzung der natürlichen Faulheit des Menschen keineswegs alleine da. Auch eine Mehrheit der Deutschen ist sich sicher, dass beispielsweise Hartz-IV-Empfänger nicht aktiv nach Arbeit suchen würden.[213] Diese Überzeugung war maßgeblich mitverantwortlich für die Umgestaltung der Sozialsysteme in den letzten beiden Jahrzehnten und war Teil der Rechtfertigung der Gesetze.

Bei dieser und ähnlichen Diskussionen wird jedoch bezeichnenderweise gänzlich die Frage außer Acht gelassen, ob der Mensch von Natur aus tatsächlich faul sei und damit einhergehend ob es nicht vielleicht auch intrinsische Motivationen geben könnte, die den Menschen motivieren.

Erste These: Der Mensch ist von Natur aus das genaue Gegenteil von faul. Der Beweis hierfür ist so einfach wie naheliegend, dass es immer wieder erstaunt, wie hartnäckig sich das Gerücht um die angeblich angeborene Faulheit des Menschen halten kann.

Die Beobachtung von Babys und Kleinkindern reicht vollkommen aus, um sich hiervon zu überzeugen. Etwas überspitzt formuliert wäre ein faules Baby schlicht nicht überlebensfähig. Neugierde und Entdeckungsdrang sind entscheidend für die kindliche Entwicklung und auch für das Erlernen verschiedener Arten der Fortbewegung, wie etwa Krabbeln und Laufen. Ja, ohne Neugierde und ohne den Drang, immer etwas Neues entdecken zu wollen, würde das Kind vermutlich nie die Motivation verspüren, viel Energie zu verbrauchen, um sich immer besser und immer weiter fortbewegen zu können. Es würde sich auch leicht von Fehlversuchen ermutigen lassen.[214]

Aarne Siirala brachte es auf folgenden wunderbar einprägsamen Nenner: »Das Wachstum jedes Kindes wird gestört, wenn es nicht wie ein Entdecker leben kann.«[215] Tatsächlich zeigen neurophysiologische Studien, dass die normale Funktionsweise des wachen Gehirns davon abhängig ist, »permanent einem sinnlichen Bombardement ausgesetzt zu sein.«[216] Daher suchen und bedürfen Menschen von der Geburt an neuer Reize.[217]

Der Neugierde kommt eine besondere Rolle als wichtige intrinsische Motivation zu. Sie ist gerade im Hinblick auf das Lernen von großer Bedeutung. Jeder, der zum ersten Mal mit einem Kleinkind unterwegs ist und mit einem unablässigen Schwall an Fragen bombardiert wird, kommt sehr schnell zur Erkenntnis, dass die Fragen des Kleinkindes im Schweinsgalopp über das eigene Wissen hinausreichen. Oft muss man sich mit einem ehrlichen »Ich weiß es nicht!« herausreden. Lebendige kindliche Neugierde und Wissensdrang sind schlicht faszinierend.

Im Hinblick auf das Lernen formuliert Richard David Precht äußerst prägnant:

> »Lernen zu lernen, muss niemand lernen. Jeder Mensch mit einem intakten Gehirn kommt mit einem tiefen Bedürfnis zu lernen auf die Welt. Alles Unbekannte zieht uns an, will begriffen, ertastet und erforscht werden. Wir lernen laufen, weil wir es wollen, wir lernen sprechen, weil wir es wollen, und wir lernen verstehen, weil wir es wollen. Unsere Neugierde auf das Leben ist von Natur aus unbändig und ungebändigt. Erfahrungen helfen uns dabei voran-

> zukommen. Und je anspruchsvoller die Dinge werden, mit denen wir uns beschäftigen und die wir zu verstehen versuchen, umso mehr schulen wir dabei unsere Intelligenz.«[218]

Neugierde ist häufig auch mit Spaß gekoppelt. Dies zeigt sich bereits bei Affen. Ein Experiment offenbarte, dass »Affen lernen wollten, eine dreiteilige Aufgabe zu lösen, und zwar mit keinem anderen ›Trieb‹ und keiner anderen ›Belohnung‹ als dem Privileg, die Aufgabe zu lösen«.[219] Der Spaß am Lösen einer schwierigen Aufgabe, die instrinsische Motivation, war stärker als äußere Belohnungen.

Neugierde beflügelt darüber hinaus auch die Kreativität und hilft bei der Lösungssuche, ganz im Sinne von Albert Einstein, der von sich sagte: »Ich habe keine besondere Begabung, sondern bin nur leidenschaftlich neugierig.« In einem Experiment wurde der Zusammenhang zwischen Neugierde und der Originalität untersucht. Mehr als hundert Erwachsene, die keine Experten waren, sollten Marketingpläne erstellen. Menschen, deren Neugier als breitgefächert eingestuft wurde, lieferten durchweg originellere und qualitativ höherwertige Ergebnisse ab als Menschen, deren Problemsuche deutlich zielorientierter war.[220]

Neugierde als intrinsische Motivation ist von Natur aus äußerst wirksam. In unserem Alltag erleben wir jedoch, dass grundsätzlich und fast ausschließlich auf extrinsische Motivation gesetzt wird, der Mensch also nicht entsprechend seiner Natur motiviert wird.

Alle Diskussionen über die angeblich angeborene Faulheit des Menschen und die Notwendigkeit, mit äußeren Motivationen wie Belohnungen oder Strafen den Menschen zum Lernen zu bewegen, gehen zudem vollständig am eigentlichen Problem vorbei: der Frage nämlich, warum ein Mensch die Neugierde am Lernen verloren hat.

Korrumpierungseffekt

Wenden wir uns dem sozialen Verhalten des Menschen zu: Führt extrinsische oder intrinsische Motivation zu mehr Mitmenschlichkeit?, und vor allem: Welche Form von Motivation entspricht der menschlichen Natur?

Dazu beobachteten sie zunächst die Hilfsbereitschaft einer Gruppe von Kindern im Alter von 20 Monaten, indem sie etwa prüften, ob die Kinder einen heruntergefallenen Gegenstand selbstständig wieder aufhoben. Danach wurden die Kinder in drei Gruppen aufgeteilt. Während die erste Gruppe keinerlei Reaktion auf geleistete Hilfe erhielt, wurde den Kindern aus der zweiten Gruppe ein Dank ausgesprochen, die Kinder der dritten Gruppe erhielten schließlich eine Belohnung. Nach mehrfacher Wiederholung des Tests wurde dann eine letzte Runde durchgeführt, die das eigentliche Ziel des Forschungsinteresses darstellte: Alle Kinder sollten jetzt Situationen erleben, die ihre Hilfsbereitschaft testeten, jedoch sollte diesmal (genauso wie in der ersten Testrunde) kein Kind eine Belohnung oder auch nur ein Lob erhalten. Ergebnis: Die erste Gruppe zeigte weiterhin eine sehr hohe Hilfsbereitschaft, die der ersten Testrunde entsprach. Die zweite Gruppe hatte eine minimal verringerte Hilfsbereitschaft. Die dritte Gruppe jedoch, die zuvor jedes Mal eine Belohnung erhalten hatte, wenn sie geholfen hatte, offenbarte einen fast vollständigen Zusammenbruch ihrer Hilfsbereitschaft.[221] »Aus einer unbedingten Hilfsbereitschaft war eine bedingte Hilfsbereitschaft geworden«, stellt Richard David Precht pointiert fest.[222] Daher nennt man dieses Phänomen in der Fachsprache: Korrumpierungseffekt.

Das Experiment demonstriert, dass die intrinsische Motivation nicht nur der Natur des Menschen entspricht, sondern auch besser und dauerhafter motiviert als extrinsische Anreize. Es zeigt aber auch ein fundamentales Problem: Die hohe und intrinsisch motivierte Hilfsbereitschaft des Menschen läuft Gefahr, zerstört zu werden, wenn man sie durch extrinsische Motivation ersetzt. Warneken und Tomasello betonen daher, dass die eigentliche Motivation zur Hilfe in diesem Experiment intrinsischer Natur war, also im Wesen des jeweiligen Kindes lag. Zudem widerlegen die ermittelten Ergebnisse alle Theorien, die behaupten, Kleinkinder legen nur mitmenschliches Verhalten an den Tag, um eine Belohnung zu erhalten. Des Weiteren geben Warneken und Tomasello den Rat, dass Erziehung und Sozialisation auf die natürliche Anlage des Menschen zum Altruismus aufbauen sollte.[223]

Der Entwicklungspsychologe Richard Fabes von der Arizona State University kommt in seinem Experiment zu einem ähnlichen Ergebnis. Er ging folgendermaßen vor: Er bat zwei Gruppen von Zweit- bis

Fünftklässlern, eine einfache Aufgabe zu lösen. Die erste Gruppe motivierte er damit, dass sie durch ihren Einsatz einen Erlös erzielen können, welcher schwerkranken Kindern gespendet wurde. Die zweite Gruppe wurde mit einer Belohnung für jedes Kind angespornt. Einige Zeit später bat Fabes die Kinder erneut, diese Aufgabe auszuführen. Diesmal jedoch ohne irgendeine Gegenleistung in Aussicht zu stellen. Während die erste Gruppe die Aufgabe weiterhin eifrig erledigte, war die zweite Gruppe deutlich demotivierter und verbrachte weniger Zeit mit der Aufgabe.[224]

Auch zwei Beispiele aus der Welt der Erwachsenen bestätigen, dass extrinsische Motivation im Allgemeinen und Geld im Besonderen leicht den natürlich vorhandenen Altruismus zerstören können. Wie eine groß angelegte Studie belegt, erwarten nicht einmal zwei Prozent der Blutspender eine Gegenleistung. Fast alle Spender erklärten, schlicht anderen Menschen helfen zu wollen, die auf eine Blutspende angewiesen waren. Erstaunlicherweise verringerte sich die Spendenbereitschaft sogar, wenn diese mit Geld vergütet wurde, wie Richard Titmuss (London School of Economics) in einer Studie zeigen konnte.[225]

Ein weiteres Experiment kam zu einem vergleichbaren Ergebnis: Jugendlichen, die einmal pro Jahr für einen wohltätigen Zweck Spenden sammelten, wurde versprochen, ihren Einsatz mit einem Anteil an den erzielten Spenden zu honorieren. Man sollte meinen, die Spendeneinnahmen würden nun deutlich steigen. Das Gegenteil jedoch war der Fall. Extrinsisch motiviert sammelten die Jugendlichen nun lediglich zwei Drittel ihres ursprünglichen Ergebnisses.[226] Ähnliches wurde auch in der Schweiz beobachtet. Wurde Freiwilligenarbeit finanziell belohnt, ging das Angebot an Freiwilligen zurück.[227]

Auch in Hinblick auf das Lernen oder die Arbeit zeigt sich, dass eine Belohnung die intrinsische Motivation der Probanden zerstört oder sie zumindest verringert. So offenbarte bereits im Jahr 1973 ein Experiment, dass die Lust von drei- bis fünfjährigen Kinder zu malen deutlich abnahm, nachdem die Kinder ein Bild für eine Belohnung erstellt hatten.[228] Auch mehrere Experimente mit Studenten belegten, dass Belohnung das Interesse an einem als interessant empfundenen Puzzle deutlich senkte.[229]

Eine Meta-Analyse aus dem Jahr 1999 konnte nicht weniger als 128 Studien aufführen, die nachweisen, dass extrinsische Anreize die intrinsische Motivation insbesondere bei Kindern verringerten.[230]

Es kann kein Zweifel bestehen, dass der Mensch für viele Aufgaben im Allgemeinen und für Altruismus im Besonderen von seiner Natur aus intrinsisch motiviert ist.

Die Überzeugung hingegen, die auf dem kapitalistischen Menschenbild beruht, der Mensch helfe, arbeite oder lerne nur, wenn er hierfür belohnt wird, führt in Wirklichkeit gerade zur Zerstörung des gewünschten Verhaltens. Leicht überspitzt kann man mit dem Sachbuchautor Alfie Kohn formulieren, dass Belohnungen nur ihre eigene Nachfrage steigern.[231]

In der Realität von Gesellschaft und Wirtschaft herrscht aber immer noch das kapitalistische Menschenbild. Während die Stärke der intrinsischen Motivation kaum zu bestreiten ist, lernen wir in der Schule extrinsisch für Noten und arbeiten später extrinsisch für Geld. Dass 40 Prozent der Schüler mit Geld für gute Schulnoten belohnt werden und ein knappes Viertel der Kinder für Mithilfe im Haushalt verdient, dokumentiert die Dimension des Korrumpierungseffekts von der Wiege an.[232]

Konkurrenz – Ich bin besser als du!

Die Menschen sind genetisch so veranlagt, dass sie konkurrieren – um einen Partner, im Sport, bei der Arbeit. Wettbewerbe mit einem Anreiz zwingen die Menschen, unter vorgegebenen Randbedingungen ein klares Ziel zu verfolgen, das die Lösung eines Problems ist.

Peter Diamandis, US-Unternehmer[233]

Konkurrenz ist so allbeherrschend in unserem Leben, gilt als so natürlich und hilfreich für Siegertypen, dass eine Welt ohne Konkurrenz geradezu albtraumhafte Züge annimmt, wie Spiro Agnew, US-Vize-Präsident unter Richard Nixon, zugab: Eine Gesellschaft ohne Konkurrenzkampf »wäre ein wellenloses Meer Leistungsschwacher (…) der psychologische Rückzug einer Person (…) in einen Kokon falscher Sicherheit und selbstzufriedener Mittelmäßigkeit«.[234]

Ein Blick auf den Sport scheint tatsächlich zu bestätigen, dass der unbedingte Siegeswille gerade in Konkurrenz-Sportarten, die kein

Unentschieden kennen, die Spieler dazu treibt, bis an ihre Grenzen und darüber hinaus zu gehen. Schwer vorstellbar, dass der Tennisspieler Michael Chang eine Trainingspartie von Krämpfen geschüttelt so zu Ende gespielt hätte wie sein legendäres Achtelfinale gegen Ivan Lendl bei den French Open, um nur ein Beispiel für viele zu nennen.

Ein simples Experiment mit zwei Pilates-Gruppen bestätigt die motivierende Kraft der Konkurrenz. Einer Gruppe wurde als Motivation mitgeteilt, in einer unbekannten Trainingsgruppe könnten 80 Prozent der Teilnehmer die anstrengende Plank-Übung deutlich länger halten. Nach dieser Nachricht steigerten die Probanden ihre Leistung erkennbar.[235]

Konkurrenz gilt als bestmögliche Motivation für den Menschen.

Drei Grundannahmen liegen dieser Überzeugung zugrunde:

- Menschen werden dadurch motiviert, besser als andere zu sein. Frei nach dem Motto: Jede Erfolgsgeschichte beginnt mit einem Kind, das es hasst zu verlieren. Denn, wie der berühmte US-amerikanischer Football-Trainer Vince Lombardi erklärte: »Gewinnen ist nicht das Wichtigste. Gewinnen ist alles.«[236]
- Menschen sind angeblich von Natur aus faul. Daher benötigen sie einen äußeren Ansporn, um ihre beste Leistung zu bringen.
- Die Erfahrung der Niederlage ist wichtig und zentraler Bestandteil des Lebens. Stellvertretend erklärt ein Leitartikel der *Los Angeles Times*, es sei für ein Kind nie zu früh zu lernen, dass es immer »einen gibt, der zuletzt gewählt wird«. Oder wie die *New York Times* titelt: »Verlieren ist gut für dich«.[237]

Konkurrenz oder Kooperation? Das ist die Frage

Wenn ihr schnell gehen wollt, geht allein.
Wenn ihr weit gehen wollt, geht gemeinsam.

Afrikanisches Sprichwort[238]

Eine Episode der Flintstones, einer ehemals beliebten Zeichentrickserie für Kinder, zeigt ein hart umkämpftes Baseball-Spiel in einem Unentschieden enden, gefolgt von gemeinsamem Feiern der beiden

Gegner. »Wohl kaum das wirkliche Ziel aus der Sicht eines normalen Kindes auf Wettkampfspiele«, gab ein ernüchterter Journalist der *New York Times* zu bedenken.[239]

Reichte bereits eine Zeichentrickserie aus, um Bestürzung in der *New York Times* auszulösen, läutete eine Studie so etwas wie den »Untergang des Abendlandes« ein. Der vielsagende Titel dieser britischen Studie lautete nämlich: »Es ist nur ein Spiel? Der Wettkampf im Schulsport bedroht«.[240] Angesichts des desolaten Ergebnisses kommentierte Chris McGovern, Vorsitzender der »Campaign for Real Education«: »Es ist schlimm und wird zur Folge haben, dass viele Kinder nicht ihr volles Potenzial ausschöpfen können.«[241]

Was war geschehen? Knapp zwei Drittel der befragten Kinder und Jugendlichen hatten gestanden, erleichtert zu sein (oder nichts dagegen zu haben), wenn das Element des Wettkampfes beim Sport verschwände. 86 Prozent der Kinder waren überzeugt, dass der Sieg für die Eltern wichtiger sei als für die Kinder selbst. Knapp 40 Prozent der Kinder waren sich sogar sicher, ihre Eltern schauten ihnen nur wegen des Wettkampfs beim Sport zu. Die Frage, für wen hier genau der Wettkampf durchgeführt wird, beantwortet sich in der Haltung der Eltern. Fast alle Eltern gestanden nämlich, dass sie tatsächlich den Kindern nur wegen des Wettkampfs zusahen – und fast alle Eltern räumten ein, dass für sie selbst der Sieg wichtiger sei als für die Kinder.

Keinen besonderen Grund zur Freude dürften Anhänger des Wettkampfs im Schulsport auch haben, wenn sie eine US-amerikanische Untersuchung lesen. Sie belegt, dass die Hauptmotivation der Kinder, Sport zu treiben, der Spaß sei. Der zweitwichtigste Faktor sei es, sein Bestes zu geben. Das Wort »gewinnen« taucht nur abgeschlagen auf dem neunten Platz auf.[242] Die intrinsische Motivation hat eindeutig die Nase vorn.

Kooperation ist Teil der menschlichen Natur

Weil der Homo sapiens ein ultrakooperativer Primat ist.

Michael Tomasello[243]

Ein Blick in unsere Welt zeigt die Allgegenwart der Konkurrenzsituation und scheint ausreichender Beweis für die Annahme zu sein, der

Mensch sei ein auf Konkurrenz ausgerichtetes Wesen. Aber entspricht dies tatsächlich der Natur des Menschen?

Die Entwicklungsgeschichte der Menschheit zeigt eindrücklich die besondere Rolle der Kooperation auf. Insbesondere das Zeitalter der Jäger und Sammler war durch Kooperation gekennzeichnet. Denn den täglichen Lebensunterhalt konnten die Menschen nicht alleine bestreiten, sondern ihre Lebensweise war konkret auf eine gemeinsame Nahrungssuche ausgerichtet.[244] Daher war die menschliche Fähigkeit entscheidend, gemeinsam ein Ziel auszuarbeiten und einen entsprechenden Plan miteinander zu kommunizieren.[245] Vergleicht man Menschen und Menschenaffen miteinander, so hängen bezeichnenderweise die zentralen Unterschiede alle eng mit der Kooperation zusammen. Beispielsweise sind die soziale Interaktion und Organisation der Menschen in jeder Hinsicht kooperativer als die der Menschenaffen.[246]

Nicht nur die Entwicklungsgeschichte des Menschen bietet zentrale Belege für die kooperative Natur des Menschen: Bereits ein Blick auf ein Neugeborenes ist ein wichtiger Hinweis. Bekanntlich kann ein Mensch nach der Geburt nur sehr kurze Zeit alleine überleben. Die allererste und grundlegende Erfahrung des Menschen ist: Er muss unbedingt kooperieren, um zu überleben.[247] Kooperation ist sein Lebensmodus. Das Verhalten einjähriger Kinder bestätigt zudem, dass wir von Natur aus kooperative Menschen vorziehen.[248] Schon im Alter von 14 bis 16 Monaten, also bevor Eltern ihren Kindern die Regeln sozialen Verhaltens gelehrt haben, verhalten sich Kinder kooperativ. Bemerkenswert ist auch, dass kooperatives Verhalten unabhängig vom Kulturkreis in der gleichen Altersstufe auftritt.[249]

Aber was geschieht, wenn sich Kinder zwischen Kooperation und Konkurrenz entscheiden müssen? Genau dies wollte auch Michael Tomasello, Co-Direktor des Max-Planck-Instituts in Leipzig, herausfinden. In einer Reihe von Experimenten mit 14 bis 24 Monate alten Kleinkindern stellte er sie jeweils vor die Wahl, eine Aufgabe oder ein Spiel alleine oder gemeinsam durchzuführen. Zum Vergleich führte er dasselbe Experiment mit Schimpansen durch. Sein Ergebnis ist eindeutig: »Im Gegensatz zu Schimpansen kooperieren Kleinkinder zwischen 14 und 24 Monaten in der Spielsituation, als auch bei der

Lösung instrumenteller Aufgaben. (…) Oft stecken sie sogar ihre Belohnung in ein Gerät, damit die Handlung von neuem beginnt.«[250] Weitere Studien von Tomasello bestätigten das Ergebnis. Kleinkinder bevorzugten sehr stark die Gemeinschaftsoption, wohingegen Schimpansen immer dorthin gingen, wo es am meisten Futter gab.[251]

Auch eine Studie von Forschern um Daniel Haun, die sowohl dreijährige Kindergartenkinder als auch Schimpansen zwischen einer kooperativen und einer nicht kooperativen Lösungsvariante wählen ließen, ist eindeutig: Mehr als drei Viertel aller Kinder entschieden sich, gemeinschaftlich die Aufgabe zu lösen, während hingegen den Schimpansen diese Wahl fast gleichgültig war.[252]

Ein nächster Schritt: Terry Orlick von der Universität Ottawa, Pionier der Kooperations-Spiele und berühmter Sportcoach, fand heraus, dass zwei Drittel der neun- und zehnjährigen Jungen und alle Mädchen in diesem Alter sich für Spiele entschieden, bei denen es keine Sieger und Verlierer gab. Zudem fühlten sich Kinder bei Kooperationsspielen glücklicher. Orlick begleitete Kinder von der Vorschule bis zur zweiten Klasse mit Kooperationsspielen. Er stellte fest, dass das kooperative Verhalten von Kindern drei- bis viermal höher war als bei der Vergleichsgruppe.[253]

Der Sachverhalt ist so wichtig, dass er noch einmal ausdrücklich eine Wiederholung verdient: Kinder bevorzugen Kooperation, nicht Konkurrenz. Alfie Kohn betont, dass er trotz jahrzehntelanger Recherche keine einzige Studie finden konnte, die belegen würde, dass Kinder die Konkurrenzsituation bevorzugen.[254] Berücksichtigt man zudem Studien, die belegen, dass zwei Drittel der Sechstklässler kooperative Lernsituationen gegenüber Konkurrenzsituationen bevorzugen,[255] ist das Bild abgerundet und spätestens an dieser Stelle offensichtlich, dass die Annahme, der Mensch sei von Natur aus auf Konkurrenz eingerichtet, in das Reich der Fabeln gehört.

Konkurrenzsituationen sind Kindern häufig schlicht egal, und sie lehnen sie auch ab. Doch das ist keineswegs das Ende des Abendlandes. Nein, es ist vielmehr Ausdruck der menschlichen Natur: »Zu kooperieren, anderen zu helfen und Gerechtigkeit walten zu lassen ist eine global anzutreffende, biologisch verankerte menschliche Grundmotivation. Diese Muster zeigen sich über alle Kulturen hinweg«, wie Joachim Bauer resümiert.[256]

Exkurs 4: Kooperation und Altruismus: Welcher Platz in der Evolution?

Jedes altruistische System ist von Natur aus instabil,
weil es dem Missbrauch durch egoistische Individuen offensteht.

Richard Dawkins[257]

Wie kann in der Evolution überhaupt Kooperation als Muster menschlichen Verhaltens entstehen, obwohl der Vorteil des Egoismus im Daseinskampf ja auf der Hand zu liegen scheint?

Für eine Reihe von Evolutionsforschern ist dies ein entscheidendes Argument dafür, dass Kooperation schlichtweg nicht der Natur des Menschen entsprechen kann, sondern eher naives Wunschdenken sein muss. So beispielsweise die Überzeugung von Richard Dawkins:

> »Wenn es nur einen einzigen eigennützigen Rebellen gibt, der entschlossen ist, den Altruismus der übrigen auszunutzen, so wird er per definitionem mit größerer Wahrscheinlichkeit als sie überleben und Nachkommen haben. (…) Nach mehreren Generationen dieser natürlichen Auslese wird die ›altruistische Gruppe‹ von egoistischen Individuen wimmeln und von einer egoistischen Gruppe nicht zu unterscheiden sein.«[258]

Tatsächlich müssten Altruisten in der Evolutionslogik die ewigen Verlierer im Kampf um das Dasein sein. Aber sogar Charles Darwin selbst sah dennoch einen Platz für Altruismus und Kooperation trotz oder gerade wegen der inhärenten Logik der Evolution:

> »Wenn ein Stamm viele Mitglieder besitzt, die aus Patriotismus, Gehorsam, Mut und Sympathie stets bereitwillig anderen helfen und sich für das allgemeine Wohl opfern, so wird er stets über andere Völker den Sieg davontragen; dies würde natürliche Zuchtwahl sein.«[259]

Für die Antwort auf die Frage, ob Kooperation und Altruismus sich in der Evolution behaupten können, bietet die Spieltheorie in Form des Gefangenendilemmas ein sehr aussagekräftiges Experiment: Zwei

Gefangene werden beschuldigt, zusammen ein Verbrechen begangen zu haben. Beide werden einzeln verhört; sie haben keine Möglichkeit, miteinander zu sprechen. Beide haben jeweils zwei Entscheidungsmöglichkeiten. Sie können kooperieren (also ihre Schuld eingestehen) oder nicht kooperieren. Jeder muss allerdings seine Wahl selbstständig treffen, ohne die Wahl des Spielpartners zu kennen.

Da es viele Variationen des Spiels gibt, folgen wir hier der Variante des Mathematikers und Politikwissenschaftlers Robert Axelrod (Universität Michigan). Nach ihm gelten folgende Regeln: Wenn beide Spieler kooperieren, erhalten sie jeweils drei Punkte. Wenn ein Spieler kooperiert, der andere aber nicht, zieht der Kooperierende den Kürzeren und erhält keinen Punkt, wohingegen der Egoist die Höchstpunktzahl von fünf zugesprochen bekommt. Wenn beide aber sich weigern zu kooperieren, erhält jeder nur einen Punkt. Das Dilemma besteht also darin, dass jeder zwar von Kooperation profitieren kann, aber ein noch besseres Ergebnis erzielt, wenn er die kooperative Haltung des anderen egoistisch ausbeutet.[260] Die Strategie beider Gefangenen, die Kooperation zu verweigern, stellt das einzige Nash-Gleichgewicht dar. Hingegen würde eine Kooperation beider Spieler für jeden zu einer höheren Punktzahl führen.

Das Besondere am Gefangenendilemma ist, dass es wiederholt wird und es eine beliebige Anzahl von Spielrunden gibt. Dadurch wird das Spiel von einem simplen Rate- oder Intuitionsspiel zu einer Analyse, welches Verhalten im Verlauf der Zeit erfolgreicher ist. Daher kann die mathematische Analyse des Gefangenendilemmas eine wichtige Aussage darüber treffen, ob sich Kooperation in der Evolution durchsetzen kann.

Mathematisch lässt sich das Dilemma aber nicht lösen, da der Erfolg ja auch stets von den Entscheidungen des Mitspielers abhängig ist. Um daher der Suche nach der erfolgreichsten Strategie auf die Spur zu kommen, rief Robert Axelrod Ende der 1970er-Jahre zu einem virtuellen Wettkampf auf und bat um die Einreichung von Computerprogrammen für ein Turnier des Gefangenendilemmas.

Das Erstaunliche war, dass von den 14 eingereichten Programmen nicht das komplizierteste und ausgefeilteste gewann, sondern das simpel gestrickte Tit-for-Tat (deutsch: Gleiches mit Gleichem vergelten), welches der Mathematiker und Biologe Anatol Rapoport geschrieben hatte. Das Programm kooperiert grundsätzlich im ers Spielzug. In allen weiteren Zügen wiederholt es einfach den letzten Zug des Spielpartners, frei nach dem Prinzip »Wie du mir, so ich dir«.

Auf den ersten Blick ist es absurd, dass man die Hoffnung haben könnte, mit diesem Programm das Turnier zu gewinnen, denn das Programm ist nur in der Lage, bei jedem Spiel maximal die gleiche Punktzahl wie der Spielpartner zu erzielen. Wie Axelrod kommentiert, gewann aber »Tit-for-Tat das Turnier nicht dadurch, dass es den anderen Spieler besiegte, sondern dadurch, dass es ein Verhalten auslöste, welches es beiden ermöglichte, gut abzuschneiden«.[261]

Die Eigenschaften von Tit-for-Tat sind gerade auch im Hinblick auf ein besseres Verständnis für die Evolution wichtig:

- Vermeidung unnötiger Konflikte durch eigene Kooperation, solange der Partner ebenfalls kooperiert.
- Verständlichkeit des Verhaltens, damit der andere Spieler sich anpassen kann.
- Klare Reaktion auf eine unnötige Kooperationsverweigerung.
- Nachsichtigkeit nach Wiederherstellung der Kooperation.[262]

Axelrod vergleicht das Grundprinzip aller eingereichten Programme und zieht spannende Schlüsse über erfolgreiche und weniger erfolgreiche Eigenschaften: Die entscheidende Eigenschaft, die relativ erfolgreiche von erfolglosen Programmen unterschied, war die Bereitschaft zur Kooperation, solange der andere ebenfalls kooperierte. Jede der ersten acht und keine der restlichen Programme kooperierte erst einmal.[263] Interessant auch, dass unter allen kooperationswilligen Programmen dasjenige am erfolglosesten war, das sich im Falle einer Kooperationsverweigerung am wenigsten nachsichtig zeigte.[264] Aber vielleicht hatte Tit-for-Tat schlicht nur Glück mit der Art seiner Spielpartner. Axelrod rief also eine zweite Runde des Turniers aus und erhielt nun 62 Programme zugesandt. Doch obwohl allen Teilnehmern bekannt war, dass Tit-for-Tat das erste Turnier gewonnen hatte, gelang es auch diesmal niemandem, ein erfolgreicheres Programm zu schreiben. Insgesamt gewann dieses Programm fünf der sechs wichtigsten Varianten des Turniers und belegte in der sechsten den zweiten Platz.[265] Dennoch schätzten viele Experten den Wert der Vermeidung unnötiger Konflikte durch Kooperationsbereitschaft weiterhin nicht richtig ein. Die Überzeugung, ein egoistisches Programm müsste am erfolgreichsten sein, war so stark, dass ein Drittel der Teilnehmer Strategien programmierte, die nicht kooperationsbereit waren.[266]

Auf den ersten Blick ist es im Gefangenendilemma erfolgversprechend, die Kooperation zu verweigern, auf lange Sicht zerstört es aber das Vertrauen und die Möglichkeit, mehr Punkte durch gemeinsame Kooperation zu erzielen. Daher zieht Axelrod den ganz zentralen Schluss: »Der Kern des Problems war aber, dass diese maximierenden Regeln nicht berücksichtigten, dass ihr eigenes Verhalten den anderen Spieler zu Änderungen seines Verhaltens veranlassen würde. (…) Großzügigkeit ist insbesondere dann angebracht, wenn endlose wechselseitige Bestrafungen die zentrale Gefahr sind.«[267] Überträgt man die faszinierenden Erkenntnisse des Gefangenendilemmas auf die Evolution, wird verständlich, dass wechselseitige Kooperation entstehen und sich durchsetzen kann.[268] Ebenso verständlich wird auch, dass die naheliegende Überzeugung, Egoismus sei der Schlüssel zum Erfolg in der Evolution, nicht zutrifft. Wechselseitige Gegenseitigkeit kann ausreichen, um Kooperationsverweigerung unproduktiv zu machen.[269]

Aber vielleicht ist das nur pure Mathematik ohne realen Bezug. Was wissen wir konkret über die Bedeutung von Kooperation in der Evolutionsgeschichte?

Exkurs 5: Der Schlüssel zum Verständnis der Evolution

Kooperation ist ein Kernelement der Evolution auf unserem Planeten.

Martin A. Nowak[270]

Die Ergebnisse der Forschung rund um das Gefangenendilemma zeigen, dass der Zoologe und Verhaltensforscher Frans de Waal vermutlich mit seiner Aussage ins Schwarze trifft: »Kooperations-, nicht Wettbewerbsfähigkeit ist der Schlüssel zum Erfolg der Evolution.«[271]

Kann man also aus dem Ergebnis des Experiments mit dem Gefangenendilemma schließen, dass es in der Evolution viel weniger Platz für Konkurrenz und Egoismus gibt, als es uns bislang scheint?

Die amerikanische Biologin Lynn Margulis vertrat hierzu einen klaren Standpunkt. Für sie sind Begriffe wie »Konkurrenz« und »Überlebenskampf« schlicht menschliche Konstruktionen, die aus dem Wirtschaftsleben in die Biologie geschmuggelt worden sind: »Begriffe wie Wettstreit, Kosten, Nutzen sind im Zusammenhang mit wissenschaftlicher Biologie sinnlos. Solche Begriffe gehören zu Banken und auf den Sportplatz.«[272] Für Margulis ist vielmehr die Kooperation in Form der Symbiose der Schlüssel zum Verständnis der Evolution: »Wir sind Symbioten auf einem symbiotischen Planeten, und wenn wir genau hinschauen, finden wir überall Symbiose. (…) Am Anfang der mannigfaltigen Fähigkeiten aller großen, vertrauten Lebensformen steht die Symbiose, die Neues schafft.«[273]

Der Neurowissenschaftler Antonio Damasio beschreibt die Bedeutung von Kooperation für die Biologie des Menschen anschaulich:

> »Der Körper, mit dem wir im Vergleich zu dem hochfliegenden Geist häufig so locker oder geradezu abschätzig umgehen, ist Teil eines ungeheuer komplexen Organismus aus kooperierenden Systemen, die aus kooperierenden Zellen bestehen, die aus kooperierenden Molekülen bestehen, die aus kooperierenden Atomen bestehen, die schließlich aus kooperierenden Teilchen aufgebaut sind.«[274]

Dass Kooperation und Altruismus entscheidende Bestandteile der Evolution sind, hat eine Reihe von Wissenschaftlern nachweisen können. Basierend auf den Arbeiten von Axelrod, kreierte der Mathematiker und Biologe Martin A. Nowak von der Universität Harvard gemeinsam mit dem Mathematiker Karl Sigmund (Universität Wien) ein komplexes Modell der Evolution. Danach sollten nach dem Zufallsprinzip auch Mutationen erzeugt werden, um dem Geschehen der Evolution möglichst nahezukommen. Untersucht wurde hierbei, wie sich die einzelnen Strategien in einem Prozess der natürlichen Auslese entwickeln. Welches Verhalten würde bei einem Modell erfolgreicher sein, das deutlich näher an der Realität der Evolution des

Lebens liegt als das Gefangenendilemma: Konkurrenz oder Kooperation? Egoismus oder Altruismus?

Die Computersimulation begann stets mit zufallsbedingten Strategien. Nowak beschreibt den weiteren Verlauf anschaulich: »Angesichts des erbarmungslosen Gegners konnte sich eine bedrängte Minderheit von Tit-for-Tat-Spielern am Rande des Aussterbens behaupten. (…) Wenn niemand mehr zum Ausbeuten übrig blieb und alle Dummköpfe plattgemacht waren, wechselte das Spiel die Richtung.« Die Egoisten starben aus, und die Kooperation setzte sich durch.[275] Das Turnier gewann dann schließlich der »nettere Cousin« von Tit-for-Tat, der auch einmal eine Defektion verzieh und nicht zwangsläufig Gleiches mit Gleichem vergalt. Eine Spur mehr Nachsicht hatte also noch größeren Erfolg in diesem Modell der Evolution.[276]

Auch andere hochkomplexe mathematische Modelle kommen zu dem Ergebnis, dass vor allem die Gruppen gedeihen, die in der Mehrzahl aus Altruisten bestehen. Die Vorteile durch Kooperation und gegenseitige Hilfe für die Gruppe überwiegen die Nachteile durch einige Egoisten.[277] Denn es ist viel seltener so, dass eine Gruppe von Kooperatoren hilflos gegen das Eindringen von Egoisten ist, sondern im Gegenteil, wie Axelrod schreibt: »Es ist am schwierigsten, in eine Population freundlicher Regeln einzudringen, weil freundliche Regeln miteinander so gut zurechtkommen.«[278]

Der naheliegende Gedanke, Altruismus und Kooperation könnte in der Evolution keinen Platz haben und gerade die Evolution an sich sei ein Beweis, dass der Egoismus vorherrschend sei, erweist sich also bei näherem Hinsehen als falsch.

Nowak ist überzeugt, dass Kooperationsfähigkeit des Menschen der eigentliche Grund dafür ist, dass es Menschen auf fast jedem Flecken der Erde gelungen ist zu überleben.[279] Bei der Analyse der Evolution und der Kooperation kommt Nowak zu der Erkenntnis, »dass der natürliche Prozess der Auslese, der die gewaltige Vielfalt an Leben – von Bakterien bis zu Tigern – entstehen ließ, tatsächlich schon in der Zeit wirkte, bevor Reproduktion, also die Fähigkeit, Kopien zu erstellen, erstmals auftauchte«. Daher ist Kooperation sogar älter als das Leben.[280] Für Nowak ist die Kooperation nichts Geringeres als der »Meisterarchitekt der Evolution«.[281]

Die Gruppengrenze

Der Mensch ist von Natur aus eher altruistisch als egoistisch und eher kooperativ als auf Konkurrenz eingestellt. Eine wichtige Frage zur menschlichen Natur ist aber noch unbeantwortet: Wie universell sind mitmenschliche Gefühle?

Wir gegen sie

So wird der gleiche Mensch, der voll Mitleid für seine Mitmenschen ist, gefühllos gegenüber ihren Leiden, sobald diese nicht zu seinesgleichen gehören.

Alexis de Tocqueville[282]

Wenn der Fan eines Fußballclubs erlebt, wie ein Fan seines Vereins einen Stromschlag erhält, verspürt der Proband Empathie. Ganz ähnlich wie in den bereits gezeigten Experimenten. Beobachtet er hingegen den Schmerz eines Fans eines verfeindeten Clubs, reagiert er nicht mit Empathie, sondern mit der Aktivierung des Belohnungszentrums im Gehirn. Er verspürt offenbar eine kleine sadistische Freude, wie sich in einem Experiment von Tania Singer zeigte.[283]

Ähnlich gelagerte Experimente verzeichnen auch eine deutlich unterschiedliche Hilfsbereitschaft. Sie ist davon abhängig, welchem Verein das Opfer eines mutmaßlichen Schwächeanfalls angehört.[284] Menschen neigen auch dazu, Unfairness, die von der eigenen Gruppe begangen wurde, nicht so deutlich zu verurteilen wie das ungerechte Verhalten Fremder.[285] Sogar eine rein willkürliche Einteilung in zwei Gruppen, entweder gemäß der Vorliebe für die Malerei oder nach dem Losverfahren, führt überraschend schnell dazu, dass die Menschen die Mitglieder ihrer Gruppe bevorzugen und sich entsprechend verhalten.[286]

Wir stehen also in diesem Kapitel vor einem sehr komplexen Problem der menschlichen Natur. So beeindruckend die Empathiefähigkeit des Menschen ist, so sehr offenbart sich hier aber auch, dass mitmenschliches Verhalten innerhalb einer Gruppe mit Ablehnung und Herabsetzung gegenüber Fremden korrespondieren kann.[287]

Verschiedene Wissenschaftler vermuten, dass die Einteilung der Menschen in zwei Gruppen, in »wir« und »die anderen«, ein Schritt in der Evolution des Menschen war.[288] Nach Michael Tomasello ist diese »ausgeprägte Eigengruppen-Fremdgruppen-Psychologie« des Menschen für die Spezies einmalig.[289] Seiner Ansicht nach wurde der moderne Mensch zu einem gruppenbewussten Individuum, indem er gemeinsam mit den Gruppenmitgliedern kulturelle Konventionen, Normen und Institutionen schuf, die auf einem kulturellen gemeinsamen Hintergrund aufgebaut waren.[290] Oder, um es mit den Worten von Richard David Precht zu sagen: »Die Ablehnung anderer Gruppen ist der evolutionäre Kampfpreis, um dessentwillen sich unsere Kooperationsfähigkeit entwickelt hat.«[291]

Die Trennung der Menschen in »wir« und »die anderen« manifestiert sich schon in sehr jungen Jahren. Bereits Säuglinge können im Alter von nur fünf Monaten zwischen Menschen aus der eigenen Gruppe und Fremden unterscheiden, und sie bevorzugen Menschen, die sich in ihrer eigenen Muttersprache ausdrücken.[292] Kleinkinder, die willkürlich einer Gruppe zugewiesen wurden (zum Beispiel, indem sie ähnlich angezogen wurden und einen gemeinsamen Gruppennamen bekamen), legten auch unterschiedliche Verhaltensweisen gegenüber Kleinkindern der eigenen und der anderen Gruppe an den Tag.[293]

Vom sie zum wir

(Das Prinzip der gegenseitigen Hilfe) dehnt sich vom Clan zur Völkerschaft aus, zum Bund der Völkerschaften, zum Volk und schließlich – wenigstens im Ideal – zur ganzen Menschheit.

Pjotr Kropotkin[294]

Als der noch halbwüchsige Muzafer Sherif am 15. Mai 1919 beim Massaker von Izmir bereits unter den zu Exekutierenden eingereiht war und ein Schuss nach dem nächsten einen Türken tötete, sah er seine letzten Sekunden gekommen. Doch dann zögerte der griechische Soldat und verzichtete darauf, ihn zu erschießen.

In Izmir kämpften damals – wie in anderen Orten des zerfallenden Osmanischen Reiches – verschiedene Gruppen gegeneinander. Muzafer Sherif beschrieb:

»Ich war tief beeindruckt, die selbstlose Kameradschaft in jeder Gruppe zu sehen. Der Altruismus innerhalb der Gemeinschaft entsprach der Feindschaft, der Zerstörungswut und der Rachsucht gegenüber den verhassten Feinden. (...) In diesen jungen Jahren beschloss ich, mein Leben der Aufgabe zu widmen, die Ursachen dieser Dinge zu untersuchen und zu verstehen.«[295]

Sherifs Beobachtung entspricht sehr genau dem bereits dargestellten Phänomen, dass mitmenschliche Gefühle vielleicht nicht auf alle Menschen gerichtet sein können. Im Jahr 1949 startete Sherif, der mittlerweile als Sozialpsychologe an der Universität Oklahoma arbeitete, das legendäre »Ferienlagerexperiment«, um dieser Frage auf den Grund zu gehen. Im Robbers Cave State Park nahmen 22 Jungen zwischen 12 und 14 Jahren, die einander nicht kannten, an einem Ferienlager teil. Sie wurden in zwei Gruppen mit je elf Jugendlichen eingeteilt und lebten an zwei Enden eines großen Geländes, ohne von der Existenz der anderen Gruppe zu wissen. Zu Beginn der zweiten Woche wurden beide Gruppen darüber unterrichtet, dass sie nicht alleine waren. Schnell stellte sich daraufhin ein Gefühl der Feindseligkeit gegenüber der fremden Gruppe ein. Als die zweite Gruppe erfuhr, dass sich die erste Gruppe den Namen »Die Klapperschlangen« gegeben hatte, nannte sie sich fortan »Die Adler«. Auch das Verhalten innerhalb der Gruppe änderte sich: je erbitterter die Feindschaft nach außen, desto stärker die Selbstlosigkeit innerhalb der Gruppe. Man half einander jetzt häufiger. Und besonders diejenigen, die in der sozialen Hierarchie unten standen, versuchten sich durch selbstlose Taten hervorzutun.

Schließlich wurde eine Reihe von Wettkämpfen zwischen den »Klapperschlagen« und den »Adlern« angekündigt. Die Spieler beschimpften sich, und die »Adler« zündeten die Fahne der »Klapperschlagen« an. Diese überfielen anschließend die Hütte der »Adler«. Daraufhin suchten die »Adler« mit Baseballschlägern die Feinde auf, die zu diesem Zeitpunkt jedoch nicht in ihrem Quartier waren. Sherif sah sich gezwungen, das Experiment vorzeitig abzubrechen.[296]

Der Sozialwissenschaftler Lutfy Diab wiederholte das Experiment mit 18 Jungen aus Beirut. Die beiden Gruppen »Blaue Gespenster« und »Rote Genies« bestanden jeweils aus fünf Christen und vier Muslimen. Sehr bald brachen auch hier Streit und Kämpfe aus, allerdings nicht zwischen Christen und Muslimen, sondern zwischen der blauen und der roten Gruppe.[297]

Vier Jahre nach dem abgebrochenen Ferienlagerexperiment startete Muzafer Sherif einen zweiten Versuch. Sobald die Spannungen zwischen den beiden verfeindeten Gruppen wieder deutlich in Erscheinung getreten waren, probierte Sherif eine Reihe von Strategien aus, um beide Lager miteinander durch Kooperation zu versöhnen. Nachdem heimlich eine Wasserzufuhr des Lagers sabotiert worden war, baten die Leiter des Experiments alle Jungen, die Wasserleitung zu reparieren, da dieses Problem beide Gruppen betraf und man nur zusammen die fehlende Wasserversorgung wieder in Gang setzen konnte. Als die Jugendlichen einsahen, dass sie gemeinsam mit der anderen Gruppe handeln mussten, verringerte sich die Feindschaft und sie liehen sich sogar gegenseitig Werkzeug aus. Sobald aber das Wasser wieder lief, flammte die alte Feindschaft wieder rasch auf. Auch ein gemeinsames Kinoerlebnis, das nur möglich war, wenn alle zusammen Geld beisteuerten, erwies sich nur als vorübergehende Episode des Friedens.

Schließlich organisierte Sherif einen gemeinsamen Ausflug, wobei er absichtlich den Lastwagen mit den Nahrungsmitteln von seinen Helfern umkippen ließ. Als die beiden verfeindeten Gruppen das Unglück entdeckten, erkannten sie, dass sie ein Problem hatten, welches sie nur durch eine gemeinsame Kraftanstrengung lösen konnten. Danach stießen die Kinder auf das nächste Problem, das Sherif geplant hatte: Die Zelte der beiden Gruppen waren durcheinandergeraten, sodass die Kinder Einzelteile tauschen mussten. Als schließlich der Lastwagen mit dem Proviant erschien, zeigte sich, dass ein mehrere Kilogramm schweres Stück Fleisch unter ihnen aufgeteilt werden musste. Schlussendlich entstanden Freundschaften zwischen Mitgliedern der verfeindeten Gruppen, und die Jungen beschlossen, gemeinsam in einem Bus zurückzufahren.[298]

Für die Friedensforschung sind die Erkenntnisse aus diesem Experiment von fundamentaler Bedeutung. Die ständig geübte strikte Trennung in Freund und Feind ist eine zentrale und paradoxe Eigenschaft der menschlichen Natur und – nebenbei bemerkt – ein Fundament der neokonservativen Ideologie. Aber wie das Ferienlagerexperiment eindrucksvoll belegt, kann sie überwunden werden. Voraussetzung ist, dass wir die Bedeutung der uns alle verbindenden Probleme erkennen und auch realisieren, dass diese nur gemeinsam gemeistert werden können.

Gerade in einer Zeit, in der die großen Probleme der Menschheit nur global gelöst werden können, ist diese Erkenntnis von fundamentaler Bedeutung.[299]

Doch Kooperation funktioniert nicht nur im Ferienlager, sondern auch auf weltweiter Ebene besser als Konkurrenz. Genauer gesagt, ist Konkurrenz auf globaler Ebene absurd, insbesondere wenn es die Bewältigung globaler Herausforderungen wie Erderwärmung und zunehmende Ressourcenknappheit betrifft. Diese Einsicht führt zu den prophetischen Worten eines Wissenschaftlers, der oft genug verzerrt dargestellt wurde:

> »Wenn der Mensch in der Zivilisation vorschreitet und kleine Stämme sich zu größeren Gemeinschaften verbinden, so wird der schlichteste Verstand jedem Individuum sagen, dass es seine geselligen Instinkte und Sympathien auf alle Mitglieder des Stammes ausdehnen müsse, mögen sie ihm auch persönlich unbekannt sein. Ist das einmal erreicht, so verhindert nur noch eine künstliche Schranke, dass er seine Sympathie auf die Individuen aller Völker und Rassen erstreckt.« *Charles Darwin*[300]

Wir sind am Ende einer längeren Entdeckungsreise zum Wesenskern des Menschen angekommen. Zahlreiche wichtige Experimente und Studien, insbesondere mit Kleinkindern, aber auch Fakten aus der Welt der Erwachsenen konnten belegen, dass das kapitalistische Menschenbild die Wirklichkeit massiv verzerrt. Von Natur aus ist der Mensch eher altruistisch und kooperativ. Er ist vor allem intrinsisch motiviert, und er hat ein erstaunlich ausgeprägtes Empfinden für Gerechtigkeit und Fairness. Zudem ist er deutlich weniger materialistisch als gemeinhin angenommen.

Doch wird diesen Erkenntnissen in unserer heutigen Welt auch Rechnung getragen? Wenden wir uns nun der Frage zu, welchen Menschen unser aktuelles Wirtschaftssystem fördert und fordert.

4 Die kapitalistische Wirtschaft und ihre Nebenwirkungen

Die heute für ein freies Spiel der wirtschaftlichen Kräfte plädieren, wollen ein Gesellschaftsmodell, das auf dem ungezähmten Elementartrieb des Menschen beruht: Egoismus. Er soll ein Motor für Konkurrenz und unablässiges Schöpfertum sein. Sie nennen den Egoismus des Einzelnen unabänderlich und halten seine Durchsetzung für gelingende Freiheit. Sie wollen zwar keine offene Schlacht, aber einen zitternden Frieden. Das Grundgesetz einer Gesellschaft, die so lebt, lautet: Jeder ist sich selbst der Nächste. Der Erfolgreiche, Starke, Gesunde, Begüterte hat recht.

Friedrich Schorlemmer[1]

Blick auf die Wirtschaft

Nachdem wir uns eingehend mit der Natur des Menschen beschäftigt haben, wollen wir nun den Fokus auf die Wirtschaft richten.

An dieser Stelle ist ein kleiner Einschub notwendig:Es ist nicht Ziel dieses Buches, ein triviales Kapitalismus-Bashing anzustimmen und zu suggerieren, der Mensch sei vor Einführung des Kapitalismus von Natur aus gut gewesen und erst – gleichsam durch die Erbsünde des Kapitalismus – seien negative Eigenschaften des Menschen entstanden. Es geht vielmehr um eine sehr bedenkliche Entwicklung in Wirtschaft und Gesellschaft insbesondere seit den 1980er-Jahren.

Ursprünglich war der Kapitalismus durchaus eine sehr nützliche Wirtschaftsform, da er half, Hunger und andere existenzielle Bedrohungen für die Menschheit zu reduzieren, die die Menschen schnell zu Konkurrenten gemacht hatten. Aber obwohl die Menschheit nun beispielsweise in der Lage wäre, für 12 bis 14 Milliarden Menschen ausreichend Nahrung zu erzeugen,[2] lassen wir diese einmalige Gelegenheit ungenutzt, miteinander zu kooperieren. Stattdessen nimmt die herrschende Wirtschaft eine Wendung, die zunehmend die Eigenschaften des kapitalistischen Menschenbildes betont und Menschen als Konkurrenten definiert.

Alles! Jetzt! Überall!

Der Konsument ist der ewige Säugling,
der nach der Flasche schreit.

Erich Fromm[3]

Bereits 1950 bekannte der amerikanische Marketingguru Victor Lebow erstaunlich offen und ehrlich:

> »Unsere außerordentlich produktive Wirtschaft erfordert, dass wir den Konsum zu einem Lebensstil machen, dass wir Kauf und Nutzung von Waren und Ritualen umformen, dass wir spirituelle und Ich-Bedürfnisse im Konsum ausleben. Wir müssen konsumieren, verbrauchen, abtragen und ersetzen, und das in ständig wachsendem Maß.«[4]

Wohlgemerkt, es ist die Wirtschaft, die darüber entscheiden soll, was unsere Art zu leben ist, nicht die Natur des Menschen. Eine Grenze für den Konsum in der Gesellschaft ewigen Wachstums ist nicht vorgesehen, einzig »wenn die US-Konsumenten keinen Lagerraum mehr haben, dann ist das Schicksal der globalen Wirtschaft besiegelt«, wie Joseph Quinlan, leitender Marktstratege der Bank of America, besorgt feststellte.[5]

Eine historische Entwicklung kommt hierbei den Verkaufswünschen der Marktstrategen sehr gelegen und hilft, alle Lagertüren der Welt für den Konsum zu öffnen. Ursprünglich war »Habgier« als Inbegriff des Lasters und der Sünde ein moralisch extrem aufgeladener und wertender Ausdruck. Nach und nach wurde der Begriff »Habgier« jedoch aus den Beschränkungen von Religion und Sitte befreit und durch den farbloseren Begriff des »Eigeninteresses« verdrängt.[6]

Konsum – Bitte, kauf mich!

Konsumieren als Selbstzweck ist einer der psychologischen Faktoren, auf die unsere Wirtschaft sich gründet.

Erich Fromm[7]

Am Black Friday im Jahr 2008 drängten sich in Long Island 2000 Menschen vor dem Eingang eines Walmarts, als schließlich ein Mitarbeiter die Tür öffnete. Sofort schwemmte die Menschenmenge in das Geschäft, überrannte den Mitarbeiter und trampelte ihn zu Tode. Die Rettungskräfte hatten anschließend Mühe, sich zwischen den Kaufsüchtigen den Weg zu bahnen.[8] Der Fall ist keine Ausnahme. Am Tag des größten Konsumexzesses in den USA kommt es immer wieder zu Verletzten und sogar zu Toten.[9]

Der *Times*-Journalist John Naish, der ein Jahr ohne Geld gelebt hat, präsentiert in seinem Buch »Genug« eine Reihe beeindruckender Zahlen zum Ausmaß des täglichen Konsumrausches: Mehr als eine Tonne ungeliebter Besitztümer nennt jeder Brite sein eigen. Ein Viertel der Bevölkerung muss ein Zimmer des Hauses zum Abstellraum degradieren. Jeder elfte US-Amerikaner nutzt den Service eines Privatlagerraums. Diese Branche ist inzwischen eine 38 Milliarden US-Dollar schwere Industrie und nimmt in den USA dreimal so viel Fläche ein wie die Insel Manhattan.[10]

Diese Zahlen belegen scheinbar recht eindeutig, dass der Mensch von Natur aus stark materialistisch orientiert ist. Oder wurde hier ganz im Sinne von Victor Lebow nachgeholfen, damit der »Konsum zum Lebensstil« wird?

Chronische Unzufriedenheit

Der Trick an der Sache ist, die Menschen so unzufrieden wie möglich zu machen, denn nur dann geben sie ihr Geld dafür aus, wieder glücklicher und attraktiver zu werden. Das Letzte, was wir wollen, ist, dass die Leute rundum zufrieden sind, denn dann behalten sie ihr altes Auto und das ganze System bricht in sich zusammen.

Geraint Anderson[11]

Auf dem Höhepunkt der Weltwirtschaftskrise 1929 erklärte der Erfinder und Unternehmer Charles Kettering: »Der Schlüssel zum wirtschaftlichen Wohlstand ist die organisierte Schaffung von Unzufriedenheit. (…) Wenn alle zufrieden wären, würde niemand das neue Produkt kaufen wollen.« Daher sein wohlmeinender Ratschlag: »Halten Sie den Kunden unzufrieden.«[12]

Nichts ist gefährlicher für den Kapitalismus, der auf ständigem Wachstum basiert, als Stillstand, als Genügsamkeit, als ein zufriedener Mensch. Um zu funktionieren, braucht der Kapitalismus geradezu materialistische, habgierige und egoistische Menschen. Der Kapitalismus benötigt aber auch den verunsicherten, vereinzelten, atomisierten Menschen. Einen Mensch, der sein Selbstbewusstsein und seinen Platz in der Gesellschaft vor allem über sein Statusgefühl zu sichern sucht.

Der Kapitalismus verlangt schließlich auch nach einem nur scheinbar individualisierten Menschen, der niemals werberesistent zu werden droht. Dies aber ist ein Mensch, der nur noch die Illusion von Individualität hat.[13] Er ist das Zerrbild eines Individualisten, weil er frei nach dem Werbeslogan der Jeans-Marke Levis handelt beziehungsweise einkauft: »It's the difference that makes us original.« (deutsch: »Es ist der Unterschied, der uns einzigartig macht.«) Die von der postmodernen Philosophie beschlagnahmte Aussage versteckt geschickt die Perversion, dass die eigene Originalität, die eigene Einzigartigkeit, die sich durch den Unterschied auszeichnet, mithilfe des Kaufes eines Massenproduktes erzielt wird.

Werbung – Lass Dich verführen!

Der Trick ist es, eine Sehnsucht zu wecken,
die sich fortwährend nach neuen Sehnsüchten sehnt.

Zygmunt Bauman[14]

Sicherzustellen, dass die Menschen ihr Leben nicht als Menschen führen, sondern als Konsumenten und sich zugleich dabei umso mehr als freie Menschen fühlen, ist die Aufgabe der Werbebranche.

Mit den neuesten Erkenntnissen der Neurowissenschaft ausgerüstet und ausgehend von einem Menschenbild, das bezeichnenderweise nur zum Teil mit dem kapitalistischen Menschenbild übereinstimmt, zielt die Werbung darauf ab, den Menschen in ewiger Konsumlaune zu halten, indem sie möglichst sicherstellt, dass der Mensch niemals wirkliche Zufriedenheit erleben kann.

Während vor hundert Jahren Alfred Marshall, die graue Eminenz der neoklassischen Wirtschaftswissenschaften, noch der Meinung war, die menschlichen Bedürfnisse und Wünsche seien gewöhnlich begrenzt und befriedigungsfähig,[15] sieht es nach dem Siegeszug der Werbung seit den 1920er-Jahren schon deutlich anders aus. Der Wirtschaftswissenschaftler Don Patinkin erklärte etwa: »Die Geschichte hat gezeigt, dass die westliche Gesellschaft ebenso schnell (wenn nicht sogar schneller!) neue Wünsche und Bedürfnisse erzeugte, wie sie die Mittel für ihre Befriedigung erweiterte.«[16]

Der springende Punkt ist, dass eine endgültige Bedürfnisbefriedigung durch die Wirtschaft, so wie es noch Marshall vorschwebte, im Kapitalismus ganz und gar nicht erwünscht ist. Unsere Wünsche sollen durchaus geschürt, aber niemals dauerhaft befriedigt werden.[17] Denn die Konsumgesellschaft ist gerade dann am erfolgreichsten, wenn der Konsument niemals zufrieden ist und damit immer noch einen neuen Anreiz zu einem weiteren Kauf hat. Wie ein Hamster in seinem Rad darf der Mensch sich jedoch hierüber nicht bewusst werden. Ganz in diesem Sinne gibt der Politikwissenschaftler Dan Slater zu bedenken: Die Konsumkultur assoziiert »Zufriedenheit mit wirtschaftlicher Stagnation: die Bedürfnisse dürfen kein Ende haben (…) (Das) setzt voraus, dass unsere Bedürfnisse einerseits unstillbar sind, dass wir aber stets erwarten, sie durch Waren befriedigt zu bekommen.«[18]

Es kann kaum überraschen, dass die Werbung sich insbesondere auf die psychologischen Mechanismen des Bedürfnisses nach Anerkennung stützt und genau diese ausnutzt, um den jeweils gezielt angesprochenen Menschen immer wieder zum Kauf zu bewegen. Nancy Shalek, Präsidentin einer Werbeagentur, bringt es unverhüllt auf den Punkt: »Werbung in ihrer besten Form gibt den Menschen das Gefühl, dass man ohne ihr Produkt ein Verlierer ist. Kinder sind hierfür sehr empfindsam (…) Du öffnest emotionale Schwachstellen, und es ist sehr einfach, dies mit Kindern zu tun, weil sie emotional am gefährdetsten sind.«[19] Kurz: Werbung soll den Menschen von der Wiege bis zum Grab an ein Produkt und eine Marke binden.[20]

Berücksichtigt man die enormen Investitionen und den wissenschaftlichen Aufwand, mit dem Werbung heute betrieben und Abhängigkeiten bewusst erzeugt werden, sollte man ein wenig vorsichtiger sein, die überall sichtbaren Exzesse des Konsums als untrügliche Beweise für den angeblich angeborenen Konsumhang des Menschen zu bewerten. Weltweit werden unvorstellbare 440 Milliarden Euro pro Jahr in direkte Werbemaßnahmen investiert[21] (im Vergleich: der Haushalt der Bundesrepublik liegt im Jahr 2018 bei gerade einmal 337 Milliarden Euro). Dieser extrem hohe Posten belegt, dass nach den Gesetzen der Logik ein so hoher Aufwand erforderlich ist, um den Menschen »von der Wiege bis ins Grab« als Konsumenten bei der Stange zu halten, gerade weil der Mensch ohne diese Dauermanipulation deutlich genügsamer und kaufresistenter wäre. Dies aber wäre schlicht ein Desaster für den Kapitalismus.

Ich will mehr – als die anderen!

Geld ist nur ein Mittel, den Spielstand zu messen.

Howard Hunt[22]

Ein Vermögen von 10 Millionen US-Dollar würde ausreichen, um ihn glücklich zu machen, erklärte James Clark, als er »Silicon Graphics« gründete. Bevor er dann wenig später das Unternehmen »Netscape« startete, hielt er 100 Millionen für sein Glück nötig. Als er »Healtheon« lancierte, musste es eine Milliarde sein und schließlich gestand er: »Wenn ich einmal so viel Geld wie Larry Ellison habe, dann bin ich zufrieden.« Ellison, der Gründer der Software-Firma Oracle, besaß zu diesem Zeitpunkt schlappe 13 Milliarden US-Dollar.[23]

Diese von beeindruckender Offenheit zeugende Aussage lässt nicht nur unersättlichen Materialismus und blanke Gier erkennen, sondern auch eine Endlosschleife eines konkurrenzbestimmten Neidverhältnisses gegenüber seinen Mitmenschen. Das klar erklärte Lebensziel: die anderen auf der Rangliste hinter sich zu lassen. Sie zu distanzieren. Der Psychologe Richard M. Ryan beschreibt diese Grundhaltung: »Der vielleicht heimtückischste Aspekt dieses modernen Maßstabes für Reichtum ist, dass es nicht nur darum geht, genug zu haben, sondern mehr zu haben als die anderen.«[24]

Dieser heimtückische Aspekt ist die Ursache für die Bedeutung von Statussymbolen. Mit ihrer Hilfe kann der Kapitalismus den Wunsch, den Mitmenschen auszustechen, in bares Geld verwandeln.

Status-Kampf – Seht her, was ich habe!

Wer mit 50 Jahren noch keine Rolex besitzt,
hat es im Leben zu nichts gebracht.

Jacques Séguéla[25]

Ein besonderes Augenmerk der Werbung gilt der Erschaffung von Statussymbolen und der Bedürfniserweckung nach deren Besitz. Bereits Ende des 19. Jahrhunderts entwickelte der US-amerikanische Soziologe Thorstein Veblen die »Theorie der feinen Leute«, in der er die Prestigesucht der Oberklasse sezierte. Während im »alten« Europa der soziale Status sehr stark von der Geburt bestimmt war, galten im Land der unbegrenzten Möglichkeiten nun andere Gesetze. Hier war es der Besitz, der das Prestige bestimmte. Demonstrativer Konsum und Statussymbole waren (und sind) dabei die zentralen Mittel, sich von anderen Menschen abzugrenzen und sie auf der sozialen Leiter sichtbar hinter sich zu lassen.

Die Widersprüchlichkeit des Menschen und seine Bereitschaft zum Statuskampf belegt eindrucksvoll ein Experiment eines Teams um

Jennifer Argo von der Universität Alberta. Die bloße Anwesenheit anderer Menschen vor einem Regal mit Batterien führte dazu, dass die Kunden vornehmlich die teureren Markenbatterien kauften. Waren diese Menschen aber alleine, trafen sie die billigere Wahl.[26]

Der Wunsch nach Konsum und das Verlangen nach Statussymbolen sind zentrale Wachstumsmotoren des modernen Kapitalismus, implizieren aber gleichzeitig auch einen fundamentalen Widerspruch. Auf den ersten Blick erscheinen Statussymbole sehr simpel zu funktionieren: Jeder kann sie kaufen, um damit gesehen zu werden, und auf diese Weise seinen Status erhöhen. Der hier zu beleuchtende Zusammenhang ist aber komplexer. Denn Statussymbole beruhen auf sozialem Prestige, auf der Abgrenzung von beziehungsweise der Zugehörigkeit zu einer bestimmten sozialen Gruppe. Dabei sind Statussymbole von einem Wettbewerb geprägt, »in dem es grundsätzlich um einen höheren Platz innerhalb einer explizit oder impliziten Hierarchie geht und somit Gewinne für einzelne nur durch die Verluste von anderen möglich sind«, wie der Ökonom Fred Hirsch bemerkt.[27]

In seiner Konsequenz führt der Statuskampf zu einer Endlosschleife, die den Menschen nie seinen endgültigen Platz finden lässt, sondern ihn immer in der Angst gefangen hält, den erkämpften Status im nächsten Moment wieder verlieren zu können. Harald Welzer schreibt in diesem Kontext:

> »Mit jedem Wachstumsschub können bestimmte Konsumenten ihren Status verbessern. Insoweit dies zwangsläufig zu Lasten der relativen Position anderer geschieht, wird weiteres Wachstum stimuliert, um der gesteigerten Konsumnachfrage der zuvor ins Hintertreffen Geratenen zu entsprechen, die ihren Status Quo bewahren wollen.«[28]

Der Sieg des einen ist zwangsläufig immer auch die Niederlage eines anderen Menschen. Jeden Tag gibt es Gewinner und Verlierer im «Status-Wettrüsten« (Bas Kast). Die Unruhe des Menschen, nie an seinem eigenen Platz sicher sein zu können, sondern schneller, als er denken kann, zu einem »Loser« zu werden, ist zentral für die Wirtschaft, die ja in den Industriestaaten schon seit Jahrzehnten nicht mehr produziert, um lebenswichtige Bedürfnisse zu stillen, sondern vorwiegend um den Anerkennungshunger des Menschen in immer rascheren Zyklen zu befriedigen.

Eine ungleiche Gesellschaft und ein Verhältnis der Konkurrenz zum Mitmenschen sind Voraussetzung für das Funktionieren von Konsum und Statussymbolen. Diese sind nichts anderes als die Treibriemen, sich von den anderen abzusetzen und sich so noch mehr Anerkennung zu verschaffen. Denn größere Ungleichheit verschärft – das ist das eherne Gesetz – das Angstgefühl des Menschen vor der Bewertung durch andere.[29] (In einer Gesellschaft großer Gleichheit wären exorbitant teure Statussymbole schwer vorstellbar.) Dies führt zum nächsten Kauf.

Der Statuskampf erzeugt also gleichsam aus sich selbst heraus Ungleichheit, zumindest eine gefühlte und auch eine symbolisierte Ungleichheit. Ein Perpetuum mobile.

Ein besonders absurdes Beispiel des Statuskampfes ist heute noch auf der entlegenen Osterinsel zu besichtigen. Rund um die innere und äußere Wand des Rano Raraku, einem nahezu kreisrunden Vulkankrater, stehen fast 400 Steinstatuen, die jeweils einen stilisierten männlichen Körper mit langen Ohren und ohne Beine darstellen. Die meisten messen vier bis sechs Meter. Auf der langen Transportstraße liegen knapp hundert umgeworfene Statuen. Entlang der Küste befinden sich fast 400 weitere, ebenfalls umgestoßene Kunstwerke. Viele von ihnen hatte man offenbar so umgestürzt, dass ihnen gezielt der Hals gebrochen worden war.[30]

Diese sogenannten Moai zählen zu den erstaunlichsten und zugleich zu den rätselhaftesten Leistungen der Menschheit. Als 1772 ein niederländischer Seefahrer die Osterinsel entdeckte, das abgelegenste bewohnbare Stückchen Erde auf der ganzen Welt (3 700 Kilometer östlich der chilenischen Küste), war er fasziniert und fassungslos zugleich. Als er sich der Insel näherte, hatte er den Eindruck »einer einzigartigen Armut und Öde«. Nachdem er die Insel betreten und die steinernen Wunderwerke entdeckt hatte, stand er vor einem Rätsel. Wie konnten die primitiven Einwohner, deren Kanus kaum fahrtüchtig waren, diese massiven Statuen geschaffen haben? Und vor allem: Die gesamte Insel war eine einzige Ödnis. Nicht ein einziger Baum war zu sehen. Womit konnten die notwendigen Werkzeuge (Schlitten, Leitern und Hebel) hergestellt worden sein, die für den Bau der Statuen notwendig gewesen waren, die bis zu 87 Tonnen wogen und auch für moderne Kräne eine echte Herausforderung darstellen?

Der Evolutionsbiologe Jared Diamond präsentiert in seinem Buch *Kollaps* die Erklärung für eine der verstörendsten Episoden der Menschheitsgeschichte. Auf der Osterinsel lebte ein Dutzend verschiedener Stämme. Die Stammeshäuptlinge ließen als Zeichen ihrer Macht einen Moai anfertigen. Dieser Statuswettbewerb setzte langsam aber sicher einen tödlichen Mechanismus in Gang, denn rivalisierende Häuptlinge versuchten, sich durch immer größere Statuen gegenseitig zu übertrumpfen. So mussten immer mehr Wälder gerodet werden, um ausreichend Holz nutzen zu können, das für die Konstruktion der notwendigen Hilfsmittel für den Transport der tonnenschweren Statuen sowie deren Aufrichtung benötigt wurde. Der Wettstreit war allerdings ausgesprochen effizient, die Motivation war im Wettkampf der Häuptlinge groß, und die gezeigten Leistungen der Menschen steigerten sich von Mal zu Mal, ebenso wie die Höhe der Statuen. Aber es gab offensichtlich kein Entrinnen. Kein Häuptling konnte sich dem Statuswettrüsten entziehen und sich mit einer bescheidenen Statue begnügen, um den Wald zu schonen, ohne sich lächerlich zu machen und Gefahr zu laufen, abgesetzt zu werden. Kurz: »Die Eliten waren in einer Konkurrenzspirale gefangen, aus der es kein Entrinnen gab.«[31]

Beredtes Zeugnis von dieser absurden Konkurrenzspirale gibt das Bild der unvollendeten Statuen ab, darunter eine von sage und schreibe 21 Metern Höhe und einem Gewicht von 270 Tonnen. Diamond kommentiert: »Vor dem Hintergrund unserer Kenntnisse über die Technologie der Osterinsel scheint es unmöglich, dass die Inselbewohner sie jemals hätten transportieren und aufrichten können, und wir müssen uns fragen, von welchem Größenwahn die Steinmetze besessen waren.«[32]

Irgendwann zierte eine Vielzahl dieser Meisterwerke die karge Insel. Doch der letzte Baum war gefällt und die Inselbewohner sahen aufgrund der ökologischen Katastrophe dem Hungertod entgegen: Die vollkommene Ödnis bot keine ausreichende Nahrung mehr. Als

1864 katholische Missionare die Insel besiedelten, lebten dort nur noch 111 Menschen.[33]

Diamond fragt sich bestürzt: »Was mag derjenige gedacht haben, der auf der Osterinsel den letzten Baum gefällt und damit den unaufhaltsamen Untergang einer 700 Jahre lang erfolgreichen Kultur besiegelt hat?«[34] Eine ebenso schlichte und wie desillusionierende Antwort hierauf könnte lauten: Dieser Mensch hat sich wahrscheinlich nur gedacht, dass Bäume schon immer gefällt wurden und dass es völlig normal sei, wenn auch der letzte fällt.[35] Man könnte hinzufügen, dass dieser Mensch auf die Frage nach der Natur des Menschen sicherlich – und dies mit einiger Gewissheit – erklärt hätte: Der Mensch ist eben egoistisch, und er ist auf Konkurrenz gepolt. Das sieht man ja!

Niemand scheint diesen ökologischen Suizid verhindert zu haben, der sich allerdings für alle sichtbar ankündigte und dann auch erbarmungslos vollzog. Der Zusammenbruch der Zivilisation auf der Osterinsel erscheint so absurd, gerade weil die Folgen des menschlichen Verhaltens so offensichtlich und vorhersehbar waren. Gerade auf dieser kleinen und überschaubaren Insel.

Auch wenn das Schicksal der Osterinsel in seiner Absurdität und seinem selbstzerstörerischen Größenwahn sicherlich außergewöhnlich ist (Diamond präsentiert in seinem Buch insgesamt fünf Fälle plötzlich verschwundener Hochkulturen), ist es der dahinterstehende Mechanismus leider nicht.

Kaufreue und hedonistische Tretmühle

Neben Werbung und Statuskampf gibt es noch ein weiteres, subtileres Mittel, um den Menschen unzufrieden und damit als dauerhaften Konsumenten zu halten.

»When Choice is Demotivating« (deutsch: Wenn Auswahl demotiviert) lautet der vielsagende Titel eines Experiments der Psychologen Mark Lepper und Sheena Iyengar (Universität Stanford). In einem Supermarkt wurde ein Tisch aufgebaut, der den Kunden sechs unterschiedliche Marmeladensorten zum Test anbot. Ein anderes Mal wurde auf dem Tisch ein reichhaltiges Angebot mit 24 Marmeladen präsentiert. Das Ergebnis: Das große Angebot konnte lediglich drei Prozent der Kunden zum Kauf verlocken. Bei der überschaubaren Auswahl zückte hingegen ein knappes Drittel ihre Geldbörse zum Marmeladenkauf.[36] Der Wissenschaftsautor Bas Kast bemerkt hierzu: »Menschen, die weniger Auswahl haben, zweifeln weniger, greifen beherzter zu und sind anschließend auch zufriedener mit ihrer Wahl.«[37]

Der Hintergrund dieses Widerspruches ist: Je vielfältiger das Angebot, desto zahlreicher auch die Dinge, *gegen* die wir uns entscheiden müssen.[38] Jede bewusste Wahlentscheidung ruft daher auch die Angst hervor, alle anderen Möglichkeiten ausgeschlossen zu haben, inklusive vermutlich genau dem Produkt, das unsere tiefsten Bedürfnisse am besten befriedigt hätte.[39] Konkret lautet also das Paradox der immer bunter werdenden Konsumwelt nach Bas Kast: »Je scheinbar freier wir bei der Wahl sind, desto mehr Reue und Schuldgefühle treffen uns.«[40] Mit dem Angebot steigt daher auch die Erwartung an die gewählte Ware, denn sie muss zumindest so viel Glück spenden, um Reue und Schuld zu kompensieren.[41]

Genau diese Gefühle nach dem Einkauf sind auch der Grund, dass die Empfindung von Glück und Freude über ein neues Produkt erstaunlich schnell dahinschwindet. Dies wird mit dem Begriff »Hedonistische Tretmühle« pointiert bezeichnet. (Nebenbei bemerkt existiert dieses Phänomen auch beim Geld. Denn Gier und Sucht beziehen sich auf den Erwerbsakt. Der eigentliche Besitz des Geldes hingegen löst nur geringe Freude aus.[42])

Das in jedem Einkaufstempel zu bewundernde Überangebot an Produkten ist also nur auf den ersten Blick ein fundamentaler Fehler der Marketingstrategen. Das hier aufgezeigte Experiment belegt zwar, dass Menschen geneigt sind, bei einem Überangebot weniger zu kaufen (was natürlich kaum im Sinne des Erfinders sein kann), aber es beweist vor allem auch, dass ein Überangebot zur Unzufriedenheit und Reue mit dem Einkauf führt. Es ruft also genau die Eigenschaften hervor, die einen baldigen – erneuten – Einkaufsgang sicherstellen und gewährleisten. Oder mit John Naishs Worten: »Das Konsumversprechen, dass ›immer noch eine bessere Wahl‹ existiere, ermutigt uns zu glauben, dass, egal was wir sind, tun und besitzen, irgendwo noch etwas ganz Wunderbares auf uns wartet.«[43]

Jeder Versuch, durch einen Einkauf das Konsumversprechen einzulösen, führt also logischerweise zur Unzufriedenheit des Menschen und sichert damit den Antrieb zu weiterem Konsum. Mit Fug und Recht darf man sagen: Dies ist ein Teufelskreis.

Bei dem Gesagten kann es kaum verwundern, dass Kaufsucht heute eine gern übersehene Realität ist. Fast jeder vierte Deutsche kauft nicht aus einer Notwendigkeit heraus, sondern als Reaktion auf emotionale Probleme. Die Kaufsucht, also der pathologische Kaufzwang, ist zwischen 2010 und 2012 von sieben auf fast zwölf Prozent gestiegen.[44] Sie hat sich damit innerhalb von zwei Jahren also fast verdoppelt.

Klassenziel erreicht.

Es lässt sich schwer leugnen. Die heutige Form des Kapitalismus ist auf den kapitalistischen Menschen ausgerichtet und angewiesen, einen egoistischen, materialistischen und auf Konkurrenz fixierten Menschen. Das kapitalistische Menschenbild in Zweifel ziehen heißt daher, das Fundament des Kapitalismus infrage zu stellen.

Nebenwirkungen

Das bestehende ökonomische System begünstigt unsere schlechtesten Seiten.

Paul Verhaege[45]

Das Hauptkennzeichen des menschlichen Miteinanders im Kapitalismus ist die Konkurrenz zum Mitmenschen. Der Arzt und Wissenschaftsjournalist Werner Bartens gibt zu bedenken: »Das Gefühl, sich in Konkurrenz zu befinden, beginnt schon früh, viele Menschen fühlen sich unsicher und gehetzt, wollen einen Vorsprung erzielen, sich nach vorne bringen, ihre Ausgangsposition verbessern. Gute Voraussetzungen für Mitgefühl und Verständnis sind das nicht gerade, im Gegenteil. Stress, Missgunst und andere negative Gefühle und Gedanken schränken die Fähigkeit ein, sich in andere einzufühlen.«

Zeit, die konkreten Auswirkungen genauer unter die Lupe zu nehmen.

Von Siegern und Besiegten

In einer Gesellschaft, in der ständig Gewinner gesucht werden, werden ständig Verlierer produziert.

Frank Richter[46]

»Eroberung von Marktanteilen«, »Feindliche Übernahme« – Kriegsmetaphern sind in der Sprache des Konkurrenzkampfes in der Wirtschaftswelt keine Seltenheit. Aber welche Auswirkung hat der Konkurrenzkampf, der Teil der menschlichen Natur sein soll, auf den Menschen im Allgemeinen und auf die Beziehungen der Menschen untereinander im Besonderen?

Die Antwort ist so einfach wie naheliegend: In der natürlichen Lebenswelt der Konkurrenz werden aus Mitmenschen Gegner. Sie sind nichts anderes als Hindernisse zum eigenen Erfolg, die es zu überwinden gilt. Der Leistungsdruck in der Schule macht aus Mitschülern, die gemeinsam lernen sollten, Konkurrenten, weil es entsprechend der Normalverteilung nach Gauß nur eine begrenzte Zahl an Plätzen auf der Sonnenseite der Notengebung geben kann.

- In der Arbeitswelt sind die Konsequenzen der Konkurrenzsituation noch stärker, denn eine »Niederlage« kann hier existenzgefährdend sein. Es ist ein ehernes Gesetz: Am Arbeitsplatz verschwimmt die Grenze zwischen Kollegen und Konkurrenten.
- Es kann kaum überraschen: Konkurrenz reduziert nicht nur die Freundlichkeit zwischen Menschen, sondern erhöht auch die Aggressivität. Dies belegt eine Studie mit fünf- und sechsjährigen Kindern auf dem Sportplatz. Interessanterweise ist das Ergebnis dabei unabhängig davon, ob die Kinder als Sieger oder Geschlagene vom Platz gehen.[47]
- Man darf auch annehmen, dass Konkurrenzsituationen, welche die Überlegenheit einer Person gegenüber einer anderen zeigen, die Gefühle der Mitmenschlichkeit wie Empathie und Mitgefühl hemmen. Dies ist tatsächlich so, wie Studien belegen. Konkurrenz reduziert bereits die Fähigkeit zur Gefühlsansteckung.[48] Eine andere Studie mit sechs- bis siebenjährigen Kinder zeigte, dass sich sehr »kompetitive« Kinder von anderen Kindern dadurch unter-

schieden, dass sie weniger Empathie empfanden.[49] Das ergibt durchaus Sinn, denn wenn es zum Sieg eines gewissen »Bisses« und »Killerinstinkts« bedarf, ist eine starke Empathie hinderlich und muss überwunden werden. Auch in der Welt der erwachsenen Sportler zeigen sich die negativen Konsequenzen der Konkurrenz: Eine groß angelegte Studie über die Charakterprofile von 15 000 Sportlern kam zu dem Ergebnis, dass professionelle Sportler weniger an anderen Menschen interessiert als Normalbürger. Ebenso wenig wünschen sie sich die Unterstützung von anderen.[50]

- Nicht nur Freundlichkeit, Empathie und Mitgefühl reduziert die Konkurrenzsituation. Eine weitere existenzielle Eigenschaft des Menschen ist bedroht: sein Vertrauen. Matthieu Ricard gibt daher zu bedenken: »In einer Gesellschaft mit ausgeprägtem Konkurrenzdenken herrscht Misstrauen unter den Menschen, ständiges Streben nach eigener Sicherheit und nach Durchsetzung eigener Interessen und sozialem Aufstieg, ohne allzu viel Rücksicht auf andere.«[51]

  Vertrauen zu können und Vertrauen zu erfahren, sind existenzielle Grundbedürfnisse des Menschen. Wie bereits dargelegt, ist das Wunderbare und Bedenkliche hieran: Die Erfahrung von Vertrauen steigert die Bereitschaft, Vertrauen zu schenken. Die Erfahrung des Missvertrauens allerdings zerstört diese.

  Grundsätzlich ist das Potenzial des Menschen zum gegenseitigen Vertrauen erstaunlich ausgeprägt. Das sogenannte Vertrauensspiel analysiert diese – oft nicht hinreichend gewürdigte – Fähigkeit des Menschen, Vertrauen zu gewähren und Vertrauen zu empfangen: Einem Probanden (dem Treugeber) wird eine Geldsumme zur Verfügung gestellt (beispielsweise 10 US-Dollar). Er kann selbst bestimmen, wie viel er hiervon einem anderen Menschen (dem Treuhänder) anvertrauen kann, ohne aber mit ihm zuvor kommunizieren zu können. Der Spielleiter verdreifacht den anvertrauten Betrag. Es liegt nun am Treuhänder zu entscheiden, welchen Teil der erhaltenen Summe er dem Treugeber zurückerstattet.

- Mit den Augen des Homo oeconomicus betrachtet, ist die richtige Verhaltensweise ausgesprochen einfach: Der Treugeber wird dem Treuhänder selbstverständlich keinen Cent anvertrauen, da er davon ausgehen muss, dass dieser sich ebenfalls wie ein Nutzenmaximierer verhält und ihm nichts zurückgeben wird. Das berühmte

Nash-Gleichgewicht ist also wieder einmal nur dann erreicht, wenn zwischen den Beteiligten absolutes Misstrauen herrscht. Doch auch hier verhält sich der wirkliche Mensch aus Fleisch und Blut ganz anders. Sein Vertrauen ist erstaunlich hoch, denn 90 Prozent der Probanden vertrauen dem Gegenüber Geld an. Nur 10 Prozent verhalten sich also wie der Homo oeconomicus. Im Schnitt geben die Probanden sogar etwas mehr als die Hälfte (5,36 US-Dollar). Von den im Schnitt erhaltenen 16 Dollar werden dann per Saldo immerhin 6,46 Dollar zurückgegeben.[52]

- Bezeichnend und erschreckend aber: Bereits die Tatsache, ob der Spielleiter den zweiten Spieler als »Gegner« und nicht als »Partner« bezeichnet, führt in diesem Spiel zu einer spürbaren Reduzierung des Vertrauens.[53]

Bei ständigem Konkurrenzkampf und sozialem Vergleich kann es kaum verwundern, dass der Verlust des Vertrauens, die Auflösung der Gemeinschaft und der Solidarität eine geradezu logische Konsequenz des kapitalistischen Menschenbildes ist. Wie wir später noch sehen werden, ist dies tatsächlich der Fall.

Alfie Kohns Einschätzung ist daher zuzustimmen: »Wenn wir zwischenmenschliche Beziehungen sabotieren wollten, hätte uns kaum etwas Besseres als Konkurrenz einfallen können.«[54]

Selbst-Wert-Gefühl

Was geschieht mit unserem Selbst-Bewusstsein, wenn es davon abhängig ist, wie sehr wir besser als andere sind?

Alfie Kohn[55]

Die Annahme, Erfolg steigere das Selbstwertgefühl, die dem kapitalistischen Menschenbild zugrunde liegt, ist mehr als umstritten. Tatsächlich ist die Beweislage in der wissenschaftlichen Forschung hierzu »enttäuschend schwach«.[56] Hinzu kommt auch, dass hyperkompetitive Menschen »stark narzisstisch« sind und bezeichnenderweise über »ein geringes Selbstwertgefühl« verfügen.[57]

Wettbewerb, so wird uns immer wieder gesagt und in unsere Köpfe eingetrichtert, formt den Charakter. Das trifft auch tatsächlich zu, aber in einer Art und Weise, die man im Hinblick auf die Natur des Menschen kaum als erstrebenswert ansehen kann. Denn bedenklicherweise ist es in unserer Kultur nicht ausreichend, etwas zu leisten, sondern der Mensch muss dabei über andere triumphieren. Daraus folgt aber in erbarmungsloser Konsequenz, dass das Selbstwertgefühl des einen davon abhängig ist, dass andere schlechter sind, dass er anderen überlegen ist. Es liegt nahe, dass dies kaum ein natürliches Selbstwertgefühl sein kann.

Wissenschaftliche Studien dokumentieren die Auswirkungen des Konkurrenzkampfes auf den Charakter der Menschen eindrucksvoll:

- Konkurrenz kann Kindern das Gefühl geben, nicht Herr des eigenen Schicksals zu sein.[59]
- Konkurrenz wirkt unabhängig vom Ergebnis frustrierend. Dieses Paradox löst sich umgehend auf, wenn man berücksichtigt, dass der Wettkampf für Kinder als Bedrohung empfunden wird, weil immer auch die Ungewissheit des Ausgangs herrscht und stets eine Niederlage droht.[60]
- Konkurrenz stiftet Angst und Unsicherheit. Zum einen natürlich die Angst vor der Niederlage. Zum anderen aber paradoxerweise auch die Angst vor dem Sieg. (Beispiele von Sportlern, die im Angesicht des sicheren Sieges plötzlich versagen, gibt es viele – der berühmte »Wackelarm« beim Tennis.)[61]
- Konkurrenzkampf kann wie eine Droge wirken, was insbesondere Leistungssportler bestätigen können.

Zusammenfassend lässt sich mit Alfie Kohn schlussfolgern: »Konkurrenz ist für das Selbstwertgefühl wie Zucker für die Zähne.«[62]

Förderung unmenschlicher Seiten

Nicht nur die Konkurrenzsituation hat nachweisbar negative Auswirkungen auf die Menschen und das menschliche Miteinander.

Die dauerhafte Unzufriedenheit des Menschen, ein wichtiger Motor im Kapitalismus, ist für das Zusammenleben der Menschen destruktiv. Denn für ein friedliches und menschliches Miteinander ist gerade die Zufriedenheit des Menschen existenziell. Ein zufriedener Mensch ist offen für den Mitmenschen. Schon Immanuel Kant wusste: »Der Mensch nimmt nicht eher Anteil an anderer Glück oder Unglück, als bis er sich selbst zufrieden fühlt. Macht also, dass er mit wenigem zufrieden sei, so werdet ihr gütige Menschen machen.«[63]

Zu dieser Grundüberlegung gesellen sich eine ganze Reihe Tatsachen: »Geld verdirbt den Charakter«, wussten schon die Alten. Tatsächlich wirkt sich Geld, die wichtigste extrinsische Motivation im Kapitalismus, negativ auf menschliches Verhalten aus.

Menschen, die in Experimenten auf Geld geprimt wurden, zeigen sich auffallend egoistischer und weniger hilfsbereit, wie wir bereits gesehen haben. Sie bevorzugen eine größere Distanz zu anderen Menschen und wählen eher die Möglichkeit, alleine zu sein.

Auch Reichtum generell kann eine Reihe negativer Auswirkungen auf das menschliche Verhalten haben:

- Reichtum erhöht die Wahrscheinlichkeit unethischen Verhaltens, denn reiche Menschen sehen beispielsweise Gier eher als positiv und förderlich an.[64]
- Reichtum reduziert Empathie.[65]
- Reichtum reduziert die Sensibilität für die Gefühle anderer.[66]

Ungleichheit, die die logische Konsequenz einer kapitalistischen Wirtschaftsform ist und angeblich dem natürlichen Verhalten der Menschen entspricht, wirkt sich ebenfalls negativ auf das menschliche Verhalten aus, denn sie führt zu mehr Konkurrenz und verhindert Kooperation.

Bei diesem zentralen Punkt lohnt es sich, das zugrunde liegende Experiment näher zu betrachten: Ein Forscherteam um Akihiro Nishi von der Universität Yale ließ fast 1500 Probanden das Öffentliche-Güter-Spiel spielen. Dabei gab es Gruppen, in denen die mitspielenden Probanden zu Beginn exakt denselben Startbetrag hatten, andere hingegen wurden von Anfang an in geringerem oder höherem Maß ungleich behandelt. Die teilweise ungleichen Ausgangsbedingungen waren den Probanden jedoch nicht bekannt. Unabhängig von den Startbedingungen tendierten die Gruppen in ihrem Verhalten während des Spiels jeweils zu einem gewissen, aber recht niedrigen Maß an Ungleichheit. Dieses korrespondierte mit der offenbar vorhandenen natürlichen Aversion der Menschen gegen größere Ungleichheit.

Danach wurde das Experiment wiederholt. Dieses Mal war das Startguthaben aller Probanden aber für jeden sichtbar, sodass die ungleichen Ausgangsbedingungen offen auf dem Tisch lagen. Nun änderte sich das Verhalten der Menschen schlagartig. Das ursprünglich existierende Maß an Ungleichheit blieb erhalten oder erhöhte sich sogar. Einzig in der Gruppe, die mit gleichen Startbedingungen begann, wurde eine gewisse Gleichheit auch über zehn Spielrunden bewahrt, und die Mitspieler waren eher zur Kooperation bereit. Die Forscher kommen daher zu dem Schluss, dass sichtbare Ungleichheit Kooperation und soziale Verbundenheit der Gesellschaft verschlechtert.[67] (Dass im Alltag Ungleichheit offen zutage tritt, nicht zuletzt aufgrund der Statussymbole, braucht wohl kaum erwähnt zu werden. Daher ist es nicht überraschend, dass auch Statussymbole die Kooperationsbereitschaft zerstören.[68])

Geld, Reichtum und Ungleichheit haben offenbar ausgesprochen bedenkliche Nebenwirkungen für das menschliche Zusammenleben. Des Weiteren:

- Misstrauen steigert die Aggressionsbereitschaft. [69]
- Konkurrenz reduziert Empathie.[70]
- Konkurrenz reduziert die Freundlichkeit zwischen Menschen.[71]
- Stress reduziert Empathie.[72]
- Vereinzelung, die ein verbreitetes Phänomen im Wettbewerbssystem des Kapitalismus ist, reduziert das Mitgefühl.[73]
- Druck und Zeitnot, die Grundstimmung der Konkurrenzsituation und die Alltagserfahrung in einem Großteil heutiger Berufsfelder senken die Hilfsbereitschaft drastisch. Druck und Stress steigern die Aggressionsbereitschaft.[74]

Während das kapitalistische Menschenbild eine Natur des Menschen predigt, die nur bedingt etwas mit der tatsächlichen Natur des Menschen zu tun hat, fördert die Wirtschaftsform des Kapitalismus eine

Reihe negativer Eigenschaften des Menschen, die nachweisbar die natürlichen mitmenschlichen Eigenschaften des Menschen abbauen. Degeneriert also die menschliche Natur durch den Kapitalismus?

Psychopathen und Narzissten

Zeigen Sie mir jemanden ohne Ego,
und ich zeige Ihnen einen Loser.

Donald Trump[75]

Ein Blick auf die Leistungsträger der Wirtschaft offenbart Erstaunliches. In den Führungsetagen von hochkompetitiven Firmen ist der Anteil an Psychopathen dreimal so hoch wie in der normalen Gesellschaft.[76] An der Spitze der Berufe, in denen sich Psychopathen am häufigsten finden, sind Firmendirektoren und Rechtsanwälte.[77] Zudem zeigt etwa jeder fünfte Top-Unternehmensexperte ein »extrem hohes« Niveau an psychopathischen Eigenschaften. Ein ähnlich hohes Niveau findet man in Gefängnissen.[78]

Die Forscherinnen Belina Board und Katarina Fritzon von der britischen Universität von Surrey untersuchten 39 Vorstandsvorsitzende großer britischer Unternehmen. In der Studie heißt es: »Das Profil psychischer Störungen bei führenden Managern zeigte hohe Anzeichen von psychischen Störungen, vor allem mit psychopathischen Erscheinungsformen.«[79] Die Persönlichkeitsstörungen glichen jenen von Kriminellen und psychiatrischen Patienten.[80]

Eindrücklich wird dies am Beispiel der Finanztrader deutlich. In einer Studie zeigten sich Trader als sogar noch egoistischer und risikobereiter als eine Vergleichsgruppe von Psychopathen. Anstatt auf einen möglichst hohen Gewinn hinzuarbeiten, »ging es den Händlern vor allem darum, mehr zu bekommen als ihr Gegenspieler. Und sie brachten viel Energie auf, diesen zu schädigen.« Thomas Noll, Co-Autor der Studie, verglich dieses Resultat mit einem Menschen, der bemerkt, dass sein Nachbar das gleiche Auto besitzt und deshalb mit dem Baseballschläger darauf losgeht, um selbst besser dazustehen.[81]

Wenn die Wirtschaft konsequent destruktive Eigenschaften wie Konkurrenzstreben, Egoismus und Materialismus fördert und belohnt, kann man sich dann wirklich noch wundern, dass die Wahrscheinlichkeit hoch ist, Menschen mit dem größten Killerinstinkt auf den Chefsesseln zu finden?

Was lässt sich in dieser Hinsicht über Studenten sagen? Die Forscherinnen Anna Vedel und Dorthe K. Thomsen haben sich der Frage zugewandt, welche der Persönlichkeitsmerkmale der sogenannten »Dunklen Tirade« (Psychopathie, Narzissmus und Machiavellismus) bei Studienanfängern verschiedener Fachrichtungen vorhanden waren. Das Ergebnis:

> »Wirtschaftsstudenten hatten die höchsten Werte bei Machiavellismus und übertrafen Politikwissenschafts- und Psychologiestudenten auch bei Narzissmus signifikant; nur Jurastudenten waren bei diesem Merkmal fast gleichauf. Insgesamt war Psychologie die Fachrichtung mit der geringsten Neigung zu den drei ›dunklen‹ Persönlichkeitseigenschaften, während diese bei Wirtschaftsstudenten am stärksten ausgeprägt waren, gefolgt von Jurastudenten.«[82]

Abgerundet wird das Bild der Wirtschaftsstudenten noch durch den Befund, dass sie sich in Experimenten am ehesten dem Verhalten eines Homo oeconomicus annäherten und beispielsweise am stärksten zum Trittbrettfahren neigten.[83] Zudem zeigte es sich, dass sie mit dem Begriff Gerechtigkeit bedenklich wenig anfangen konnten.[84] (Dies mag noch ein Grund sein, weshalb viele Wirtschaftswissenschaftler so fest von der allgemeinen Gültigkeit des Homo oeconomicus überzeugt sind.)

Die Untersuchung der Studenten legt nahe, dass nicht die Arbeitswelt sympathische Menschen dergestalt verändert, dass sie plötzlich psychopathische oder narzisstische Züge entwickeln, sondern dass junge Menschen mit bereits existierenden Eigenschaften sich entsprechend geprägten Berufen zuwenden, weil sie sich dort eher »zu Hause« fühlen.[85]

Ein Gedanke zum Thema Narzissmus: Eine aktuelle Studie fand heraus, dass Menschen, die in Westdeutschland aufgewachsen sind, höhere Narzissmus-Werte als die ostdeutsche Vergleichsgruppe aufweisen. Die Forscher sehen hierin einen möglichen Beleg, dass westliche ich-betonte Industriegesellschaften Narzissmus fördern. Gestützt wird diese Annahme dadurch, dass es einen Unterschied zwischen Ost und West in der Generation, die nach der Wende aufgewachsen ist, nicht mehr gibt.[86]

Schizophren – der egoistische Altruist

> »Einerseits wird uns täglich vorgeführt, dass der andere immer der Wettbewerber und Konkurrent ist, der mir potenziell die Arbeit wegnimmt. Keiner hat mehr Zeit für den anderen, keiner kümmert sich – damit wird das letzte Maß an Solidarität, was es einmal in unserer DDR-Gesellschaft gegeben hat, ausgemerzt. Und dann soll ich andererseits die Alibi-Werte dieser neuen Gesellschaft hochhalten, dem Schwachen helfen, dem, der von den anderen zusammengeschlagen wird? Wenn ich so was sehe, schaue ich weg und gebe Gas.«[87]

So die Begründung eines Taxifahrers Anfang der 1990er-Jahre in den neuen Bundesländern, als er sah, wie jemand auf offener Straße brutal zusammengeschlagen wurde. Das Beispiel stimmt nachdenklich und dokumentiert beeindruckend, dass unser Leben von einem zentralen Widerspruch bestimmt wird, den der US-amerikanische Soziologe Daniel Bell treffend als eine Art moderner Schizophrenie beschrieb. Für Bell braucht die Wirtschaft einen egoistischen Hedonisten und unersättlichen Konsumenten, der niemals zufrieden und auch nie in seiner Gier befriedigt ist. Die Gesellschaft dagegen bedarf eines altruistischen, anständigen, bescheidenen und zufriedenen Mitbürgers.[88]

Tomas Sedlacek spricht sogar davon, dass die Spitzenrepräsentanten unseres Wirtschaftssystems »zu rücksichtslosen Mr.-Hyde-Figuren mutieren, sobald sie ihren Arbeitsplatz betreten, um nach getaner Arbeit als treu sorgende Dr. Jekylls nach Hause zurückkehren«. Seiner Ansicht nach »zwingt das System seine Proponenten in zum Teil pathologische Rollen«.[89]

Diese Beschreibung entspricht durchaus der Wirklichkeit, wie Psychologen der Yale Universität herausgefunden haben. Im Privatleben geben und teilen die meisten Menschen gerne. Doch am Arbeitsplatz zeigen sich dieselben Menschen oft als Egozentriker.[90] Diesen Widerspruch bestätigt auch die Forschung des Sozialpsychologen Shalom Schwartz. Er sammelte Daten Tausender Menschen aus den unterschiedlichsten Kulturen. Dabei zeigte sich auch hier, dass materialistische Ausrichtung des Lebens fundamental in Konflikt gerät mit Verhaltensweisen, die für ein gedeihliches Miteinander notwendig sind, wie Liebe, Hilfsbereitschaft und Loyalität sowie das Interesse an der Gemeinschaft, das sich im Wunsch nach Gleichheit, Gerechtigkeit und Frieden ausdrückt.[91]

Während wir im Privaten also durchaus kooperieren und teilen, sind wir in der Arbeitswelt auf Egoismus und Konkurrenz gepolt. Welche Eltern würden es gutheißen, wenn das älteste Kind seinen Geschwistern alles wegisst, weil es die härteren Ellbogen hat und sich am familiären Mittagstisch besser durchsetzen kann? Aber wir erwarten eben genau dieses Durchsetzungsvermögen des eigenen Sprösslings in anderen Bereichen des Lebens. Spätestens beim Eintritt in die Berufswelt sollte dieser doch bitte schön möglichst geschickt seine Ellbogen ausfahren, um im Erwachsenenleben bestehen zu können und nicht den Kürzeren ziehen zu müssen.

Wie dieser lebenslange Spagat zwischen dem mitfühlenden, kooperativen Altruisten im Privatleben und dem Alphatier am Arbeitsplatz ausgehalten werden soll, ohne gesundheitsgefährdend zu sein, ist eine gute Frage.[92]

Krank und unglücklich

Die gegenwärtige Situation (…), in der eine gesunde Wirtschaft nur um den Preis kranker Menschen möglich ist.

Erich Fromm[93]

Das kapitalistische Menschenbild entspricht keineswegs der Natur des Menschen. Es kann daher auch kaum verwundern, dass ein Leben gemäß des kapitalistischen Menschenbildes nachweisbar negative Konsequenzen auf Körper und Seele hat. Der US-amerikanische Psychologe Tim Kasser hat Hunderte von Studien in seinem grundlegenden Buch *The Price of Materialism* (deutsch: Der Preis des Materialismus) zusammengefasst und schließt unter anderem: Menschen, die sich am kapitalistischen Menschenbild orientieren, werden häufiger krank und depressiv.[94]

Aggression, eine Eigenschaft, die im Konkurrenzkampf abgerufen wird, hat oftmals gesundheitsschädliche Folgen. In einer Studie zeigte sich, dass die Aggressivsten in einer Probandengruppe 25 Jahre später fünf Mal häufiger einen Herzinfarkt erlitten als die ausgeglichenen Menschen.[95] Menschen mit kompetitivem und aggressivem Verhalten erleiden häufiger Herz-Kreislauf-Erkrankungen.[96] Zudem verläuft die Wundheilung bei aggressiven Menschen deutlich langsamer als bei gutmütigen Menschen.[97]

Der Vollständigkeit halber sei an dieser Stelle noch an die gesundheitsschädigenden Folgen von Einsamkeit erinnert. Die mögliche Folge im Leben »Jeder gegen jeden« ist ebenso gesundheitsschädlich wie 15 Zigaretten täglich.

Ein Leben in der Konkurrenzgesellschaft hat sogar auf die Lebenserwartung einen unmittelbaren Einfluss, denn Stresserlebnisse, die in einer Konkurrenzgesellschaft mehr oder minder als Dauerzustand betrachtet werden dürfen, verkürzen die Lebenserwartung signifikant.[98]

Die Lebenserwartung begründet sich aber auch dadurch, dass Menschen einander immer weniger vertrauen. Denn fehlendes Vertrauen in die Mitmenschen reduziert nachweisbar die Lebenserwartung, wie eine aktuelle Studie in den USA zeigt. Ob man anderen Menschen, auch Fremden, vertraut oder nicht, führt zu einem Unterschied in der Lebenserwartung von 10 Monaten.[99]

Auch auf das psychische Wohl der Menschen hat die kapitalistische Lebensweise Auswirkungen: Materialistisch orientierte Menschen sind unzufriedener, erleben seltener Erfüllung, verspüren ein geringes Selbstwertgefühl, sind getrieben von unerfüllten Wünschen nach Sicherheit, haben aber gleichzeitig ein geringes Umweltbewusstsein, erleben ihre Eltern als wenig präsent und vor allem als bestrafend. Sie leiden auch deutlich häufiger unter Trennungsangst, und sie interessieren sich weniger für die Perspektive anderer Menschen.[100]

Konsequente Karrieremenschen neigen zu chronischer Unzufriedenheit.[101] Einen interessanten Fall bietet hier eine Untersuchung 500 deutscher Studenten auf der Jobsuche. Die als Maximierer eingestuften Studenten waren tatsächlich nach dem Berufsstart mit einem im Schnitt zwanzig Prozent höheren Einstiegsgehalt erfolgreicher, doch ihr subjektives Wohlbefinden entsprach dem keineswegs: Die Maximierer waren nicht nur während der ganzen Arbeitssuche pessimistischer, gestresster und depressiver als die Genügsamen. Bemerkenswerterweise waren sie auch letztendlich weniger zufrieden mit ihrer Arbeit als die Genügsamen.[102]

Der Psychologe Richard M. Ryan bringt die beschriebenen Phänomene sehr treffend auf den Punkt: »So erschafft der Materialismus, obwohl er Glück verspricht, tatsächlich Anspannung und Stress.«[103]

Die gezeigten negativen Phänomene hängen auch stark mit der Art der Motivation der Menschen zusammen. Menschen, deren Lebens- oder Berufsziel entsprechend dem kapitalistischen Menschenbild vorrangig materialistisch definiert ist, sind zwangsläufig hauptsächlich extrinsisch motiviert und zielen auf Belohnung und Ansehen ab. Die intrinsische Motivation, die sich dagegen von Neugier und Freude leiten lässt, hat für sie eine geringe Bedeutung. Dass sie dann aber auch weniger dauerhafte und vor allem auch weniger profunde positive Gefühle empfinden, die aus ihnen selbst heraus entstehen und zu ihrer Zufriedenheit führen, leuchtet unmittelbar ein.[104] Da aber auf der anderen Seite auch das Erreichen materialistischer Ziele, beispielsweise in Form des Kaufs eines Statussymbols, nur eine sehr kurzfristige Freude bereit, ist die negative Konsequenz des Konkurrenzverhaltens für diese Menschen leicht nachvollziehbar.

Ungleichheit ist eine systembedingte Folge des Kapitalismus, wie wir an späterer Stelle noch sehen werden. Doch auch die Ungleichheit hat negative Auswirkungen auf Körper und Seele der Menschen, wie die britischen Epidemiologen Kate Pickett und Richard Wilkinson in ihrem grundlegenden Buch *Gleichheit ist Glück. Warum gerechtere Gesellschaften für alle besser sind* dargelegt haben. Die Autoren analysierten 23 der 50 reichsten Länder, die über gesicherte Daten der Einkommensverteilung verfügen. Sie kommen zu einem alarmierenden Ergebnis. Die Rate der physisch Kranken, der Drogenabhängigen, der Analphabeten, der Schulaussteiger, der Inhaftierten, der Morde, der psychisch Kranken und der Übergewichtigen – all das steht jeweils in direktem Zusammenhang mit der Ungleichheit der Gesellschaft. Gleiches gilt auch für die Höhe der Säuglingssterblichkeit, den Erfindungsreichtum, das Vertrauen der Menschen untereinander sowie für das Ausmaß an Angst und nicht zuletzt die Lebenserwartung der Bevölkerung. So offenbart die aktuelle Lebenserwartung der britischen Hauptstadt Schockierendes: Der Unterschied der Lebenserwartung eines Menschen, der in einem reichen oder in einem armen Viertel Londons geboren wird, beträgt fast 25 Jahre. In den letzten 20 Jahren hat der Unterschied der Lebenswartung in Großbritannien bei Männern um 41 Prozent und bei Frauen gar um 73 Prozent zugenommen.[105]

Pickett und Wilkinson überprüften zudem im Rahmen einer Kontrolluntersuchung ihre Schlussfolgerung anhand von Daten der US-Bundesstaaten. Diese bestätigen eindeutig die Ergebnisse ebenso wie Studien der anerkannten Wissenschaftsmagazine *British Medical Journal*, *Social Science and Medicine* und *The American Journal of Public Health*.

Aus den Studien folgt, dass das Erste und auch das Entscheidende, was die Politik analysieren und verbessern müsste, wenn sie so unterschiedliche Probleme wie Bildung, Drogen, Gesundheitsprobleme, Analphabetismus und weitere bekämpfen will, der Grad der gesellschaftlichen Ungleichheit ist.

Die Vermutung liegt nahe, dass die Konsequenzen der Ungleichheit nur in der unteren Hälfte der Gesellschaft spürbar sind. Pickett und Wilkinson kommentieren aber: »Die Auswirkungen der Ungleichheit treffen nicht nur die Ärmsten, sondern die große Mehrheit der Bevölkerung. So beträgt in den (sehr ungleichen) USA die durchschnittliche Lebenserwartung 4,5 Jahre weniger als in (dem egalitäreren) Japan.«

Eine weitere bemerkenswerte Tatsache, die die Untersuchung zutage fördert: Nicht nur die unteren Gesellschaftsschichten profitieren von geringerer Ungleichheit, sondern die gesamte Gesellschaft. Aber vielleicht vermag ein generell erhöhter materieller Wohlstand das Wohlbefinden zu steigern? Schließlich lautet genau so das allseits bekannte Glücksversprechen des Kapitalismus.

Leider handelt es sich einmal mehr um einen Mythos. Eine Untersuchung der 100 reichsten US-Amerikaner durch den Psychologen Ed Diener stellte etwa fest, dass diese »kaum glücklicher sind als der Durchschnitt«.[106] Diese Tatsache belegt nicht zuletzt auch eine Studie über Lottogewinner.[107]

Eine Untersuchung des Boston Colleges ist besonders beeindruckend. Befragte mit einem Vermögen von über 25 Millionen gestanden, dass ihr Leben von Beklemmung, Einsamkeit und Unsicherheit gezeichnet sei. Viele gaben absurderweise an, sich finanziell unsicher zu fühlen. Um die von ihnen ersehnte Sicherheit tatsächlich zu erreichen, meinten sie, ein Viertel mehr besitzen zu müssen. Ein Befragter erklärte sogar, dass er sich erst wirklich sicher fühlen könnte, wenn er über einen Besitz von einer Milliarde US-Dollar verfügen würde.[108]

Sind das lediglich die Neurosen von Superreichen? Nein! Wie der Ökonom Richard Easterlin zeigen konnte, der bereits im Jahr 1974 einen grundlegenden Aufsatz mit dem Titel *Does Economic Growth Improve the Human Lot?* (deutsch: »Verbessert Wirtschaftswachstum das Humankapital?«) veröffentlichte. Die Antwort auf die Frage seines Artikels lautet: »vermutlich nicht«. Denn bis zu einem durchschnittlichen Jahresverdienst von 15 000 US-Dollar (dies entspricht heute etwa 100 000 US-Dollar) steigt das Wohlbefinden. Danach nicht mehr. »Wenn grundlegende Bedürfnisse gestillt sind, führt mehr Reichtum nicht zu mehr Glück.«[109]

Auch Langzeitstudien der USA offenbaren, dass sich seit 1946 das Lebensglück des Durchschnittsbürgers nicht mehr vergrößert hat.[110] Eine detaillierte Untersuchung von Ed Diener bestätigt dies. Er analysierte das Wohlbefinden und die Zufriedenheit von 5 000 US-Amerikanern über einen Zeitraum von neun Jahren und kam zu dem Ergebnis, dass die Entwicklung ihres Einkommens keinen signifikanten Einfluss auf ihr Wohlbefinden und ihre Zufriedenheit hatte.[111]

Ähnliches gilt auch für Deutschland: Seit Ende der 1960er-Jahre nimmt das Glück der Deutschen nicht mehr zu.[112] Auch im internationalen Vergleich scheint das sogenannte Easterlin-Paradox zu gelten: Ab einem gewissen Einkommen steigt das Glück von Menschen in wohlhabenden Nationen nicht mit zunehmenden Wohlstand.[113]

Dieses Ergebnis ist eine Ohrfeige für die Heilsversprechung des Kapitalismus. Es überrascht daher nicht, dass es nicht nur Zustimmung zu den Resultaten von Easterlins Forschung gab. Insbesondere zwei Studien nuancierten seine Ergebnisse beziehungsweise widersprachen diesen.[114] Easterlin selbst legte im Jahr 2010 eine weitere Studie vor, die nunmehr 37 Länder in einem Zeitraum von 22 Jahren untersuchte: Die Ergebnisse seiner ersten Arbeit wurden darin bestätigt.[115]

Diese Fragestellung ist unter wissenschaftlichen Gesichtspunkten ausgesprochen komplex. Insbesondere weil die Einschätzung des Wohlbefindens höchst subjektiv ist. Dennoch ist die Tendenz der Forschungsergebnisse eindeutig. Es ist eine Tendenz, die viele Menschen intuitiv unmittelbar spüren, wie auch eine Befragung offenbarte. Denn »die große Mehrheit erklärt: Nein, wirklich wichtig ist uns das mit der Einkommens- und Wachstumsmehrung nicht. Unser Lebensglück hängt jedenfalls nicht davon ab.«[116]

Abschließend muss festgestellt werden, dass das kapitalistische Menschenbild unbestreitbar ungesunde Konsequenzen mit sich bringt. Bedenklich ist aber darüber hinaus, dass die Gefahr groß ist, dass der Mensch auch an seiner Seele Schaden nimmt, selbst wenn er auf der Siegerseite steht. Eine klassische Loose-loose-Situation.

Eine erfreuliche Nachricht für die Anhänger des Kapitalismus bleibt jedoch: Berücksichtigt man, dass der Mensch im Kapitalismus die Neigung besitzt, sein Unglück und sein seelisches Unwohlsein durch eine Einkaufstour zu besänftigen, erscheint die Beeinträchtigung der menschlichen Gesundheit – zumindest aus wirtschaftlicher Perspektive – vielleicht weniger beunruhigend. Richard M. Ryan erklärt hierzu pointiert: »Wenn der Materialismus Unglück verursacht, ist es auch so, dass das Unglück Materialismus verursacht.«[117]

Nur der Erfolg zählt

Vielleicht entspricht aber zumindest eine Annahme der Wirklichkeit: die Überzeugung, dass Konkurrenz die optimale Motivation für die Leistung des Einzelnen und vor allem der Garant für einen effizienten und optimalen Markt ist. (»Wettbewerb ist die effizienteste Methode, die wir kennen«, lautet das Mantra des Wirtschaftswissenschaftler August von Hayek.) Diese Behauptung bildet die Basis der neoklassischen Wirtschaftswissenschaften. Geprüft wurde sie jedoch nie.

Ein grundlegender Gedankengang zeigt bereits auf, weshalb Konkurrenz in vielen Situationen gar nicht zur besten Leistung des Einzelnen führen kann. Die Motivation in der klassischen Konkurrenzsituation (die wir in verschiedenen Sportarten exemplarisch antreffen) ist extrinsisch und daher letztlich destruktiv. Ebenso die Zielsetzung. Der Psychologe Edward L. Deci (Universität Rochester) warnt, dass Menschen in einer Konkurrenzsituation der Frage, wie sie den anderen übertrumpfen und gewinnen können, vielmehr Aufmerksamkeit widmen als dem Streben nach einer bestmöglichen Lösung der Aufgabe.[118]

Es geht eben bei der Bewältigung von Konkurrenzsituationen nicht darum, seine beste Leistung zu bringen, sondern vor allem darum, gegen den Gegner oder die gegnerische Mannschaft zu gewinnen, genauer noch: Es geht darum, dass ich gewinne und der Gegner verliert (entsprechend wird in einem Fußballspiel ein knapper Sieg in den letzten Minuten des Spiels schlicht durch Zeitspiel »verwaltet«). Der Sachbuchautor Alfie Kohn fragt daher ganz zu Recht: »Wie können wir unsere beste Leistung erzielen, wenn wir unsere Energie damit vergeuden, andere zu besiegen?«[119]

Ganz in diesem Sinn war der Ausspruch »winning ugly« die berühmte Devise des Tennisspielers Brad Gilbert. Seine Spielweise war auf eine Art Zermürbungstaktik und auf nervtötende Ausnutzung der Schwächen des Gegners ausgerichtet. Sein Ziel war es nicht, das bessere Tennis zu spielen, sondern so zu spielen, dass der Gegner sein eigenes Spiel nicht entfalten konnte und das Match verlor.

Sogar in solchen Spielen wie Schach, die auf den ersten Blick von der Suche nach dem besten Zug geprägt sind, ist die Spielweise auf höherem Niveau auch stets von der Erwägung geleitet, welche Stellungstypen dem Gegner nicht liegen. Man wählt also durchaus auch objektiv gesehen leicht schlechtere Züge, um dadurch aber eine Stellung zu erreichen, in der man sich wohler als der Gegner fühlt. »Sein Bestes zu geben und Andere zu besiegen sind zwei grundverschiedene Dinge«, kommentiert Alfie Kohn daher einprägsam.[120]

Konkurrenz und Drucksituationen verhindern also ein Ausschöpfen des eigenen Potenzials. Zum einen verhindert die Konkurrenzsituation Talente, die dem Druck ständiger Konkurrenz nicht standhalten können. Besonders Frauen schneiden schlechter in Prüfungssituationen oder in Vergleichssituationen ab, in denen sie sich mit anderen messen müssen, obwohl sie einen vergleichbar hohen Intelligenzquotienten haben. »Unsere Studie zeigt, welche unerwarteten und dramatischen Konsequenzen selbst subtile Bewertungen innerhalb von Gruppen auf die kognitiven Fähigkeiten des Einzelnen haben können«, sagt Kenneth Kishinda, einer der Autoren der Studie. Daher wirft er die für die Zukunft zentrale Frage auf: »Übersehen wir durch unser Konkurrenzdenken einen großen Teil unserer Talente?«[121]

Unabhängig vom Geschlecht gilt, dass die Erfahrung von Unterlegenheit das Denkvermögen beeinträchtigt. Eher durchschnittliche Schüler werden keineswegs von leistungsstarken Schülern mitgezogen. Im Gegenteil: Sie fühlen sich verunsichert. Besonders erschütternd ist, dass dieser Effekt sogar 50 Jahre später noch feststellbar ist, wie eine aktuelle Studie belegt: Wer als Kind auf eine Schule mit besseren Schülern ging und selbst eher durchschnittliche Noten erzielte, hatte später ein geringeres Einkommen als jemand, der eine Schule mit schwächeren Schülern besuchte.[122]

Druck und Konkurrenz sind insgesamt leistungshemmend. Denn Stress, Angst und Druck reduzieren die Signalfrequenz der Spiegelneuronen massiv. Als Resultat nimmt nicht nur das Mitgefühl ab, sondern auch die Fähigkeit zu lernen.[123] Eine zentrale Erkenntnis, die dringend Eingang in die Schulen finden sollte.

Druck reduziert nicht zuletzt auch die Kreativität. Menschen, die gewohnt waren, sich permanent selbst unter Druck zu setzen, waren deutlich weniger gut in der Lage, komplizierte Probleme zu lösen, als Menschen, deren Gemütsverfassung als gemütlich eingestuft wurde. Die Autoren bemerken hierzu: »Die Urgenz, mit der sie das Problem behandelten, machte die Resultate stereotyp und unproduktiv.«[124]

Zuletzt ein Beispiel der täglichen Konsequenz extremen Drucks: Die Leistungen von Finanztradern, die einer Dauerbelastung ausgesetzt sind, sind erstaunlich schlecht. Studien belegen, die Auswahl von Finanztiteln bei der Mehrheit der Fondmanager gleiche »eher einem Würfel- als einem Pokerspiel«. In jedem beliebigen Jahr ist die Werteentwicklung bei zwei Drittel der Investmentfonds schlechter als die Entwicklung des Gesamtmarktes. Der Kunde wäre also besser beraten gewesen, schlicht und einfach blind in die Marktentwicklung zu investieren.[125]

Eine sich selbst erfüllende Prophezeiung

Wenn Menschen Situationen als wirklich definieren,
sind sie in ihren Konsequenzen wirklich.

William Isaac Thomas[126]

Im Kalten Krieg erwarteten beide Seiten als Kontrahenten von ihrem Gegner jeweils nur das Schlechteste. Vergleichbares lässt sich auch über das tägliche Miteinander sagen, wenn die Menschen aufgrund des kapitalistischen Menschenbildes von ihrem Gegenüber oft instinktiv Egoismus, Konkurrenz und Habgier erwarten. Da wir dem anderen diese negativen Eigenschaften unterstellen und nicht ausgenutzt werden wollen, verhalten wir uns präventiv selbst genauso.[127] Deshalb stellt sich in der Konsequenz die Frage, ob die Menschen nicht Schritt für Schritt wirklich egoistischer, materialistischer, narzisstischer, einsamer werden und sich selbst auch stärker auf Konkurrenz ausrichten, da sie auf die Lebenswirklichkeit reagieren oder das, was sie hierfür halten.

Das ist tatsächlich so. Eine Reihe von Studien über die Entwicklung der Generationen offenbart, dass sich die Menschen insgesamt zunehmend dem kapitalistischen Menschenbild annähern. Die Ergebnisse sind alarmierend:

- Die Empathie nimmt ab: Sara Konrath von der Universität Michigan wertete mit einem Team zahlreiche Untersuchungen aus, die Daten von fast 14 000 Studenten zwischen 1979 und 2009 umfassten. Das Ergebnis: Jugendliche sind heute etwa 40 Prozent weniger empathisch als noch eine Generation zuvor. Konrath schreibt, dass die »Generation Me« (in den 1980ern und 1990ern geboren) die bislang am stärksten »selbstzentrierte, narzisstische, konkurrierende, selbstsichere und individualistische« Generation sei. Deren wachsende Selbstwertschätzung geht bedenklicherweise mit einer entsprechenden Abwertung der anderen einher.[128]
- Der Individualismus nimmt zu: Eine Studie des Psychologen Henri Santos zeigt, dass der Individualismus in den letzten 57 Jahren weltweit um 12 Prozent gestiegen ist (dabei ist das Ausmaß jedoch stark kulturabhängig).[129]

- Die Einsamkeit nimmt zu: Die bereits zitierte Studie von Julianne Holt-Lunstad beziffert die Anzahl der US-Amerikaner über 45 Jahre, die an chronischer Einsamkeit leiden, mit sage und schreibe 42,6 Millionen. Jeder Dritte.[130] Holt-Lunstad betont, die Erfahrung der Einsamkeit der Menschen wachse. Bei einer Umfrage geben zudem 11 Prozent der Befragten an, sich einsam zu fühlen, und fast die Hälfte hatte den Eindruck, die Einsamkeit nehme derzeit zu.[131]
- Das Vertrauen nimmt ab: Mitte des letzten Jahrhunderts zeigte eine Umfrage, dass 60 Prozent der Nordamerikaner einem Unbekannten erst einmal Vertrauen entgegenbrachten. 1995 war dieser Anteil schon auf ein Drittel gesunken und liegt heute bei 31 Prozent.[132] Die Autoren einer bereits zitierten Studie, die den Zusammenhang zwischen Vertrauen zu den Mitmenschen und Lebenserwartung aufzeigen konnte, warnen daher: »Ein Niedergang des Vertrauens, den man in den USA während der letzten Jahrzehnte beobachtet, ist ein unterschätztes Gesundheitsproblem.«[133]
- Der Materialismus nimmt zu: Eine Untersuchung von Jean Twenge, die sie gemeinsam mit Tim Kasser durchführte, analysierte die Einstellungen von mehr als 350 000 Zwölftklässlern amerikanischer Highschools zwischen 1976 und 2007. Sie kommen zu dem Ergebnis: »Der Materialismus stieg beträchtlich seit Mitte der 1970er, hatte seinen Höhepunkt unter Mitgliedern der Generation X (geboren zwischen 1965 und 1980). Danach ließ er etwas nach. Doch waren die Jugendlichen in den späten 2000er Jahren noch immer deutlich mehr an materialistischen Werten orientiert als die Jugend in den 1970ern, die man die Boomer-Generation nennt.«[134]
- Der Narzissmus nimmt zu: Während im Jahr 1951 nur 12 Prozent der Jugendlichen zwischen 14 und 16 Jahren der Behauptung zustimmten: »Ich bin jemand Wichtiges«, waren es 1989 bereits sage und schreibe 80 Prozent. Die Auswertung von mehreren Zehntausend Fragebögen offenbart zudem, dass 93 Prozent der Jugendlichen im Jahr 2000 einen noch deutlich gesteigerten Narzissmus gegenüber dem Durchschnitt von 1980 zeigen.

  Eine Studie eines Werbeunternehmens ließ mehr als 2 500 US-Amerikaner zwischen 18 und 35 Jahren den offiziell anerkannten Narzissmus-Test absolvieren und verglich die Ergebnisse mit einer entsprechend großen Gruppe der älteren Generation. Ergebnis: Die jüngere Generation ist 16 Prozent narzisstischer. Auch mit zunehmendem Alter bleibt die Generation der sogenannten Millennials auf diesem Niveau des Narzissmus, während sich Narzissmus normalerweise mit zunehmendem Alter verringert.[135]

Mit dem Aufkommen der sozialen Netzwerke ist die Wahrscheinlichkeit gegeben, dass diese Zahl noch weiter wachsen wird. Ein Experiment, in dem Studenten nur 35 Minuten auf der – aus heutiger Sicht schon längst überholten – MySpace verbringen sollten, führte bei drei Viertel anschließend zu einem überdurchschnittlichen Grad an Narzissmus.[136] Inwiefern dies auch bei Facebook und anderen sozialen Medien der Fall ist, konnte bisher noch nicht abschließend beantwortet werden.[137]

Vergleicht man die Lebensziele verschiedener Generationen, offenbart sich ebenfalls eine deutliche negative Veränderung.

- Die Bedeutung der Entwicklung einer sinnvollen Lebensphilosophie nimmt ab. In den 1960er-Jahren war die damit verknüpfte Sinnfrage für über 80 Prozent der befragten Studenten wichtig. In den späten 1990er-Jahren halbierte sich diese Zahl. Im selben Zeitraum stieg aber die Einstellung, dass es sehr wichtig sei, finanziell gut situiert zu sein, von 40 Prozent auf über 70 Prozent.[138]
- Egoismus, Materialismus und Motivation durch extrinsische Werte nehmen zu, wie die Studie eines Teams um Jean Twenge belegt, die Daten dreier Untersuchungen verglich, in denen drei Generationen (insgesamt knapp neun Millionen junge US-Amerikaner) im gleichen Alter befragt wurden.
- Reich zu sein, war für weniger als die Hälfte der Babyboomer ein wichtiges Lebensziel. Aber für 70 Prozent der in der Generation X (geboren zwischen 1965 und 1980) war dies ein maßgebendes Ziel und sogar für drei Viertel der Generation Y (geboren zwischen 1980 und 1990).
- Oberflächliche Werte wie Geld, Aussehen und Ruhm waren für die Generation X und Y wichtiger als für die Babyboomer. Intrinsische Werte hingegen wie Selbstakzeptanz, Gemeinschaft oder Zugehörigkeit nahmen in ihrer persönlichen Bedeutung für die Menschen ab.

- Einziger Lichtblick: Die Sorge um die Mitmenschen sank nur leicht. Der Bericht gelangt zu dem Schluss, dass die Generation Y eine »Generation Ich« sei.[139]

Ähnliche Ergebnisse über die heutige junge Generation zeigen die Untersuchung von Richard Weissbourd von der Harvard University. Er ließ 10 000 Schüler im Alter von 12 bis 18 Jahren befragen, was für sie im Leben am wichtigsten sei: Leistung, Glück oder für andere da zu sein. Das ernüchternde Ergebnis: Für die Hälfte war die Leistung entscheidend. 30 Prozent wählten das eigene Wohlbefinden, und nur jeder Fünfte entschied sich für die soziale Kompetenz. Wurden Fairness und harte Arbeit gegenübergestellt, entschieden sich die meisten gegen die Fairness.[140]

Auch in Deutschland zeigt sich ein ähnliches Bild. Eine Studie im Auftrag der Bundesregierung untersuchte die Einstellungen heutiger Studenten: »Die Ergebnisse zeichnen das Bild einer stark ichbezogenen Studentengeneration. Berufliches Vorankommen sowie materielle Werte sind für sie sehr wichtig.«[141] Vergleicht man die Ergebnisse mit früheren Umfragen, ist die Entwicklung deutlich. Während vor 20 Jahren nur ein knappes Drittel es wichtig fand, »sich schöne Dinge leisten können«, sind es heute fast drei Viertel der Befragten.

Es ist an dieser Stelle wichtig, das eigentliche Thema im Blick zu behalten (den Einfluss des kapitalistischen Menschenbildes). Es geht hierbei keineswegs um eine billige Kritik an jüngeren Generationen. Daher sei hier auch Prof. Christian Scholz (Universität des Saarlandes) zitiert, der eine sehr wichtige und differenzierte Analyse über die Generation Z (geboren ab 1990) geschrieben hat:

> »Als Ursache dieser Generationenentwicklung kann die omnipräsente Selektion gesehen werden, welche die junge Generation zu diesem egoistischen Verhalten drängt. (…) Diese Generation ist besonders auf ihre eigenen Vorteile bedacht und geringfügig bereit in einem Team zu fungieren, da sie viel zu sehr auf ihre eigenen Ziele konzentriert ist. (…) Sie sind sprunghaft und nutzen jede Chance, um die Karriereleiter nach oben zu klettern und etwaige Führungspositionen zu übernehmen. (…)

> Von Kindesbeinen an sind die ›Digital Natives‹ einer permanenten Selektion ausgeliefert. (...) Eine Stammplatzgarantie im Unternehmen gibt es nicht mehr. Der psychologische Vertrag zwischen Mitarbeiter und Unternehmen gilt als aufgehoben. (...) Sie haben erkannt, dass es nicht faire Teamplayer sind, die später Spitzengehälter verdienen. (...) Trotz eindeutiger Merkmale des egoistischen Verhaltens der Generation Z im Vergleich zu den vorigen Generationen, wird dieser Trend innerhalb der Generation Z nicht genauso gravierend empfunden.«[142]

So wichtig es ist, bei einem solch komplexen Thema nicht auf Vereinfachungen zu setzen, so deutlich ist jedoch das generelle Bild, das sich über die Entwicklung der verschiedenen Aspekte des kapitalistischen Menschenbildes in den letzten Jahrzehnten abzeichnet.[143]

Das vom Kapitalismus beschworene Menschenbild ist eine sich selbst erfüllende Prophezeiung: Menschen, die zunehmend Konkurrenz und Egoismus erleben und in einer Gesellschaft und einer Wirtschaft aufwachsen, die genau diese Eigenschaften fordern und fördern, werden folgerichtig genau diese Eigenschaften zunehmend selbst an den Tag legen. Zum einen geben sie damit gleichzeitig ihren Mitmenschen und der nachkommenden Generation das berechtigte Gefühl, Egoismus und Konkurrenz nähmen zu. Genau diese Eigenschaften seien die Natur des Menschen. Zum anderen aber gibt jeder Mensch, der sich egoistisch, materialistisch und als Konkurrenzwesen verhält, eine negative Ansteckung weiter. Denn »wenn der Glaube vorherrscht, dass die anderen kooperieren, dann ist die Kooperation jedes Einzelnen hoch; wenn der Glaube vorherrscht, dass die anderen nicht kooperieren, dann kooperiert tatsächlich keiner.« So formuliert Erich Fehr eine zentral Grunderkenntnis über die Natur des Menschen.[144]

So deformiert die herrschende Wirtschaftsform den Menschen zu jenem Menschenbild, das angeblich seiner Natur entspricht. Doch in Wirklichkeit wird der Mensch pervertiert.

5 Konsequenzen

Wie können »Egoismus, Selbstsucht und Habgier – Eigenschaften, die das System fördern muss, um existieren zu können – zu Harmonie und Frieden führen«?

Erich Fromm[1]

Wir wollen uns jetzt den konkreten Rahmenbedingungen in Gesellschaft und Wirtschaft zuwenden, die für die zunehmende Betonung von Egoismus, Konkurrenz und Materialismus verantwortlich sind.

Allgegenwart des kapitalistischen Menschenbildes

Ein großes, globales Rennen hat begonnen: die Weltmärkte werden neu verteilt, ebenso die Chancen auf Wohlstand im 21. Jahrhundert. Wir können wieder eine Spitzenposition einnehmen, in Wissenschaft und Technik, bei der Erschließung neuer Märkte.

Roman Herzog[2]

Es kann heute kein Zweifel bestehen: Konkurrenz herrscht überall, der Druck des Wettbewerbs bestimmt das Leben. Diese Einschätzung ist so selbstverständlich, dass fünfzehn Jahre nach der sogenannten Ruck-Rede des damaligen Bundespräsidenten der ehemaligen britische Premierminister David Cameron seine Landsleute fast wortgleich auf den schweren Konkurrenzkampf einschwört: »Die Wahrheit ist: Wir befinden uns heute in einem globalen Wettlauf, und das bedeutet eine Stunde der Abrechnung für Länder wie das unsere; sinken oder schwimmen; tun oder sinken.«[3]

In der Tat. Es kann heute kein Zweifel bestehen: Konkurrenz herrscht überall, der Druck des Wettbewerbs bestimmt das Leben. Sei es in der Schule, bei der Bewerbung oder am Arbeitsplatz, in der Freizeit auf dem Sportplatz oder bei der Castingshow im Fernsehen, nicht zuletzt sogar bei der Anzahl der Freunde auf Facebook.[4] Zwischen Betrieben und Unternehmen herrscht Konkurrenz. Zunehmend zwischen Schulen und auch zwischen Universitäten. Zwischen gewerblich genutzten Standorten und auch zwischen Krankenhäusern. Und letztendlich herrscht auch zwischen den Staaten ein gnadenloser Wettkampf, sei es um Ressourcen, die Positionierung in der Weltwirtschaft oder im internationalen Steuerwettbewerb.

Konkurrenz ist nicht zuletzt das zentrale Merkmal des Neoliberalismus, wie der *Guardian*-Journalist George Monbiot in seinem Versuch schreibt, dieses widersprüchliche Phänomen zu definieren: »Der Neoliberalismus betrachtet den Wettbewerb als das bestimmende Merkmal der menschlichen Beziehungen. Er definiert die Bürger neu als Verbraucher, deren demokratische Entscheidungen am besten durch Kauf und Verkauf getroffen werden, ein Prozess, der Verdienste belohnt und Ineffizienz bestraft. Er behauptet, dass ›der Markt‹ Vorteile bietet, die durch Planung nie erreicht werden könnten.«[5]

Die Vorteile des Marktes scheinen so offenkundig, dass sie kaum mehr diskutiert werden. Die Konkurrenz schläft bekanntermaßen nie, sondern sie belebt das Geschäft. Die Konkurrenz zwingt die Anbieter am Markt, den Preis kompetitiver zu gestalten und die Qualität des Produkts zu verbessern. Im Gegensatz zum Staatsmonopol, das den Preis festschreibt und so dem Hersteller keinerlei Druck auferlegt, die Qualität stetig zu verbessern und die Konkurrenten auszustechen, reguliert der Markt unbeirrbar und unbestechlich den Preis. Zum Vorteil des Käufers, denn dieser kann bei dem Händler einkaufen, der den attraktivsten Preis anbietet. So die Theorie.

In der gesellschaftlichen und wirtschaftlichen Realität sind viele strukturelle Rahmenbedingungen mittlerweile bewusst so gestaltet worden, dass sie dem kapitalistischen Menschenbild und den Gesetzen der Wirtschaft entsprechen. So getroffene Entscheidungen erscheinen uns inzwischen ebenso naheliegend wie der Glaube an das kapitalistische Menschenbild. Bevor wir anhand einiger Beispiele diese Rahmenbedingungen kurz darstellen wollen und anschließend diese am Beispiel der Schule detaillierter darlegen werden, wollen wir skizzenhaft darstellen, wie allgegenwärtig der Konkurrenzkampf in Gesellschaft und Wirtschaft ist.

Konkurrenz herrscht in fast allen Sportarten, in fast allen Spielen,[6] in fast allen Reality-Shows von *The Voice* über *Big Brother* bis zum *Dschungelcamp*. Auch bei der Arbeitssuche ist er zu finden, wenn der

Mitmensch schnell zum Konkurrenten wird und man als »unternehmerisches Selbst« die Vorteile der eigenen Ich-AG herausarbeiten muss, mit dem erklärten Ziel, das eigene Profil von der breiten Masse der anderen Bewerber abzusetzen.

Die Allgegenwart des Konkurrenzkampfes zeigt sich auch in den politischen Debatten, insbesondere im Fernsehen. »Talkshows sind Teil der Unterhaltungsindustrie. Sie arrangieren komplizierte Fragen als Kämpfe, bei denen das Publikum Sieger und Besiegte sehen will«, wie die Autoren von *Mit Rechten reden* feststellen.[7] Der Wille, in den Augen der Fernsehzuschauer als Sieger einer Talkrunde zu erscheinen, ist fast immer wichtiger als der Wunsch, gemeinsam – auch mit Menschen aus anderen politischen Lagern – an einer Lösung des zu erörternden Problems zu arbeiten, einander zuzuhören und voneinander zu lernen. Ähnliches lässt sich selbstverständlich über die Politik insgesamt sagen: Gemeinsame Lösungen anzustreben und nach langen Verhandlungen auch als Kompromiss zu finden, ist eine Ausnahme, da die Parteien Sorge haben, der jeweils am Kompromiss beteiligte Gegner könnte größeren Profit herausschlagen und man verlöre an Parteiprofil und damit in der Umfragegunst.

In der Weltpolitik zeigt sich Konkurrenz so selbstverständlich, dass es nicht einmal mehr wahrgenommen wird. Zu natürlich erscheint es, dass jedes Land sich selbst das Nächste ist (»America First«) und den eigenen geostrategischen Einfluss auszuweiten trachtet. Von der Expansion der eigenen Wirtschaft ganz zu schweigen. Als stellvertretendes Beispiel sei hier eine Folie des US-amerikanischen Geheimdienstes NSA zitiert, das sich in den Dokumenten des Whistleblowers Edward Snowden befand. Unter dem Titel »Die Rolle der nationalen Interessen, Geld und Ego« erklärt der Autor, dass diese drei Faktoren zusammen die Hauptmotive der USA seien, um die weltweite globale Überwachungsherrschaft zu behalten. Auf einer Folie wird explizit die Frage gestellt: »Welches Land will die Welt nicht zu einem besseren Ort machen … für sich selbst?«[8] (Mit ziemlicher Sicherheit darf man annehmen, dass jedes Land ähnliche Interessen, zumindest aber vergleichbare Wünsche hat oder hätte, wenn es sich in einer ähnlichen Machtposition befände.)

In der Weltwirtschaft zeigt sich ein ganz ähnliches Phänomen. Jedes Land will möglichst auf das Siegertreppchen der Liga der Wirtschaftsmächte und ein höheres BIP als die Konkurrenz.

So selbstverständlich erscheint uns der internationale Konkurrenzkampf, dass wir offenbar nicht einmal mehr auf den Gedanken kommen, eine Verbesserung der eigenen Wirtschaft müsse nicht zwangsweise den Triumph über ein anderes Land beinhalten. Der Wirtschaftsnobelpreisträger Paul Krugman hat übrigens schon früh darauf hingewiesen, dass der Glaube, andere Länder müssten auf der Rangliste zurückfallen, damit es dem eigenen Land gut ging, schlicht Unsinn sei. Vielmehr ist nach seiner Einschätzung Wettbewerbsfähigkeit »eine gefährliche Obsession«, und er rät: »Wenn wir Studenten beibringen können, zusammenzuzucken, wenn sie jemanden über Wettbewerbsfähigkeit sprechen hören, haben wir unserer Nation einen großen Dienst erwiesen.«[9]

Die Überzeugung, dass das kapitalistische Menschenbild der Natur des Menschen tatsächlich entspricht, durchzieht Gesellschaft und Wirtschaft. Anreizsysteme sind daher fast durchweg extrinsischer Natur. In der Schule sind es die Noten und die Gefahr des Sitzenbleibens, am Arbeitsmarkt ist es die Drohung, entlassen zu werden, keine Stelle im Arbeitsmarkt zu finden und bei nicht ausreichendem Eigenantrieb sogar das Anrecht auf Hartz-IV zu verlieren. Obwohl in Management-Theorien inzwischen durchaus intrinsische Motivationen des Menschen berücksichtigt und untersucht werden, bildet die extrinsische Motivation bei der Arbeit weiterhin die Hauptachse der Motivation. Man darf daher getrost den Korrumpierungseffekt als einen zentralen Effekt in der heutigen Welt bezeichnen.

Die Grundüberzeugung des Kapitalismus, der Egoismus sei eine zentrale Eigenschaft des Menschen, ist in der Gesellschaft, Politik und Wirtschaft allgegenwärtig. Sie führt nicht zuletzt zur Veränderung der sozialen Sicherungssysteme und der Auflösung des Sozialstaates.

Strukturell wird dabei die Zersetzung der Gemeinschaft und der Solidarität begleitet durch Schlagworte wie »Eigeninitiative« (ein anderer Begriff für »Jeder für sich« und »Die Letzten beißen die Hunde«) und anderen ähnlich positiv besetzten Begriffen. Daneben führen massive Zweifel an der dauerhaften Finanzierbarkeit staatlicher Einrichtungen (Sozial-, Renten- und Kranken- und Pflegeversicherung) dazu, dass die Menschen zunehmend gehalten sind, für sich selbst Vorsorge zu betreiben (sehr zur Freude der entsprechenden Privatunternehmen).

Unser Vorrat an gemeinschaftlicher und von Gemeinsinn geprägter Vorsorge wird klein und kleiner. Als Folge sorgt dieser Versicherungswahn dafür, dass wir uns stolz der Überzeugung hingeben, nicht mehr auf unsere Nächsten angewiesen zu sein. Oder negativ und realistisch ausgedrückt: Weil wir alle vereinzelt sind, hilft uns im Notfall nicht mehr die Gemeinschaft, sondern sind wir auf eine private Vorsorge angewiesen.[10]

Soziale Sicherungssysteme – Gemeinsinn und Eigenverantwortung

Wer nicht arbeitet, soll auch nicht essen.

Franz Müntefering[11]

Der ehemalige Bundeskanzler Gerhard Schröder verkündete kategorisch: »Es gibt kein Recht auf Faulheit in unserer Gesellschaft.«[12] Der damalige Verteidigungsminister Rudolf Scharping regte zudem an, Hilfen für Arbeitslose unter 25 Jahren mit der Pflicht zur Arbeit zu verbinden und Arbeitsunwilligen »jede öffentliche Unterstützung« zu streichen.[13] Guido Westerwelle schoss mit seiner Absage an den Wohlfahrtsstaat dann aber sogar in den Augen der liberalen Öffentlichkeit etwas über das Ziel hinaus: »Wer dem Volk anstrengungslosen Wohlstand verspricht, lädt zu spätrömischer Dekadenz ein.«[14]

Der Tenor ist eindeutig. Der Mensch ist von Natur aus faul und »die soziale Hängematte« bietet daher den falschen Anreiz, denn sie lädt nur zur egoistischen Ausnutzung ein und es droht, dass Deutschland zu »einem kollektiven Freizeitpark« verkommt (Helmut Kohl).[15] Heute ist diese Ansicht, die in den 1970er- und 1980er-Jahren des vergangenen Jahrhunderts noch auf größeren Widerstand gestoßen ist, deutlich mehrheitsfähig und dient nicht nur in Deutschland als Vorlage für den Abbau des Sozialstaates. Die Frage, inwiefern der Mensch von Natur aus tatsächlich faul ist, interessiert nicht.

Vergessen ist die Zeit, in der Faulheit noch differenzierter betrachtet wurde. Damals wurde ja auch der deutlich positiv besetzte Begriff des Müßiggangs umgangssprachlich verwendet. Müßiggang war eine durchaus erstrebenswerte Lebensform. Gerade in der griechischen Philosophie (in der Form des kontemplativen Lebens). Auch kaum mehr nachvollziehbar: Das Bild des Deutschen im 19. Jahrhunderts war »eine Mischung aus Pfeife rauchendem Bauern und dem Dichter und Denker«.[16] Mit Anbruch der Moderne trat jedoch der pflichtbewusste und nimmermüde arbeitsame Mensch an seine Stelle.[17] Erich Fromm gibt uns freilich zu bedenken: »Vielleicht liegt der Glaube an das Axiom von der angeborenen Passivität des Menschen gerade im Wesen der Arbeit in der Industriegesellschaft begründet.«[18]

Die Wandlung der Vorstellung von Faulheit hat aber auch die Vorstellungen über deren Ursachen verändert. Auch wenn die große Mehrheit der Deutschen die Armut durch soziale Ungerechtigkeit begründet sieht, halten sich sehr negative und abwertende Vorstellungen über Arbeitslose und Hartz-IV-Empfänger hartnäckig.[19] Deutlich mehr als die Hälfte der Deutschen ist überzeugt, Langzeitarbeitslose würden nicht aktiv nach Arbeit suchen und wählerisch sein. Rund 40 Prozent der Deutschen ist sich zudem sicher, Hartz-IV-Empfänger wollten gar nicht arbeiten.[20] Frei nach dem damaligen SPD-Bundesvorsitzenden Kurt Beck: »Wenn Sie sich waschen und rasieren, finden Sie auch einen Job.«[21]

Die Realität sieht jedoch anders aus. Für drei Viertel der Hartz-IV-Empfänger ist Arbeit das Wichtigste in ihrem Leben. Über 70 Prozent von ihnen wären sogar bereit, Arbeit anzunehmen, für die sie überqualifiziert sind. Das Fazit der Bundesagentur für Arbeit lautet: »Vorurteile gegenüber Arbeitslosen in der Grundsicherung (›Hartz IV‹) sind in großen Teilen der Bevölkerung weit verbreitet.«[22]

Kein Wunder, dass die Vorstellung der angeborenen Faulheit des Menschen auch ein zentrales Argument gegen das bedingungslose Grundeinkommen ist. Denn wer würde noch arbeiten wollen, wenn bedingungslos für das materielle Überleben gesorgt wäre? Studien deuten zwar auf das Gegenteil (so würden neun von zehn Schweizern auch mit Grundeinkommen weiterarbeiten), aber ihre Resultate besiegen noch lange nicht ein eingefleischtes und bequemes Vorurteil.[23]

In den sozialen Sicherungssystemen sind die Rahmenbedingungen auf Egoismus, pardon, »Eigenverantwortung« gestellt.

Rankings – Bitte, like mich!

Wer primär leistungsorientiert denkt, ist davon motiviert, sein Selbstgefühl zu steigern und vergleicht sich gerne in Ranglisten, Noten, Tabellen und anderen hierarchischen Aufstellungen.

Werner Bartens[24]

Bewertungen, Vergleiche und Rankings sind zunehmend unsere täglichen Begleiter. Inzwischen sind wir es gewohnt, häufig und vieles zu bewerten: Hotels, Restaurants, Ebay-Verkäufer, Filme, Bücher und zu guter letzt bewertet die Schufa unsere Kreditwürdigkeit.

Steffen Mau, Professor für Makrosoziologie, weist auf den Konkurrenzkampf und die extrinsische Motivation hin, die dem stetigen Bewerten und Vergleichen innewohnen: »Vergleichsoperationen sorgen dafür, dass wir immer wieder aufgefordert und motiviert werden, uns mit anderen ins Verhältnis zu setzen, nicht in geselliger oder kooperativer Absicht, sondern im Kontext von Konkurrenz und wechselseitiger Überbietung.«[25]

Die Konsequenz des neuen Konkurrenzkampfes steckt allerdings erst in den Kinderschuhen, ist aber schon heute nicht mehr wegzudenken: »Die Quantifizierung des Sozialen hat (…) das Potenzial, ein neues Regime der Ungleichheit hervorzubringen, in dem wir immerfort bewertet sowie mit anderen verglichen werden und in dem wir uns fortwährend darum bemühen müssen, mit guten Zahlen zu glänzen«, so Mau.[26]

China ist hier schon einen großen Schritt weiter. Bis zum Jahr 2020 soll für jeden chinesischen Bürger eine Bewertung seines »sozialen Kredits« berechnet werden. Anhand von verschiedenen Kriterien, wie finanzielle Kreditwürdigkeit, polizeiliches Führungszeugnis, Internetnutzungsverhalten, Zuverlässigkeit gegenüber dem Regime und Verhalten in den sozialen Medien, wird auf der Grundlage einer erdrückenden Datenfülle die soziale Vertrauenswürdigkeit eines jeden Bürgers berechnet. Eine negative Wertung kann die Ablehnung einer Arbeitsbewerbung, eines Kredits oder des Antrags einer Geschäftseröffnung zur Folge haben. Ein guter Score hingegen ermöglicht eine entsprechende Top-Platzierung, sogar bei der Suche nach einem Lebenspartner im Internet.[27]

Besonders erschreckend ist auch die Bedeutung, die Bewertung und Ranking in der Arbeitswelt gewonnen haben. »Forced Ranking« heißt das Zauberwort und wurde von Jack Welch, dem ehemaligen Chef von General Electric, eingeführt. Dieser entwickelte die Formel »20-70-10«. Jedes Jahr erhielten die besten 20 Prozent der Mitarbeiter, die sogenannten »High Performer« oder »Stars«, sie zur Dankbarkeit verpflichtende Boni. 70 Prozent der Mitarbeiter landeten auf einem Mittelplatz, der keine Konsequenzen hatte, während die schwächsten 10 Prozent, die sogenannten »Low Performer« oder »Lemons«, ihre Entlassung erhielten.[28]

Durch einen so angestachelten, ständigen Wettbewerb im gesamten Unternehmen und vor allem in den Teams sollen die Mitarbeiter zur ständigen Verbesserung motiviert und verhindert werden, dass sie »einrosten« und sich nicht mehr weiterentwickeln.

Erstaunlicherweise mag dieser Ansatz in betriebswirtschaftlichen Augen absolut logisch sein (nicht zuletzt entspricht er dem kapitalistischen Menschenbild). Er hält jedoch nicht einmal einem wissenschaftlichen Test im Hinblick auf seine Effizienz Stand. Ein Experiment des Bonner Forschungsinstituts zur Zukunft der Arbeit zeigt, dass sich die Probanden tatsächlich mehr anstrengen, um Teamkollegen zu übertreffen. Dabei wählen sie aber auch den einfachsten Weg: Sie sabotieren ihre Teamkollegen. Dadurch sinkt die Produktivität der Gruppe insgesamt.[29]

Legt man aber auch einmal kurz die betriebswirtschaftliche Brille ab, erkennt man das ganze Ausmaß der hier waltenden Perversion. Es steht ja von vornherein zwingend fest, dass es Verlierer gibt, unabhängig von der Qualität der geleisteten Arbeit. Zudem bedarf es schon eines gesteigerten Grades an Schizophrenie, um in einem Team eine echte Kooperation zwischen den Mitarbeitern erschaffen zu wollen, wenn diese nicht nur auf die wenigen begehrten Plätze auf der Beförderungsliste schielen, sondern jeder ausnahmslos von dem Fallbeil seiner eigenen Kündigung bedroht ist, falls er nicht eine gewisse Mindestanzahl an Teamkollegen hinter sich lässt. In Deutschland arbeiten derzeit geschätzte 15 Prozent der Unternehmen mit »Forced Distribution«.[30]

Die Rahmenbedingungen der Arbeitswelt sind auf Konkurrenz gestellt.

Soziale Gerechtigkeit und Ungleichheit

Das älteste und verhängnisvollste Leiden der Republiken ist das Ungleichgewicht zwischen arm und reich.

Plutarch[31]

Im Jahr 2011 war der Mexikaner Carlos Slim mit einem Vermögen von 74 Milliarden US-Dollar der reichste Mann der Welt. Er hätte sich die Arbeitskraft von 440 000 Durchschnitts-Mexikanern kaufen können. Damit besaß er vierzehnmal so viel wie Crassus, war neunmal so wohlhabend wie Carnegie und viermal so reich wie Rockefeller.[32] Heute steht Jeff Bezos, der Chef von Amazon, mit einem Vermögen von 112 Milliarden US-Dollar an der Spitze.[33] Bezos' Reichtum stellt selbst Slim deutlich in den Schatten und wächst weiter.

Ungleichheit ist aus Sicht des Kapitalismus ein ganz natürlicher und erwünschter Zustand. So schreibt der Wirtschaftshistoriker Philip Mirowski:

> »Neoliberale betrachten wirtschaftliche und politische Ungleichheit nicht als ein bedauerliches Nebenprodukt des Kapitalismus, sondern als notwendige und funktionale Eigenschaft ihres idealen Marktsystems. Ungleichheit gilt ihnen nicht nur als der natürliche Zustand der Marktwirtschaft, sondern auch als einer stärksten Fortschrittsmotoren.«[34]

In verschiedenen Theorien wurde daher auch versucht, der Notwendigkeit von Ungleichheit ein intellektuelles Fundament zu geben. Ein Maß an Ungleichheit als Anreiz für Produktivität sei gleichsam als extrinsische Motivation notwendig.[35] Frei nach dem berühmten Motto: »Leistung muss sich wieder lohnen.«

Ungleichheit ist aus Sicht des Kapitalismus also nicht nur der natürliche Zustand zwischen den Menschen, die eben naturgegeben unterschiedliche Fähigkeiten haben, sondern Ungleichheit ist auch die logische Konsequenz des Kapitalismus. Das Ausmaß der Ungleichheit bestimmt natürlich der Markt. Nicht die natürliche Aversion des Menschen gegen Ungleichheit.

Doch unser Wirtschaftssystem produziert nicht nur Ungleichheit zwischen den Menschen, es vergrößert sie immer weiter. Der französische Wirtschaftswissenschaftler Thomas Piketty recherchierte 15 Jahre zu dieser Frage und legte mit *Das Kapital im 21. Jahrhundert* ein monumentales Buch über die Entwicklung der Ungleichheit vor. Mit seinem Team analysierte er das Datenmaterial aus 27 Ländern über einen Zeitraum von bis zu drei Jahrhunderten. Dabei kommt er zu einem ernüchternden Ergebnis: Es gibt im Kapitalismus keinen natürlichen Prozess, der destabilisierende und ungleiche Tendenzen abmildert. Der vorübergehende Rückgang der Ungleichheit in den Jahren von 1945 bis 1970 ist nicht Ausdruck des Fortschritts des Kapitalismus oder einer strukturellen Reform. Für Piketty ist vielmehr eine wachsende Ungleichheit das zwingende Resultat eines funktionierenden Kapitalismus.[36]

Sein spezielles Augenmerk richtet er auf den Anteil der Reichen und Superreichen. Denn ein zentraler Aspekt aller Industrieländer im Kapitalismus ist, dass die Gruppe der obersten 0,1 Prozent eine Explosion der Kaufkraft erlebt hat, während die Kaufkraft der Bevölkerung insgesamt stagnierte. Der entscheidende Prozess der Reichtumsverteilung, die »big story«, wie Paul Krugman diesen Vorgang nennt, spielt sich genau in diesem Bereich ab.[37]

Tatsächlich ist die Zunahme des Reichtums der obersten 0,1 Prozent beeindruckend. Das weltweite Vermögen hat letztes Jahr mit 280 Billionen US-Dollar einen historischen Höchststand erreicht. In einem einzigen Jahr konnte es satte 6,4 Prozent zulegen. Auch die weitere Aussicht ist sonnig. In vier Jahren soll das weltweite Vermögen sogar auf 341 Billionen US-Dollar anwachsen.[38] Dieser finanzielle Segen winkt aber nur einem kleinen Bruchteil der Menschheit. Unfassbar: Nach den Zahlen von Oxfam nennen die reichsten acht Milliardäre ebenso viel ihr Eigen wie die ärmere Hälfte der Weltbevölkerung. Mehr als 3,5 Milliarden Menschen.[39] Während die Milliardäre jeden Tag 2,5 Milliarden US-Dollar reicher werden, verliert die ärmere Hälfte der Weltbevölkerung tagtäglich 500 Millionen US-Dollar.[40]

Auch Deutschland erlebt eine regelrechte Schwemme an Reichtum. 2016 gab es in Deutschland rund 1 722 000 US-Dollar-Millionäre.[41] Das Nettovermögen der privaten Haushalte hat sich von knapp 4,6 Billionen im Jahr 1992 auf rund 12,5 Billionen Euro im Jahr 2017 später fast verdreifacht.[42]

Die Realität am unteren Ende der Skala sieht jedoch völlig anders aus. Laut der Studie des Deutschen Instituts für Wirtschaftsforschung (DIW) ist in keinem anderen Euroland das Vermögen so ungleich verteilt wie in Deutschland. Jeder fünfte Erwachsene verfügt über gar keine Ersparnisse und rund sieben Prozent haben sogar mehr Schulden als Besitz.[43]

Die Zahlen widerlegen also einen grundlegenden Mythos des Kapitalismus. Seine angeblich besondere Eigenschaft, »Reichtum für alle« zu schaffen. So formulierte Wirtschaftsnobelpreisträger Robert Solow 1956 poetisch: »Wachstum ist eine Flut, die alle Boote anhebt.« Man nennt diesen unverhofften Geldregen für die breite Masse den »Trickle-Down-Effekt«. Es bedarf keiner großen mathematischen Fähigkeiten, um festzustellen, dass dieser auf der Angebotstheorie der Wirtschaftswissenschaften abgeleitete Effekt schlicht und ergreifend nichts mit der Wirklichkeit zu tun hat.

Notwendige Diskussionen über eklatante Ungleichheit regelmäßig als »Neid-Debatten« mit einer negativen, um nicht zu sagen herablassenden Wertung zu belegen, ist also nicht ehrlich, sondern ideologisch verzerrt. Dass eine Reihe anerkannter Wirtschaftswissenschaftler sowie die UN, die OECD und der IWF zudem betonen, zunehmende Ungleichheit sei sogar negativ für das Wirtschaftswachstum, sei nur am Rande erwähnt.[44]

Die staatliche Steuerpolitik könnte gezielt auf Umverteilung setzen und den Graben zwischen Reich und Arm verkleinern, allerdings geschieht in den letzten Jahren in fast allen Industrienationen das exakte Gegenteil. Daher kann nur wenig Zweifel bestehen: Die Zeichen stehen eindeutig auf einer weiteren Zunahme der Ungleichheit.

Erziehung im Kapitalismus – Vorbereitung aufs Leben?

Die Regel der Gegenseitigkeit, der Zahlung für einen empfangenen Wert, gilt für uns alle.

Diana Baumrind, Entwicklungspsychologin[45]

An dieser Stelle wollen wir nun den Einfluss des kapitalistischen Menschenbildes auf die Erziehung der Kinder betrachten, bevor wir uns den Rahmenbedingungen zuwenden, die im Schulwesen herrschen.

Das Menschenbild hat enorme Auswirkungen auf unsere Vorstellung der richtigen und auch zielführenden Erziehung. Eine Reihe gängiger Erziehungskonzepte setzt heute unhinterfragt das kapitalistische Menschenbild als eine Selbstverständlichkeit voraus und baut auf ihm auf. »Wie du mir, so ich dir«, lautet bekanntlich der Grundsatz des Lebens, in dem Angebot und Nachfrage in Fleisch und Blut übergegangen sind. Die Gesetze des Marktes haben gleichsam den Status universeller Naturgesetze angenommen; sie bestimmen angeblich auch das Verhältnis von Eltern zu ihren Kindern. Daher sind die Elternliebe und das Verhältnis zum Kind inzwischen nicht mehr zweckfrei und selbstverständlich, sondern an Bedingungen geknüpft. Pointiert ausgedrückt, muss sich das Kind die Liebe von Mutter und Vater durch sein Verhalten »erarbeiten«. Oder, wie es der Behaviorist Stephen Beltz ausdrückte: »Wenn ich mit meinem Kind einen Ausflug machen oder wenn ich es umarmen und küssen möchte, muss ich mir erst sicher sein, dass es das auch verdient.«[46]

Die Vorstellung jedoch, die elterliche Liebe zu ihrem Kind könne und müsse auch bedingungslos sein, erscheint im kapitalistischen Menschenbild als geradezu widersinnig. Eine Gruppe von Psychologen fragt daher stellvertretend für viele besorgt: »Wenn Menschen in allen Lebensbereichen bedingungslos geliebt würden, hätten sie dann noch denselben Drang, erfolgreich zu sein?«[47] Nicht zuletzt erscheint es fast selbstverständlich, dass in dieser Perspektive die Konsequenz eines bedingungslos geliebten Kindes später ein fauler Erwachsener ist. So mahnt die Psychologin Jean Twenge: »Wenn ein Kind sich selbst toll findet, selbst wenn es nichts tut, warum soll es dann etwas tun? Selbstwertgefühl ohne Basis ermutigt Faulheit statt harter Arbeit.«[48] Es erscheint also geradezu als elterliche Pflicht, gewissenhaft die eigene Liebe dem Kind gegenüber an Bedingungen und das Erreichen von gesteckten Zielen zu knüpfen. Zum Wohle des Kindes.

So selbstverständlich für diese Erziehungsschule das frühe Eintauchen des Kindes in die Welt der Konkurrenz ist, so wichtig und verpflichtend erscheinen auch schwierig zu meisternde Herausforderungen und die Verpflichtung der Eltern, die Kinder ihr eigenes Scheitern erleben zu lassen.[49] Entsprechend rät ein Journalist den Eltern dringend: »Wenn Sie den Charakter (von Kindern) entwickeln wollen, dann lassen Sie sie versagen und verbergen ihr Versagen weder vor ihnen selbst noch vor sonst jemandem.«[50]

Dahinter steht selbstredend die Gewissheit, dass Kinder nur lernen könnten, negative Erfahrungen und Niederlagen zu überwinden, wenn sie welche gemacht haben. Und die Zuversicht, beispielsweise von Jean Twenge: »Manchmal können negative Gefühle Motivatoren sein.«[51]

Ein an solche Bedingungen geknüpftes Erziehungskonzept bietet zwei Möglichkeiten, auf ein Kind zu reagieren, welches das gewünschte Verhalten nicht gezeigt hat. Eine autoritäre Haltung, die entweder bestraft, oder eine etwas subtilere Variante, die rät, die Liebe dem Kind gegenüber bewusst zu entziehen. Interessanterweise zielen beide Konzepte – ganz im Sinne des kapitalistischen Menschenbildes – an das Eigeninteresse des Kindes, sein Verhalten zu ändern.

Zuerst wollen wir hier das in der Fachliteratur häufig empfohlene Verfahren zur Disziplinierung vorpubertärer Kinder unter die Lupe nehmen: der Liebesentzug oder die sogenannte »Auszeit«. Eltern sollen gemäß diesem Konzept eine Zeit lang schlicht nicht mehr auf das Kind reagieren oder sich räumlich von diesem trennen, wenn das Kind sich falsch verhalten hat. Bemerkenswerterweise geht dieses Konzept auf einen Artikel eines Behavioristen über Verhaltenssteuerung bei Schimpansen und Tauben zurück.. Es handelt sich also um eine Methode, die ursprünglich zur Konditionierung tierischen Verhaltens eingesetzt wurde.[52]

Einige grundlegende Gedanken müssen hier ausreichen, um darzulegen, wie bedenklich diese Art der Erziehung ist (und nicht zuletzt das dahinterstehende Menschenbild, das oft das Kind als zu bezwingenden Gegner einstuft, das es zu »zivilisieren« und zu »züchtigen« gilt, indem die Eltern dem Kind ihren Willen »aufzwingen« und dessen »Willen brechen«).

Der Psychologe Martin Hoffman (Universität New York) warnt: »Auch wenn Liebesentzug für das Kind keine körperliche oder materielle Bedrohung darstellt, kann er emotional verheerender sein als Durchsetzung von Macht, weil er die elementare Drohung des Verlassenwerdens oder der Trennung beinhaltet.«[53]

Die Konsequenz von Liebesentzug und einer an Bedingungen geknüpften elterlichen Liebe bringt, was schon bei einem Minimum an Menschenkenntnis auf der Hand liegt, klar zu Tage: Die Kinder können (im wiederholten Fall) niemals ein natürliches Selbstwertgefühl entwickeln, weil sie immer wieder die Erfahrung machen, dass ihnen die Liebe entzogen und an Bedingungen geknüpft ist. »Verdiente Liebe« hinterlässt auch »leicht das bittere Gefühl, dass man nicht um seiner selbst willen geliebt wird«, wie Erich Fromm betont.[54]

Auch die Selbstverständlichkeit, mit der erklärt wird, zum Wohle des Kindes solle es die Erfahrung seines eigenen Scheiterns machen, kann nur erstaunen. Diese Vorgehensweise beruht einmal mehr erkennbar auf dem kapitalistischen Menschenbild. Ein beeindruckendes Experiment demonstriert die destruktive Kraft des Scheiterns. Kindern wird zuerst eine Reihe unlösbarer Aufgabe gestellt. Wenn man anschließend den nun frustrierten Kindern mehrere Aufgaben gibt, die definitiv im Bereich ihrer Fähigkeiten liegen, zeigen sich viele Kinder paralysiert: Eine Spirale des Scheiterns ist in Gang gesetzt.[55]

Betrachtet man unter dem Eindruck dieser Aussage nüchtern und ohne ideologische Brille die Wirkung dieser Erziehungskonzepte, so erweist sich schlagend, wie desaströs sie in Wirklichkeit sind. Überraschend ist dieses Ergebnis natürlich nicht. Widersprechen sie doch schlicht der Natur des Menschen.

Auch der autoritäre Erziehungsstil, der derzeit in Form des sogenanntes »harsh parenting« auf dem Vormarsch ist, erreicht genau das Gegenteil der angestrebten Wirkung.[56] Er verursacht beim Kind chronischen Zorn, Unmut und Angst. Strafen führen auch eher dazu, die Empathie des Kindes zu senken und deren Sozialkompetenz zu reduzieren.[57] Prügelstrafen bewirken Ungehorsam, Streitsucht und Aggression.[58] Die Konsequenz des »Harsh parentings« ist im Übrigen paradoxerweise, dass sich die Kinder anschließend weniger für die von den Eltern gestellten Forderungen interessieren.[59]

Auch andere autoritäre Erziehungsmethoden haben bemerkenswerte Schattenseiten: Sie reduzieren vor allem die familiäre Zufriedenheit. Kinder von sogenannten Tigereltern haben häufiger Depressionen, und sie empfinden größere Abneigung gegenüber ihren Eltern. Und nicht zuletzt: Eltern, die zu sehr die schulische Leistung kontrollieren, senken im Ergebnis paradoxerweise die Noten ihrer Kinder.[60]

Die Nebenwirkungen elterlicher Liebe, die an Bedingungen geknüpft ist, sind eklatant. Alfie Kohn gibt zu bedenken: »Menschen, die das Gefühl haben, die Liebe ihrer Eltern verdienen zu müssen, fühlen sich zuinnerst wertlos.«[61] Sogar wenn es sich zur vollsten Zufriedenheit seiner Eltern verhält und sich ihrer Liebe daher erfreut, kann das Kind unter diesen Voraussetzungen leicht das Gefühl bekommen, dass es nicht in seiner ganzen Person als solches geliebt wird, sondern nur die jeweilig gewünschten Charaktereigenschaften oder seine Verhaltensweisen.

Die Psychologen Avi Assor, Guy Roth und Karen Tal führten eine Reihe von Studien durch, deren Ergebnisse nachdenklich stimmen: Wenn Kinder merkten, dass ihre Eltern sie mehr schätzten, wenn sie glücklich waren, verminderte sich ihre Fähigkeit, Traurigkeit bei anderen Menschen zu erkennen und darauf zu reagieren. Hing die Zuneigung der Eltern von ihrer Hilfsbereitschaft ab, zeigte sich, dass für die Kinder später im Erwachsenenalter Hilfsbereitschaft nicht etwas war, was sie tun wollten, sondern wozu sie sich gezwungen sahen, um ein besseres Selbstwertgefühl zu haben. Wenn die Liebe der Eltern von den guten Noten in der Schule abhing, neigten die Kinder zur Angeberei (im Erfolgsfall) und zur Scham (im Falle eines Scheiterns). Resümierend sagten die Forscher: »Positive Anerkennung, die an Bedingungen geknüpft war, förderte die Entwicklung eines fragilen, bedingten (…) und instabilen Selbstwertgefühls.«[62]

Leider zeigt sich auch hier wiederum ein bedenklicher Teufelskreis: Mütter, die sich in ihrer eigenen Kindheit und Jugend nur geliebt fühlten, wenn sie Erwartungen ihrer Eltern erfüllt hatten, verspürten als Erwachsene ein geringeres Selbstwertgefühl. So weit so bekannt. Aber trotz der negativen eigenen Erfahrung neigen diese Mütter dazu, den erlebten Erziehungsansatz zu reproduzieren und die Liebe zu ihren eigenen Kindern wiederum an Bedingungen zu knüpfen.[63]

Leistungsorientierte Schule

Die Erhaltung der Konkurrenzfähigkeit ist das unausgesprochene Erziehungsziel aller zur Förderung der Exzellenz ergriffenen Maßnahmen im Bildungssystem.

Richard David Precht[64]

Nur wenige Jahre vor dem Ende des 20. Jahrhunderts forderte der ehemalige Bundespräsident Roman Herzog die deutschen Bürger auf, »bereit zum lebenslangen Lernen zu sein, den Willen zu haben, im weltweiten Wettbewerb um Wissen in der ersten Liga mitzuspielen. (…) Ich ermutige zu mehr Wettbewerb und zu mehr Spitzenleistungen. (…) Bildung muss das Mega-Thema unserer Gesellschaft werden.« Kurz: »Durch Deutschland muss ein Ruck gehen.«[65]

Der mahnenden Reformrede folgten Taten: Die Rahmenbedingungen wurden entsprechend angepasst. Konkurrenz und Wettbewerb haben seitdem eine deutlich höhere Präsenz in Schule und Erziehung.

Der Konkurrenzkampf beginnt schon mit der Geburt, denn die Plätze an der Sonne sind begrenzt und hart umkämpft. Daher müssen offenbar alle gute Eltern ihren Kindern die besten Startmöglichkeiten bieten, damit sie beim Wettrennen um die begehrten Studien- und Ausbildungsplätze die Nase vorn haben können. Der Druck ist hoch und das Lernen kann gar nicht früh genug beginnen, denn Eltern wollen sich nicht später vorwerfen lassen, die wichtigste Lernphase ihres Kindes verschlafen oder gar mit ihnen verspielt zu haben.

Der Journalist Klaus Werle kommentiert: »Aus Müttern und Vätern werden Familienmanager, der Nachwuchs ist ihr wichtigstes Investitionsobjekt: Wir geben dir größtmögliche Unterstützung, damit du durch deine Leistung zeigst, wie gut wir als Eltern sind. Der gesamte Komplex zwischen Geburt und Abitur ist zu einer Mischung aus Wettrüsten und Leistungsschau geworden. Das neue Leitbild ist der Mensch als Unternehmer seiner selbst, der unentwegt nach Möglichkeiten sucht, sein Potenzial noch besser auszuschöpfen.«[66]

In Deutschland hat die Forderung nach mehr Leistung bereits die Kleinkinder erreicht. Neben Elite-Kindergärten gibt es ein reichhaltiges Angebot an Frühförderung. Der Sektor Frühpädagogik ist in Deutschland sogar einer der am schnellsten wachsenden Märkte weltweit. Jedes vierte Kind bis zum Alter von acht Jahren wird mittlerweile zur Fördertherapie geschickt.[67] Doch bislang liegen nicht einmal wissenschaftlich gesicherte Ergebnisse darüber vor, inwiefern beispielsweise das Erlernen einer Fremdsprache im Vorschulalter wirklich zu Vorteilen im Spracherwerb führt. Doch dies ändert wenig an den übervollen Terminkalendern der Kleinsten. Die Lernforscherin Elsbeth Stern bezeichnet die Vorstellung vieler Eltern, sie müssten die Architekten der Kindergehirne sein, schlicht als »reinsten Wahnsinn«.[68]

Konkurrenz herrscht und beherrscht die Bildung. Auch international. Als sich Deutschland bei den ersten PISA-Studien im unteren Mittelfeld wiederfand, forderten Vertreter aus Industrie und Politik sogleich Konsequenzen. Auch Eltern unterstützten diese Forderung immer lautstarker. In einer Umfrage aus dem Jahr 2004 erklärte sich nur ein knappes Drittel der Eltern mit dem deutschen Schulsystem zufrieden. Sie forderten mehr Leistung, strengere Auswahl, höhere Anforderungen: Die Hälfte der Eltern wollten Eliteuniversitäten, 81 Prozent regelmäßige Tests für Lehrer.[69] Sechs Jahre später verschärften sich die Forderungen sogar noch weiter: 60 Prozent der Eltern verlangten jetzt strengere Lehrer, mehr Disziplin und vor allem auch mehr Leistungsdruck im Klassenzimmer.[70] Jeweils mehr als drei Viertel der Befragten waren dagegen, Schulnoten oder das Sitzenbleiben abzuschaffen. Ebenso viele Befragte legen Wert darauf, dass deutsche Schüler in internationalen Leistungsvergleichen wie etwa beim PISA-Test gut abschneiden. Diese Umfrage zeigt den Autoren zufolge, »dass den meisten Deutschen eine klare Leistungsorientierung in den Schulen wichtig ist«.[71] Ganz in ihrem Sinne betonte Roland Wöller, damaliger Kultusminister in Sachsen, dem deutschen PISA-Primus: »Ohne Leistungsorientierung und Druck geht es nicht.«[72]

Noten sind der klar mess- und vergleichbare Ausdruck des Leistungsprinzips in der Schule. In einer kapitalistischen Gesellschaft symbolisiert die Note ebenso stark das eigene Leistungsvermögen wie die Höhe des Gehalts oder das Ranking bei den Erwachsenen. Die extrinsische Motivation in Form von Noten erscheint hier so selbstverständlich wie die Schule selbst. Oder wie Monika Hohlmeier, ehemalige bayerische Staatsministerin für Unterricht und Kultus, voll Überzeugung erklärt: »Die Kinder wollen doch selbst Zensuren haben.«[73]

Seit Jahren wird heftig über Sinn und Unsinn der Notengebung diskutiert. Hinterfragt wird vor allem, ab welchem Alter Schulnoten überhaupt vergeben werden sollten. (Leicht vergisst man hierbei, dass es eine ähnlich intensive Diskussion schon in den 1970er-Jahren gab, als Schulnoten für die ersten beiden Grundschulklassen abgeschafft wurden.) Als Hintergrundinformation: Finnland, das regelmäßig erfolgreich bei den PISA-Tests abschneidet, erlaubt erst ab dem fünften Schuljahr Schulnoten. Ab der siebten Klasse sind sie vorgeschrieben.

Die teils als brutal zu bezeichnende Macht des Konkurrenzdrucks spüren in Deutschland Kinder bereits im Alter von neun und zehn Jahren. In vielen Bundesländern entscheiden die Noten über das Wohl und Wehe der Schüler, die am Scheideweg zwischen Gymnasium, Real- und Hauptschule stehen. In einigen Bundesländern, wie etwa Bayern sind es die Grundschullehrer, die die Kinder für eine weiterführende Schule empfehlen. Eine Studie der Universität Würzburg zeigt, dass fast jeder zweite bayerische Dritt- und Viertklässler erhöhte Stresswerte aufweist, die zum Teil »alarmierend« sind. Bei 16 Prozent der Schüler ist die Belastung so hoch, »dass im Grunde eine Gefährdung des Kindeswohls nicht mehr weit entfernt ist«. Auch an den Eltern geht der Selektionsdruck nicht spurlos vorbei. Deutlich mehr als die Hälfte empfinden das Verfahren als belastend.[74]

Ein Bericht von UNICEF über das deutsche Selektionsverfahren offenbart auch, dass eine gerechte Auswahl nach Leistungskriterien schlicht nicht funktioniert. So schnitten zehn Prozent der Hauptschüler und ein Drittel der Realschüler bei vergleichenden Tests besser ab als das schlechteste Viertel der Gymnasiasten.[75] Dies wird auch durch die Intelligenzforschung bestätigt. So gibt es zahlreiche Kinder auf der Haupt- und Realschule, deren gemessener IQ höher ist als bei vielen Gymnasiasten.[76]

Trotz der zahlreichen gravierenden Mängel bleibt aber das System der dreiteiligen Schule in Deutschland eine gewisse Selbstverständlichkeit, wird doch allerorts vom Scheitern der Gesamtschule gesprochen. Das System der frühzeitigen Trennung der Schüler auf Gymnasium, Real- und Hauptschule, die Kinder bereits in sehr jungen Jahren unter massiven Konkurrenzdruck stellt, gibt es bedenkenswerterweise nur in Österreich und Deutschland. In anderen europäischen Ländern werden Schüler und Eltern deutlich später vor diese lebensprägende Entscheidung gestellt: in den Benelux-Ländern mit zumindest 13 Jahren. In den meisten Ländern Europas sind die Schüler sogar 16 Jahre alt.

In deutschen Schulen herrscht mehr Wettbewerb und mehr Leistungsorientierung, kurz eine deutlich stärkere Konkurrenzsituation. Gleichzeitig nehmen die Bereiche des Lebens, in dem Kinder keine Konkurrenz erleben und anderen Schüler als Spielkameraden und Freunde begegnen können, spürbar ab.

Die Folgen dieses Trends sind bestürzend: Die Studie »Burn-Out im Kinderzimmer: Wie gestresst sind Kinder und Jugendliche in Deutschland?« aus dem Jahr 2015 belegt, dass deutsche Schüler massiv unter Stress leiden. Die Besonderheit dieser Studie ist, dass sie auf detaillierten Interviews mit den Schülern basiert. Das Ergebnis liefert alarmierende Zahlen: »18 Prozent der Kinder und 19 Prozent der Jugendlichen in Deutschland leiden unter deutlich hohem Stress. (…) Wichtig anzumerken ist, dass auch die übrigen 82 Prozent der Kinder unter Stress-Symptomatiken leiden, diese jedoch in einer weniger ausgeprägten Form.«[77]

Auch das LBS-Kinderbarometer zeigt ein beängstigendes Bild: Die Schule macht Jugendlichen mehr Angst, als keine Freunde zu haben.[78] Deutsche Jugendärzte warnen dabei immer wieder vor dem Stress, der Jugendliche krank machen könne.[79] Fast jeder dritte Schüler klagt laut einer Umfrage über Kopfschmerzen, Schlafprobleme, Gereiztheit oder Niedergeschlagenheit. 40 Prozent der Schülerinnen bekennen, mehrfach in der Woche unter psychosomatischen Beschwerden zu leiden.[80]

Über 40 Prozent der deutschen Schüler haben Versagensängste. (International liegt der Durchschnitt sogar bei 55 Prozent.)[81]

UNICEF beobachtet bei deutschen Kindern eine »Veränderung des Krankheitsspektrums« von körperlichen zu seelischen Beschwerden und von akuten zu chronischen Leiden.[82] Der Bildungs- und Gesundheitswissenschaftler Klaus Hurrelmann resümiert daher: »Viele der gesundheitlichen Störungen von Schülern, vor allem solche psychischer oder psychosomatischer Art, hängen eng mit dem System Schule zusammen«.[83]

Auch der Druck auf die Eltern steigt. Für ein Drittel der Eltern ist »der Druck durch die hohen Leistungsanforderungen unserer Gesellschaft« die zentrale Veränderung in den letzten 30 Jahren. Und 60 Prozent finden, dass die Erwartungen heute höher sind. In einer aktuellen Umfrage gestand die Mehrheit der Eltern, dass sie sich bei der Erziehung ihrer Kinder enorm unter Druck setzten.[84] Die Hälfte der Eltern erklärte, alles dafür zu tun, um ihr Kind zu fördern. Und zwei von fünf Eltern sorgten sich, dieser Aufgabe nicht gerecht zu werden und ihre Kinder nicht ausreichend zu fördern.[85] Kurz: als Eltern zu versagen.

Der Druck, der im Elternhaus herrscht und dem auch die Kinder in frühen Jahren bereits ausgeliefert sind, zeigt sich auch anhand der beeindruckenden Ausgaben für den Nachhilfeunterricht. Schließlich wollen sich die Eltern verständlicherweise nicht später vorwerfen müssen, nicht alles Menschenmögliche getan zu haben, um ihren Sprössling auf die optimale Startbahn zu hieven. Es sind immerhin drei Milliarden Euro, welche Eltern jedes Jahr in Nachhilfeunterricht für ihre Kinder investieren. 20 Prozent von ihnen geben sogar mehr als 200 Euro pro Monat aus.[86] In Deutschland erhält mittlerweile jeder fünfte Schüler Nachhilfeunterricht. Zum Vergleich: In Finnland ist es nur jeder fünfzigste.[87]

Sogar optimale Noten sind kein ausreichender Grund für einige Eltern, den Leistungsdruck auf ihre Kinder zu mildern. Ein knappes Viertel der Eltern, deren Kind im letzten Zeugnis überwiegend Einsen und Zweien vorweisen konnte, investieren dennoch nach wie vor in Nachhilfe.[88]

Die Schule ist – daran kann kaum ein Zweifel bestehen – ein zentraler Grund für familiären Stress. In 41 Prozent der Familien sind die

Schulnoten der Grund von Spannungen. Dabei lösen die Schulnoten sogar bei einem Drittel der Kinder familiäre Probleme aus, die überwiegend Einsen und Zweien auf dem Zeugnis haben. Gut ist offenbar nicht gut genug.

Aber nicht zuletzt finden sich auch die Lehrer selbst unter einem massiven Leistungsdruck. Eine Untersuchung der Universität Potsdam entdeckte, dass fast zwei Drittel der Lehrer und Lehrerinnen in Deutschland aus beruflichen Gründen als gesundheitsgefährdet, erschöpft, ausgebrannt und krank gelten.[89] Nach einer Befragung wollen gerade einmal 41 Prozent bis zur Pension arbeiten.[90] Klaus Wenzel warnt daher: »Kinder und Lehrer gehen kaputt.«[91]

Die beunruhigende Wahrheit einer leistungs- und konkurrenzorientierten Schule liegt damit klar zutage: Alle Beteiligten, Schüler, Lehrer und Eltern, stehen immer mehr unter Druck, und sie sind gestresst. Es ist schwer verständlich, dass Kinder und Jugendliche offenbar mit Burn-out und ständigem Konkurrenzkampf optimal auf die Anforderungen auf die Leistungsgesellschaft vorbereitet werden sollen. Die Vorstellung, dass vielleicht weniger Konkurrenz und weniger Leistungsdruck eine empfehlenswerte Alternative zu sein scheint, flackert leider nur selten im öffentlichen Diskurs auf. Oder, um einen Lehrer zu zitieren: »Ich höre Eltern nie darüber sprechen, wie man Kindern helfen kann, das Lesen lieben zu lernen. Immer nur höre ich sie darüber sprechen, wie sie die Kinder so früh wie möglich zum Lesen bekommen können.«[92]

Die Wirtschaft übernimmt die Schule

Wer immerfort getestet wird, lernt ja nicht für sich, sondern im Hinblick auf die Tests (…) auf diese Weise werden unsere Kinder dazu trainiert, Kapitalisten ihrer selbst zu sein und Aufmerksamkeit nur auf das zu lenken, was sich auszahlt.

Richard David Precht[93]

Der Konkurrenzkampf auf der Schulbank erfuhr im Jahr 1995 einen entscheidenden Wendepunkt, als die Weltbank eine »Output-Orientierung« der Schulen einforderte, und zwar mit dem ausdrücklichen

Inhalt, »dass die Prioritäten in der Erziehung durch ökonomische Kriterien festgelegt werden, durch festgesetzte Standards und die Messung, ob diese Standards erzielt wurden«.[94]

Was also im Klassenzimmer geschieht und künftig auch geschehen sollte, nämlich: die Festlegung der Rahmenbedingungen für Schule, Erziehung und Lernen, sollten fortan Wirtschaftswissenschaftler entscheiden, nicht etwa Pädagogen. Tatsächlich steht hinter den daraufhin eingeführten PISA-Tests kein internationaler bildungspolitischer Verbund, sondern die Organisation für wirtschaftliche Zusammenarbeit und Entwicklung (OECD). Getestet werden die sogenannten »Schlüsselkompetenzen« 15-jähriger Schüler: Mathematik, Naturwissenschaften sowie Lesen und Textverständnis. Es kann daher gar nicht deutlich genug unterstrichen werden, dass PISA keine objektive Evaluierung des Schulniveaus trifft und auch nicht treffen kann.

Ein Gutachten, das vom »Bundesinstitut für Bildungsforschung, Innovation und Entwicklung des österreichischen Schulwesens« im Auftrag des zuständigen Bundesministeriums erstellt wurde, betont bemerkenswerterweise seine Zweifel am Sinn des PISA-Tests: »Uns sind aus den deutschsprachigen Schulsystemen keine empirischen Untersuchungen bekannt, die beanspruchen würden, fundierte Aussagen« zu der Frage zu treffen, ob »Bildungsstandards und externe Leistungsüberprüfung« zu »verbesserten Schülerkompetenzen und Chancengleichheit« führen. Externe Leistungsüberprüfungen durch Vergleichstests sind, so ist weiter zu lesen, in ihrer Wirkung »nicht durch empirische Untersuchungen belegt« und müssten daher »gegenwärtig bezweifelt werden«.[95]

Die OECD hatte ausdrücklich erklärt, dass der PISA-Test keinen Einfluss auf den nationalen Lehrplan nehmen wolle, aber genau das war natürlich die Folge der Tests. Insbesondere bei den »PISA-Verlierern«, die alles daransetzten, verlorene Plätze in der Tabelle wieder gutzumachen. Der Bildungsforscher Heinz-Dieter Meyer warnt daher, dass Lehrer dazu angehalten sind, ihren Unterricht so zu gestalten, dass die Schüler bei Vergleichstests möglichst gut abschneiden. Deshalb besteht die Gefahr, dass die Lerninhalte sich auf Testinhalte verengen. Hingegen droht nicht messbares Wissen, das oftmals kritisches Denken erfordert, aus dem Unterricht zu verschwinden. Daher mahnt Meyer: »Ich finde das politisch extrem gefährlich, denn das bietet ein Einfallstor für eine Uniformität und Standardisierung des Denkens, Fühlens und Verhaltens. So etwas kennen wir aus Diktaturen, das kann niemand wollen.«[96]

Dank der PISA-Studien, die von einem Konsortium privater Unternehmen durchgeführt werden, ist inzwischen sowohl ein internationaler als auch ein nationaler Konkurrenzkampf entbrannt. Die großen Gewinner des PISA-Cups sind China und Singapur.[97] Sie sind aber auch ganz hervorragende Beispiele, wohin der Erfolgszug gehen soll, wenn Deutschland eines Tages beim internationalen Wettkampf auf dem Siegertreppchen stehen will.

China ist bei der Jagd auf den Spitzenplatz im PISA-Ranking etwas ganz Entscheidendes verloren gegangen. Bei einem Test ihrer Fantasie waren chinesische Schüler das internationale Schlusslicht. In Bezug auf ihre Kreativität kamen sie nur auf den fünftletzten Platz.[98] Selbst der damalige chinesische Premierminister Wen Jiabao stellte daraufhin öffentlich fest, dass es chinesischen Studenten an praktischen Fähigkeiten und kreativem Geist fehle. Man habe eben versäumt, bei den chinesischen Schülern unabhängiges Denken zu trainieren. Die staatliche *China Daily* findet hierfür erstaunlich deutliche Worte: Überraschend seien diese schlechten Resultate nicht, seien die Schüler doch zu wahren »Testmaschinen« herangezogen worden.[99] Von solch kritischen Tönen ist man in Deutschland noch weit entfernt. Aber wir liegen ja auch bei PISA noch nicht auf einem Spitzenplatz.

Auch von Singapur ist Deutschland noch ein gutes Stück entfernt. Nicht nur bei PISA glänzte das Land, Singapur kann laut der »Internationalen Organisation zur Evaluation von Bildung« (IEA) auf die weltbesten Zweit- und Viertklässler in Mathematik und Naturwissenschaften stolz sein. »Gut gemacht, weiter so!«, gratulierte der Premierminister.[100]

Aber auch dieser Erfolg hat seinen Preis, denn gegenüber dem Konkurrenzdruck in Singapur ist der Druck in Deutschland ein Kindergeburtstag. Schon im Kindergarten ist in Singapur ein Zwölf-Stunden-Tag keine Seltenheit. 40 Prozent der Kinder im Vorschulalter besuchen bereits Hilfsschulen. In der Grundschule nehmen sage und schreibe 80 Prozent Nachhilfeunterricht in Anspruch, in der Oberstufe immerhin noch 60 Prozent. Es überrascht daher wenig, dass eine Studie von Wissenschaftlern aus Singapur zu dem Schluss kam, dass Schulstress die Hauptursache für psychische Probleme und Selbstmord von Kindern und Jugendlichen im Land sei.[101]

Betrachtet man, wie Schule heute die Kinder formt und auf das spätere Leben vorbereitet, ist man geneigt, sich an einen Satz von Pablo Picasso zu erinnern: »Alle Kinder sind geborene Künstler. Das Problem besteht darin, Künstler zu bleiben, während wir älter werden«. Wie recht Picasso im Hinblick auf die heutige Situation haben sollte, belegt eine Langzeitstudie mit 1 600 Kindern im Alter von drei bis fünf Jahren, welche Kinder auf ihre Fähigkeiten im »divergent thinking« prüften. Man kann diesen Begriff mit »divergentem Denken« oder »Denken abseits ausgetretener Pfade« oder auch mit »Querdenken« übersetzen. Er ist kein Synonym für Kreativität, sondern vielmehr eine Fähigkeit, die für das Wachsen von Kreativität notwendig ist.

Fast alle Kinder (98 Prozent) erzielten Werte, die dem eines Genies in Sachen »Querdenken« entsprachen. Fünf Jahre später wurden dieselben Kinder, die nun acht bis zehn Jahre alt waren, getestet. Jetzt erzielte nur noch ein knappes Drittel die Ergebnisse eines Genies. Fünf weitere Jahre später gelang nur noch jedem zehnten Kind ein Top-Resultat. Ein Vergleichstest mit 200 000 Erwachsenen ergab, dass jetzt nur noch schmale zwei Prozent von ihnen ein Genie im »divergenten Denken« waren.[102] Mit anderen Worten: 98 Prozent der Erwachsenen haben ihre Genialität verloren. Picasso hat recht.

Wie ist dieser Verfall einer angeborenen Fähigkeit zu erklären? Zum einen wird den Schülern oftmals gelehrt, dass es auf jede Frage nur eine richtige Antwort gibt. Diese Formatierung des Denkens wird nicht nur durch die Multiple-Choice-Tests, die in angelsächsischen Ländern sehr beliebt sind, gefördert. Sie bildet vielmehr auch die Grundlage für alle internationalen Vergleichstests wie die PISA-Studie. Darüber hinaus gibt es in der Schule nur die Pflicht zum Erfolg und weniger das »Recht auf Misserfolg« oder Fehler zu machen.[103] Gerade angesichts der regelmäßigen internationalen Vergleichstests. Der Raum, der Schülern gestattet, Fragen zu stellen und Fehler zu machen, wird also immer enger. Das alte pädagogische Postulat aber, dass man aus Fehlern lerne, hat ausgedient. Wenn nun jedoch ein Kind nicht mehr die Möglichkeit hat, Fehler zu begehen, kann auf Sicht nichts Originelles entstehen. Der Kunstprofessor und Bildungsexperte Sir Ken Robinson fordert daher, dass Kreativität in der Erziehung ein ebenso wichtiger Stellenwert beigemessen wird wie die Fähigkeit, zu lesen und zu schreiben.[104]

Aber auch etwas anderes höchst Wichtiges ist bei dem weithin tobenden Konkurrenzkampf in der Schule verloren gegangen. Eigentlich handelt es sich um eine erschreckend simple Erkenntnis, die alle Schüler im Lauf ihrer Schulzeit bewusst oder weniger bewusst verinnerlicht haben. Allerdings wurde sie erst von *John Hattie*, einem australischen Professor für Erziehungswissenschaften an der Universität Auckland, wiederentdeckt. Er ging in jahrelanger Arbeit der Frage nach, welche Faktoren das Lernen in der Schule positiv beeinflussen. Nach der Auswertung von mehr als 960 Studien mit 260 Millionen beteiligten Schülern kam er zu dem Schluss: »Es kommt auf den guten Lehrer an. Er muss ein Klima schaffen, in dem sich Schüler trauen, Fehler zu machen. Die Rahmenbedingungen von Schule dagegen – die Schulstrukturen oder das investierte Geld – haben nur geringen Einfluss. Leider wird in der Bildungsdebatte genau umgekehrt diskutiert.«[105] (Am Rande bemerkt werden sollte noch, dass das Sitzenbleiben negative Auswirkungen auf das Lernen hat. Zudem führt die Erfahrung des Durchfallens häufiger zum Schulabbruch als soziale und wirtschaftliche Gründe.[106])

Nimmt man diese Aussage ernst, dann wäre vermutlich das Geld, das die PISA-Tests kosten, besser in die Ausbildung der Lehrer investiert. Insbesondere auch weil die Rolle des Lehrers als Zulieferer von Wissen im Zeitalter des Internets abgenommen hat, »seine Rolle als Erklärungskünstler hingegen proportional gestiegen ist« (Precht).[107] Erfreulicherweise hat sich sogar die aktuelle PISA-Studie nun dieser Ansicht angeschlossen.[108]

Für Menschen, die die Implikationen insbesondere der Spiegelneuronen verstanden haben, ist das Ergebnis nicht wirklich überraschend. Lernen findet ja vor allem in zwischenmenschlichen Beziehungen statt. Die Spiegelneuronen spielen zudem die entscheidende neuronale Basis für das sogenannte »Lernen am Modell«.[109] Das ist auch der logische Grund, dass die Schulleistungen sinken, wenn Lehrer das Gefühl haben, nicht an ihre Schüler heranzukommen.[110] Die Kenntnis der Neurowissenschaften und die Kenntnis von *Hatties* Forschung sollte im Übrigen auch ausreichend verdeutlichen, wie wenig die digitale Revolution des Klassenzimmers, wie sie gerade Facebook-Gründer Mark Zuckerberg vorschwebt, die Natur des Menschen berücksichtigt.

Als Folge des internationalen und nationalen Konkurrenzkampfes um die erfolgreichsten jugendlichen Testmaschinen sind die intrinsischen Motivationen in besorgniserregendem Maße verloren gegangen. Auch dieser Verlust verdeutlicht die verheerenden Auswirkungen, wenn man die Rahmenbedingungen aufgrund eines Menschenbildes vornimmt, das kaum etwas mit der Wirklichkeit zu tun hat, sondern sich einzig von den Anforderungen der Wirtschaft leiten lässt. Der Philosoph Karl Popper schrieb:

> »Wenn ich an die Zukunft dachte, träumte ich davon, eines Tages eine Schule zu gründen, in der junge Menschen lernen könnten, ohne sich zu langweilen; in der sie angeregt werden, Probleme aufzuwerfen und zu diskutieren; eine Schule, in der sie nicht gezwungen wären, unverlangte Antworten auf ungestellte Fragen zu hören; in der man nicht studierte, um Prüfungen zu bestehen, sondern um etwas zu lernen.«[111]

Offensichtlich ist jedoch die heutige leistungsorientierte Schule weit davon entfernt, Poppers Traum Wirklichkeit werden zu lassen. Stattdessen droht die Schule vielmehr dank PISA immer stromlinienförmigere Schüler heranzuzüchten, deren Denken immer ähnlicher wird und den vorgeformten Anforderungen entspricht.

6 Jeder für jeden oder Wir können auch anders!

Die Kooperation war nicht nur über vier Milliarden Jahre der Meisterarchitekt der Evolution, sondern sie stellt auch die größte Hoffnung für die Zukunft der Menschheit dar, sie wird uns in die Lage versetzen, die vor uns liegenden schweren Herausforderung anzunehmen.

Martin Nowak[1]

Genauso wie ein Leben, das den Prämissen des kapitalistischen Menschenbildes folgt und der Natur des Menschen widerspricht, Seele und Körper des Menschen schädigt, kurz: Nebenwirkungen hat, die auf jeden Beipackzettel gehören, so gilt auch der Umkehrschluss, dass ein Leben im Einklang mit der tatsächlichen Natur des Menschen, die Gesundheit fördert, kurz: unbedingt von jedem kompetenten Arzt als kostenloses Heilmittel verschrieben werden sollte.

Altruismus ist gesund und macht glücklich

Das Herz profitiert unmittelbar von Nähe, Einfühlung und Freundschaft.

Werner Bartens[2]

Es ist nun endlich Zeit für positive Nachrichten!

Der Dalai Lama erklärte einmal: »Die erste Person, die von Mitgefühl profitiert, ist diejenige, die sie empfindet.«[3] Aus medizinischer Sicht kann man dieser überraschenden Aussage über die Wirkung mitmenschlicher Gefühle nur zustimmen. Zahlreiche Studien belegen dies.

Empathische Menschen haben ein besseres Immunsystem. Sie erkranken weniger intensiv, wenn sie gezielt einer Ladung Erkältungsviren ausgesetzt werden.[4] Entzündungsreaktionen verlaufen bei ihnen weniger intensiv und sind sogar Erkältungen seltener.[5]

Auch die heilende Wirkung von Empathie ist erstaunlich. Krankenhauspatienten, die ihre Ärzte als empathisch erleben, erholten sich schneller von Infektionen.[6] Es ist daher bedenklich, dass der so wichtige Faktor des persönlichen Mitgefühls kaum Erwähnung im Studium der Medizin findet.[7] Harvey Fineberg, Präsident des medizinischen Instituts der amerikanischen National Academy of Sciences, mahnt daher: »Jeder Arzt weiß, was er zu tun hat, um die erforderlichen technischen Kompetenzen zu erwerben (…). Aber wie viele haben auch nur eine Ahnung davon, wie man mitfühlender wird?«[8]

Das Erleben von Gemeinschaft, Freundschaft und Familie hat ausgesprochen positive Wirkungen auf das Immunsystem und damit auch auf die Gesundheit des Menschen. Die Belege hierfür sind vielfältig:

- Allein die Gegenwart eines vertrauten Menschen senkt die Pulsfrequenz, verbessert das Immunsystem und reduziert Depressionen.[9]
- Menschen, die sozial eingebunden leben, haben eine 50 Prozent geringe Wahrscheinlichkeit eines frühen Todes.[10]
- Familie und Freunde haben unbestreitbar eine positive Wirkung auf die menschliche Gesundheit: Sie halbieren sogar das Sterberisiko in jedem Alter.[11]
- Menschen, die Gemeinschaft erfahren, haben ein gesünderes Herz und ein geringeres Risiko eines Herzinfarkts.[12] Sie erkranken seltener (obwohl sie mehr Kontakt zu Menschen haben und sich dadurch die Ansteckungsgefahr erhöht). Sogar eine HIV-Infektion verläuft langsamer.[13]
- Zufriedene und glückliche Menschen mit einem funktionierenden sozialen Umfeld leben im Durchschnitt etwa 15 Prozent länger. [14]

Der entscheidende Faktor für die menschliche Gesundheit ist hierbei erstaunlicherweise weniger, was man an menschlicher Wärme und

Nähe empfängt, sondern wie viel Mitgefühl man selbst empfindet und wie sehr man sich selbst um andere kümmert, also kurz: das eigene altruistische Verhalten.[15]

Zu dieser Erkenntnis fügt sich auch eine Untersuchung, die feststellen konnte, dass Menschen, die sich regelmäßig ehrenamtlich engagierten, in der Regel gesünder waren als andere Gleichaltrige. Sie zeigten auch mehr Begeisterung und Energie und litten seltener an Depressionen.[16]

Nicht nur die körperliche Gesundheit wird durch ein Leben gemäß den Gesetzen der wirklichen Natur des Menschen verbessert, sondern auch das seelische Wohlbefinden. So steht Altruismus im direkten Zusammenhang mit seelischem Wohlbefinden, wie zahlreiche Forschungsergebnisse herausfanden.[17] Mitfühlende Menschen leiden zudem seltener an Depressionen und anderen seelischen Erkrankungen.[18]

Ähnliches lässt sich über die Tugend der Großzügigkeit sagen, quasi der Todsünde in der Religion des kapitalistischen Menschenbildes. Die kanadische Psychologin Elizabeth Dunn hat Menschen untersucht, die Geld für sich beziehungsweise für andere ausgegeben hatten: »Wir stellten fest, dass die Leute, die erklärt hatten, mehr Geld für andere auszugeben als für sich, glücklicher waren.«[19] Es fügt sich in dieses Bild, dass genügsame Menschen mit ihrem Leben zufriedener sind und ein stärkeres Umweltbewusstsein zeigen.[20]

Altruistische Menschen sind zufriedener. So zeigen Studien über freiwilliges Engagement, dass dieses mehr Wohlbefinden schafft als Tätigkeiten, die auf das persönlichen Vergnügen zielen. Die freiwilligen Helfer bemerkten, dass sie an dem Tag ihres Engagements begeisterter, aufmerksamer, freundlicher waren und sich wertgeschätzter fühlten.[21]

Ähnlich gelagert ist auch das Ergebnis einer internationalen Studie des Deutschen Instituts für Wirtschaftsforschung in Berlin. Nicht die Menschen waren am glücklichsten, die beruflichen oder materiellen Erfolg anstrebten, sondern diejenigen, die sich gemeinnützig oder in der Familie engagierten.[22]

Bestärkt wird dieses Ergebnis nicht zuletzt durch eine Auswertung der Daten des «Sozio-ökonomischen Panels«, die seit Jahrzehnten weltweit erhoben werden. Das Glück der Menschen hängt messbar davon ab, welcher Lebensbereich bei ihnen die höchste Priorität genießt: »Wer ausgesprochen viel Wert auf Freundschaften, Ehe und

Familie legt, darf mit einem Glücksbonus rechnen. Diese Menschen werden auch mit den Jahren immer zufriedener.«[23]

Eindrucksvoll sind auch die positiven Wirkungen von intrinsischer Motivation. Tim Kasser fasst den Forschungsstand zusammen: Intrinsisch motivierte Menschen berichten im Vergleich zu materialistisch motivierten Menschen von mehr Glück, mehr psychologischer Gesundheit, besseren zwischenmenschlichen Beziehungen, mehr Beiträgen zur Gemeinschaft und mehr Aufmerksamkeit für ökologische Fragen.[24]

Das Erleben von Gemeinschaft und Freundschaften hat nicht zuletzt auch eine seelisch heilende Kraft.[25] »Ob ein Erwachsener nach einem traumatischen Erlebnis wie einem gewalttätigen Angriff oder einem Autounfall psychisch erkrankt, hängt beispielsweise weniger davon ab, wie schlimm die Erfahrung war, sondern wie gut der Betroffene danach durch sein soziales Umfeld aufgefangen wird«, erklärt der Psychiater Michael Linden (Charité Berlin).[26]

Eine kanadische Studie untersuchte 10-Jährige, die ein erhöhtes genetisches Risiko hatten, an einer Depression zu erkranken. Ein einziger guter Freund reichte bereits aus, um die Wahrscheinlichkeit deutlich zu reduzieren, dass die Erkrankung tatsächlich ausbricht.[27] (Ein weiterer Beleg für die Bedeutung der Umwelt auf die Aktivität der Gene.)

Zum Schluss eine letzte gute Nachricht über die positiven Wirkungen von mitmenschlichen Gefühlen: Die Psychologin Cendri Hutcherson konnte durch eine Reihe von Versuchen beweisen, dass das Gefühl der Gemeinschaft mit anderen Menschen nicht nur das Wohlbefinden steigert und die Gesundheit verbessert, sondern wiederum auch Empathie fördert und das Vertrauen stärkt.[28] Kurz: eine weitere positive Feedback-Kurve.

Zusammen geht es besser!

Interviewer: *Wie ist es, in einer Gruppe zu arbeiten?*
Justin (10 Jahre): *Man hat vier Gehirne.*[29]

Ihr Haus brennt, Sie rennen alleine mit Ihrem Eimer zum Brunnen, um das Feuer zu löschen. Natürlich haben Sie keine Chance und stehen schon bald einer verkohlten Ruine gegenüber. Nun verändern wir leicht das Bild. Ein Gemeinschaftshaus in Ihrem Ort brennt. Alle Bewohner rennen zum Brunnen, jeder mit seinem Eimer bewaffnet. Schon bald müssen aber mehr und mehr Menschen ihrem Alter oder ihrer fehlenden Sportlichkeit Tribut zollen. Das Resultat ist besser, aber ebenfalls katastrophal. Nun verändern wir ein letztes Mal das Bild. Das Gemeinschaftshaus brennt, und alle Mitbewohner bilden gemeinsam eine Schlange und reichen so die Eimer zwischen Brunnen und Haus hin und her. Die gemeinsam koordinierte Arbeit aller ist in jedem Fall eindeutig die erfolgreichste Methode.

Es gibt noch weitere positive Nachrichten! Es wurde bereits gezeigt, dass es keineswegs bewiesen ist, Konkurrenz führe zu einer besseren Leistung. Es gibt zudem Hinweise, dass Kooperation zu beeindruckenden Leistungen führt, die in Konkurrenzsituation nicht erzielt werden können.

Ein legendäres Planspiel der NASA, die herausfinden wollte, ob kooperierende Gruppen oder Einzelne erfolgreicher waren, um eine komplexe Fragestellung zu lösen, bestätigt die Überlegenheit der Kooperation. Die Ausgangslage des Planspiels: Ihr Raumschiff hat tragischerweise eine Bruchlandung erlitten und der Weg zum Mutterschiff ist bedenklich weit. Eine Reihe von Gegenständen ist aber unbeschadet geblieben und Sie dürfen genau 15 Gegenstände auswählen, um Ihr Überleben auf dem Weg zum rettenden Mutterschiff zu sichern. In aller Regel sind Gruppen näher an der Lösung als ein einzelner Spieler. Besonders gut schneiden hierbei die Gruppen ab, die die einzelnen Rollen untereinander verteilen, um eine strukturierte Diskussion zu ermöglichen.[30]

Die Stärke der Kooperation belegt auch eine ganze Reihe beeindruckender Leistungen, die nur gemeinsam gelingen konnten. Natürlich denkt man hierbei unwillkürlich als Erstes an Wikipedia und das Computersystem Linux, aber als ein zentrales Beispiel für das Potenzial des Kooperativs ist hier insbesondere das Polymath-Projekt zu nennen. Im Jahr 2009 startete Tim Gowers ein soziales Experiment, indem er auf seinem Blog seine Leser um Mithilfe bei der Lösung eines bisher ungeklärten mathematischen Problems bat.[31] Was nach schlichter kapitalistischer Ansicht keinesfalls funktionieren konnte (denn mancher Helfer würde mehr und andere weniger zur Lösung beitragen, aber die Fähigsten würden sich die Ehre mit allen teilen müssen), war erstaunlich erfolgreich. Nicht nur wurde das betreffende mathematische Problem erstmals in der Menschheitsgeschichte gelöst, sondern eine ganze Reihe weiterer bisher ungelöster mathematischer Probleme konnte seitdem geknackt werden. Mehr als 40 Mathematiker beteiligen sich an dem Projekt, und unter dem Pseudonym D. H. J. Polymath wurden mehrere Studien veröffentlicht.[32]

Ein weiteres Beispiel: In der vielleicht größten über das Internet organisierten Gemeinschaftsaktion beseitigten 50 000 Esten (das sind vier Prozent der Bevölkerung) am 3. Mai 2008 in fünf Stunden 10 000 Tonnen Müll, die das Land verdreckt hatten. Die Gesamtkosten der Aktion betrugen 500 000 Euro. Hätte der Staat diese Aufgabe übernommen, hätte es stattdessen drei Jahre gedauert und 22,5 Millionen Euros gekostet.[33] Am 15. September 2018, dem World Cleanup Day, fand die weltweit größte Bürgeraktion gegen Abfall statt. 17 Millionen Menschen aus 157 Ländern nahmen an den Aufräumarbeiten teil.[34]

Benötigt man ein sehr konkretes Beispiel aus der Wirtschaft, um die Möglichkeiten der Kooperation aufzuzeigen, so sei auf das erstaunlich erfolgreiche genossenschaftliche spanische Unternehmen Mondragon Corporacion Cooperativa verwiesen, das einen Umsatz von 12 Milliarden Euro pro Jahr hat. Dennoch ging Mondragon nicht an die Börse und kann seine Entscheidungen völlig frei treffen. Die Finanzkrise überstand das Unternehmen mit weniger Schwierigkeiten als viele Unternehmen.

Eine Studie belegt, dass Kooperation auch wirtschaftlich erfolgreich sein kann. Getestet wurde das Verhalten von 679 Bauern aus knapp 50 lokalen Waldnutzergruppen in einem ökonomischen Spiel. Es zeigte sich, dass Gruppen mit einem hohen Anteil kooperierender Bauern ihren Wald deutlich erfolgreicher bewirtschafteten als die anderen.[35]

Sogar an einem Ort, von dem man es sicherlich nicht erwarten würde, erweist sich Kooperation als erfolgreicherer Weg, nämlich: an der Börse. Wie eine Untersuchung über Verhalten und Erfolg von Finanztradern zeigte, hing ihr Erfolg damit zusammen, ob und wie sehr sie mit anderen kooperierten oder allein handelten.[36]

Die dargestellten Ergebnisse können kaum überraschen, wenn man die destruktiven Seiten der Konkurrenz berücksichtigt, die hier bereits dargestellt worden sind. Konkurrenzsituationen erzeugen stets Stress und verlangen oftmals, den Fokus ganz auf den Gegner und sein Verhalten zu richten anstatt auf sich selbst und die eigentliche Aufgabe.

Im Hinblick auf leistungsschwächere Menschen ist die Feststellung, Kooperation führe zu einer Leistungssteigerung, naheliegend, denn in einer Konkurrenzsituation verlieren sie »sowieso immer« und sind entsprechend fatalistisch. (Aber angeblich ist es ja auch das Ziel einer Konkurrenz-Situation, die »Streu vom Weizen« zu trennen.) Bemerkenswerterweise führt die Kooperation aber auch bei »Sieger-Typen« zu einer Verbesserung der Leistung. Betrachten wir zu dieser erstaunlichen Schlussfolgerung zentrale Forschungsergebnisse:

Bereits kurz nach dem Zweiten Weltkrieg stellte der Psychologe Morton Deutsch in einem Experiment mit Highschool-Schülern fest, dass Kooperation deutlich produktiver als Konkurrenz war. Schon im Jahr 1973 gab es 13 weitere Studien, die sein Ergebnis bestätigten. 1981 führten David Johnson und sein Bruder Roger Johnson von der Universität Minnesota eine Metastudie zu 122 Studien durch: Mehr als die Hälfte der Studien kam zu dem Schluss, dass Kooperation zu besseren Leistungen als Konkurrenz führt. Hingegen belegten nur acht Studien das Gegenteil.[37] In einer weiteren Analyse derselben Autoren untersuchten sie später 369 Studien zwischen 1898 und 1989 (wobei nur ein Teil hiervon sich auf Schüler und Studenten bezog). Auch wenn die Daten etwas veraltet sind, ist das damalige Ergebnis in seiner Eindeutigkeit beeindruckend: Kooperation führt in nicht weniger als 87 Prozent zu besseren Resultaten.[38]

Daher resümiert Christian Felber, der Begründer der Gemeinwohl-Ökonomie: »Die besten Leistungen kommen nicht zustande, weil es eine KonkurrentIn gibt, sondern weil Menschen von einer Sache fasziniert, energetisiert und erfüllt sind, sich ihr hinzugeben und in ihr ganz aufzugehen. Den Wettbewerb braucht es nicht.«[39] Alfie Kohns provokante These lautet daher, Höchstleistung benötigt Abwesenheit von Konkurrenz.[40]

Kooperation hat auch günstigere Auswirkungen auf das zwischenmenschliche Verhältnis in der jeweiligen Arbeitsgruppe. Dieses Ergebnis zeigt eine weitere Metastudie von David und Roger Johnson, die fast einhundert Studien zwischen den Jahren 1944 und 1982 auswerteten.[41] Da Kooperation entscheidend auf die intrinsische Motivation des Gemeinschaftsgefühls setzt, etwas zusammen und miteinander zu erreichen, kann es nicht überraschen, dass eine direkte Korrelation zwischen Vertrauen und Erfolg besteht. So zeigte eine Studie, dass Studenten, die Kommilitonen vertrauen, bei Prüfungen erfolgreicher sind.[42]

Es besteht zudem auch ein Zusammenhang zwischen positiver Stimmung und Erfolg. (Es liegt nahe, dass sich die positive Stimmung eines Menschen in der Konkurrenzsituation sehr in Grenzen hält und eher Druck und Stress vorherrschen.) So verdoppelte sich die Treffgenauigkeit bei einem Intuitionstest, wenn Probanden zuvor in eine gute Stimmungslage versetzt wurden. (Deprimierte Probanden versagten jedoch bei intuitiven Aufgaben komplett.)[43] Insgesamt deuten empirische Befunde darauf hin, dass eine positive Stimmungslage, Intuition und Kreativität eng miteinander zusammenhängen.[44]

Konkurrenz hat also nicht nur bedenkliche Nebenwirkungen für die Menschen, sondern ist auch keineswegs für das Erreichen einer optimalen Leistung notwendig. Eine hinreichend große Zahl von Studien belegt stattdessen, dass Kooperation nicht nur besser für die Gesundheit ist, sondern auch oftmals zu besserer Leistung führt. Wäre es da nicht endlich mal an der Zeit, miteinander zu kooperieren?

Altruismus ist erlernbar

Eine der Tragödien unserer Zeit scheint darin zu liegen, dass die Wandlungsfähigkeit unseres Geistes erheblich unterschätzt wird.

Matthieu Ricard[45]

Eine weitere gute Nachricht: Altruismus ist erlernbar. Zahlreiche Studien konnten die positiven Auswirkungen von verschiedenen Meditationsformen beweisen, die konkret auf die Erhöhung des Mitgefühls konzipiert sind.

Bereits ein nur siebenminütiges Training bewirkt einen – vorübergehenden – positiven Effekt.[46] Ein zweiwöchiges Meditationstraining für Anfänger ruft eine Steigerung der mitmenschlichen Verhaltensweisen gegenüber unbekannten Menschen hervor. Mehr noch: Je mehr die Anfänger in dieser Zeit meditierten, desto stärker ausgeprägt war anschließend ihr Mitgefühl.[47] Eine Studie des Neurowissenschaftlers Richard Davidson (Universität Wisconsin) belegt zudem die Steigerung des Altruismus durch entsprechende Meditationsübungen.[48] Eine andere Studie, die Anfänger zwei Wochen täglich 30 Minuten Meditation ließ, bestätigt die positiven Ergebnisse.[49]

Das Training von einfühlender Meditation hat auch eine Reihe positiver Auswirkungen auf die Gesundheit:

Meditation verbessert das Immunsystem. Sie bewirkt die Minderung von Entzündungsreaktion und verbessert die Entgiftung.[50]

Die Meditation zeigt auch positive Ergebnisse bei Angstzuständen und Depression. Und last but not least: Die Gehirne von Langzeitmeditierenden sind um 7,5 Jahre jünger.[51]

Grundsätzlich alle Menschen können ihre Fähigkeit zu mitmenschlichen Gefühlen steigern. Sogar Psychopathen sind in der Lage Mitgefühl zu erlernen, wie die Neuroforscher Christian Keysers und Valeria Gazzola nachweisen konnten. Die Lösung war denkbar einfach. Die psychopathischen Probanden wurden aufgefordert, sich ganz bewusst in die Lage des anderen Menschen hineinzuversetzen.[52] Auch Narzissten konnten Mitgefühl verspüren, wenn sie angeregt wurden, eine Situation aus der Sicht eines anderen Menschen zu betrachten. Sie zeigten hierbei auch die körperlichen Reaktionen von Mitgefühl.[53]

Altruismus ist eine fundamental menschliche Eigenschaft. Wir können sie verlieren, wir können sie aber auch wieder gewinnen. Altruismus ist erlernbar, und er kann auch trainiert werden. Ein besonders beeindruckendes Beispiel für die Möglichkeiten der Meditation zeigt der arte-Dokumentarfilm »Die Revolution der Selbstlosen«. In einer verarmten und von Kriminalität durchsetzten Gegend in Baltimore (USA) beschließen drei junge Männer in einer Schule einen Kurs für Meditation anzubieten. Nicht nur die Direktorin war ausgesprochen skeptisch, ob Schüler, die fast täglich mit Gewalt in Berührung kommen und zum Teil Familienmitglieder durch Mord verloren hatten, besonders viel mit Meditation anfangen könnten. Aber bereits kurze Zeit nach Beginn dieses Kurses hatte sich die Atmosphäre in der Schule grundlegend geändert. Die Schüler wünschten sich mehr Meditation und berichten von größerer innerer Ruhe, Friedfertigkeit und Mitgefühl.

Kommen wir nun zu einer letzten guten Nachricht: Lange Zeit herrschte die Vorstellung, das Gehirn sei etwas Statisches. Tatsächlich hat die Neuroforschung jedoch herausgefunden, dass sich das Gehirn permanent verändert. Es ist eine Art Dauerbaustelle und hat keineswegs im Erwachsenenalter seinen definitiven Endzustand erreicht. Denn neue Reize und Erlebnisse führen zur Bildung neuer (beziehungsweise zur Ergänzung oder Umstrukturierung bestehender) Nervenzell-Netzwerke.[54] Die Nutzung des Gehirns führt zum Wachstum der Gehirnareale, die für die jeweilige spezielle Fähigkeit gebraucht werden.[55] Daher gilt für das Gehirn, genauso wie für jeden Muskel: »Use it or loose it.«

Ein sehr bezeichnendes Beispiel sind hierfür die Londoner Taxifahrer vor der Einführung des GPS. Eine Analyse der Gehirne der Fahrer, die sich Name und Lage von 14 000 Straßen merken mussten, zeigte, dass der Hippocampus von seiner Struktur her größer war als im Durchschnitt der Bevölkerung, und zwar proportional zur Anzahl der Dienstjahre der Taxifahrer.[56]

Diese Wandlungsfähigkeit des Gehirns nennt man »Plastizität«. Das menschliche Gehirn hat sogar unter Umständen die Fähigkeit, sich selbst zu reparieren, wie der Psychiater Norman Doidge anhand vieler beeindruckender Beispiele in seinem Buch *Neustart im Kopf: Wie sich unser Gehirn selbst repariert* eindrücklich demonstriert.

Frage: Ist unser Gehirn aber genauso wandlungsfähig, Altruismus zu lernen, wie Taxifahrer Straßennamen und Wege auswendig können, sodass sich eine dauerhafte Veränderung des Gehirns feststellen lässt?

Eine Reihe von Neurowissenschaftlern hat sich dieser Frage angenommen. Hierfür wurden die Hirnareale von Buddhisten, die seit vielen Jahren Meditation praktizierten, in bildgebenden Verfahren einer funktionellen Magnetresonanztomografie (fMRT) betrachtet. Die Buddhisten wurden gebeten, sich in Zustand von Mitgefühl und Güte hineinzuversetzen und diesen gleichermaßen in unterschiedlichen Intensitäten zu regulieren. Tania Singer war von den Ergebnissen beeindruckt: »Wir stellten fest, dass in Zuständen von Güte und Mitgefühl der interozeptive Kortex wie auch andere an Bindung und Belohnung beteiligte Areale sehr stark aktiviert sind, und ebenso konnten wir sehen, wie gut Langzeitmeditierende in der Lage sind, diesen Zustand und das ihm zugrunde liegende neuronale Netzwerk zu regulieren.«[57] Diese Gehirnaktivität war zudem sehr viel höher als bei in der Meditation ungeübten Personen.[58]

Aber nicht nur die Gehirnaktivität unterschied sich. Eine Untersuchung an der Harvard University ergab, dass bei Menschen, die seit durchschnittlich zehn Jahren meditierten, das Volumen der Großhirnrinde zugenommen hatte, sich das Gehirn also tatsächlich ebenso physisch verändert hatte wie bei den Londoner Taxifahrern.[59]

Das Potenzial der Meditation zur Veränderung des Gehirns ist beeindruckend. So ähnelt das Gehirn eines Yogis im Ruhezustand dem eines aktiv Meditierenden. Seine Züge sind dauerhaft geworden.[60] Die Veränderungen des Gehirns lassen sich aber nicht nur bei Menschen mit jahrzehntelanger Meditationserfahrung nachweisen, sondern schon bei Anfängern. Eine Handvoll Studien ist diesem Thema nachgegangen.[61]

Hier ein kleiner Überblick:

- Nach nur einem einzigen Tag erlebter Meditationsübungen über liebende Güte zeigten die Probanden eine ähnliche Gehirnaktivierung wie Langzeitmeditierende.[62]
- Bereits eine halbe Stunde Meditation pro Tag über mehrere Wochen hinweg rief eine signifikante Veränderung der Hirnaktivität, des Immunsystems und der Aufmerksamkeit hervor.[63]
- Nach einem zweiwöchigen Meditationstraining war eine Veränderung im Gehirn nachweisbar.[64]

Der Neurologe Richard Davidson, der gemeinsam mit Daniel Goleman jahrzehntelang über das Potenzial von Meditation gearbeitet hat, resümiert seine Forschungsergebnisse: »Die Untersuchungen scheinen zu beweisen, dass das Gehirn trainiert und physisch in einer Weise verändert werden kann, wie man es sich kaum vorgestellt hätte.« Seine Untersuchungen ergaben außerdem, dass die Veränderung des Gehirns umso größer war, je höher die Zahl der absolvierten Meditationsstunden.[65]

Die Begründung egoistischen Verhaltens durch den lapidaren Ausspruch: »Der Mensch ist halt so«, erweist sich unter dem Eindruck dieser Studienergebnisse als ein hohles Argument. Wer es weiterhin verwendet, ist entweder denkfaul, veränderungsunwillig oder beides.

Soziale Ansteckung

Der Altruismus zieht Kreise wie ein Stein, den man ins Wasser wirft. Diese Kreise sind zu Beginn ganz klein, doch werden immer größer, bis sie den gesamten Ozean erfasst haben.

Alexandre Jollien[66]

Lynn Williard kellnerte in einem Restaurant in Port Richmond (USA), als ein Paar ihre Rechnung für das Mittagessen beglich und zugleich für einen weiteren Tisch zahlte. Die beiden baten lediglich darum, den anderen Gästen nichts von der Geste zu sagen, bevor sie das Restaurant verlassen hatten. Die Kellnerin ging anschließend zum nächsten Tisch und erklärte den verdutzten Gästen, dass ihr Essen bereits bezahlt sei. Die Folgen dieser Handlung waren unvorstellbar. Fünf Stunden erlebte das Restaurant den Schneeballeffekt einer großzügigen Tat. Ein Tisch nach dem nächsten lud spontan einen weiteren Tisch ein. Kein Gast fragte dabei auch nur nach der Summe der zu begleichenden Rechnung des unbekannten Tisches. »Es war zauberhaft. Ich hatte Tränen in den Augen. Ich arbeite hier seit zehn Jahren und ich habe so etwas noch nie gesehen,« erinnert sich die Kellnerin.[67]

Ein Lächeln ist ansteckend. Sie wissen das aus eigener Erfahrung, ohne die Wissenschaft bemühen zu müssen. Auch Höflichkeit und gute Laune sind ansteckend.[68] Altruismus ist also nicht nur erlernbar, sondern kann sogar einen menschlichen Schneeballeffekt auslösen.

Hierzu noch ein beeindruckendes Beispiel: Im Jahr 2007 ließ sich in den USA ein junger Mann als Organspender registrieren. Ohne Erwartung irgendeiner Gegenleistung spendete er einer unbekannten Frau seine Niere. Daraufhin entschied sich deren Mann, der aus medizinischen Gründen nicht als Spender für seine Frau infrage gekommen war, selbst einer unbekannten Person seine Niere zu schenken. Als eine junge Frau daraufhin durch seine Niere gerettet wurde, bot deren Mutter ihre eigene Niere zur Spende an. So setzte sich eine Kette von Organspenden quer durch die USA fort, zu der niemand gezwungen war. Allein die Spende des ersten Mannes setzte unglaubliche 22 erfolgreiche Nierentransplantationen in Gang.[69]

Ist Altruismus tatsächlich ansteckend? Eine Reihe von wissenschaftlichen Studien bejaht diese Frage. Wenn Autofahrer beispielsweise sehen, dass jemand am Straßenrand einem anderen Autofahrer bei einer Reparatur behilflich ist, verdoppelt sich die Wahrscheinlichkeit, dass sie selbst wenige Hundert Meter weiter anhalten, um dort einem Autofahrer beim Reifenwechsel zu helfen. Wenn Menschen die Spendierbereitschaft anderer erleben, erhöht sich ihre eigene Bereitschaft, großzügig zu sein, um sage und schreibe 50 Prozent.[70]

Beeindruckend auch: Eine Studie mit 75 000 Bankangestellten kam zu dem Schluss, dass Menschen, die aus einer geizigen Arbeitsgruppe in eine spendierfreudige Arbeitsgruppe wechseln, selbst großzügiger wurden.[71]

Soziale Ansteckung zieht sogar noch weitere Kreise als den direkten Freundes- und Bekanntenzirkel. Nicholas Christakis und James Fowler (Universität Yale und San Diego) ließen Fremde per Zufallsprinzip miteinander interagieren. Dabei stellten sie fest, dass altruistisches kooperatives Verhalten sich über drei Stufen ausbreitet.[72] Der Altruismus eines Menschen hat also nicht nur Auswirkungen auf die hierdurch direkt erreichte Person, sondern sogar auf den Freund einer Freundin dieser Person.

Wer immer noch glauben sollte, dass dem Menschen einfach nicht zu helfen sei, erhält vielleicht durch diese Nachricht einen Hoffnungsfunken.

Damit es tatsächlich zu einer sozialen Ansteckung kommt, kann man aber auch ein bisschen nachhelfen. Experimente, in denen Menschen gesagt wurde, sie seien am Wohl des Nächsten interessiert, waren doppelt so häufig gewillt, sich ehrenamtlich zu engagieren, wie Menschen, die ohne das Lob gefragt wurden.[73] Menschen, denen erklärt wird, sie seien großzügig, erweisen sich danach in der Tat eineinhalb Mal großzügiger als ohne dieses Lob.[74] Menschen, die als »altruistisch« gelobt werden, zeigen daraufhin eine doppelt so hohe Hilfsbereitschaft.[75]

Wir haben die Wahl!

Es geht auch anders!

Setze den Menschen als Menschen und sein Verhältnis zur Welt als ein menschliches voraus, so kannst du Liebe nur gegen Liebe austauschen, Vertrauen nur gegen Vertrauen.

Karl Marx[76]

Es ist an der Zeit, sich nach Alternativen für unser Verhalten umzusehen, die eher der Natur des Menschen entsprechen. Denn es geht auch anders! Beispielsweise können wir mit falschen Vorstellungen aufräumen. Nicht zuletzt unsere Vorstellung von Zufriedenheit, die der buddhistische Lehrer Shen Shi'an so treffend beschreibt: »Im Augenblick der Zufriedenheit haben wir genug. Das Problem ist, dass wir gewohnheitsmäßig den umgekehrten Weg einschlagen. Wir setzen voraus, dass wir erst dann zufrieden sind, wenn wir genug haben.«[77]

Auch von der Genügsamkeit haben wir oftmals eine falsche Vorstellung. Diese hängt selbstverständlich eng mit dem kapitalistischen Menschenbild zusammen, das die Haltung der Genügsamkeit als eine bedenkliche Form der Selbstdisziplin ansieht. Aber Genügsamkeit steht keinesfalls für ein selbstkasteiendes Leben, das alles Vergnügen und jeglichen Genuss mürrisch verweigert, sondern ganz im Gegenteil. Matthieu Ricard bringt dies auf den Punkt: »Freiwillige Genügsamkeit (…) besteht nicht darin, auf etwas zu verzichten, dass uns glücklich macht – das wäre absurd –, sondern besser zu verstehen, was uns wirklich erfüllt und aus der Spirale des Immer-mehr-Wollens heraus führt.«[78] Mit anderen Worten: Es geht darum zu lernen, unsere Bedürfnisse von unserem Bedarf zu unterscheiden.[79]

Genügsamkeit kann ein wunderbarer Schlüssel zur Rückgewinnung der eigenen Zufriedenheit des Menschen sein. Eine freiwillige Geschwindigkeitsbegrenzung auf der Autobahn des kapitalistischen Teufelskreises. Und Genügsamkeit kann auch ein sehr erfolgreiches Rezept für eine nachhaltige Wirtschaft sein, wie eine Studie belegt. Aus 150 Studenten wurden Mannschaften gebildet, die als Planspiel eine forstwirtschaftliche Firma leiten sollten. Das Problem: Wer zu wenige Bäume in einer Runde fällte, hatte selbstverständlich einen geringen Gewinn. Wer jedoch zu viele Bäume abholzte, würde nach wenigen Runden bereits alle Ressourcen verbraucht haben. Erstaunlicherweise erzielten Mannschaften, die zuvor als gering materialistisch orientiert eingestuft wurden, die höchsten Gewinne.[80]

In vielen Bereichen unseres täglichen Lebens können wir auch anders handeln. Stellvertretend für viele interessante Alternativen (genannt sei hier beispielsweise die Gemeinwohl-Ökonomie) könnten hier etwa angeführt werden: die bedingungslose Liebe, die induktive Erziehung und das kooperative Lernen, gleichsam als Antwort auf die Zustandsbeschreibung der Erziehung und der Schule.

Die Gefahren des weit verbreiteten Erziehungsmodells, das propagiert, die elterliche Liebe an Bedingungen zu knüpfen, wurde bereits dargestellt. Eine Alternative bietet der Ansatz der bedingungslosen Liebe: »Eine Liebe, die an keine Bedingungen geknüpft ist, entspricht einer tiefen Sehnsucht nicht nur des Kindes, sondern eines jeden menschlichen Wesens«, erkannte Erich Fromm bereits im Jahr 1956.

Alfie Kohn stellt das Erziehungskonzept der bedingungslosen Liebe in seinen äußerst lesenswerten Büchern *Liebe und Eigenständigkeit* und *Der Mythos des verwöhnten Kindes* ausführlich dar. Er weist nach, dass gerade die Bedingungslosigkeit, die für jeden Anhänger des kapitalistischen Menschenbildes ein Grauen sein muss, sich als Garant für psychische Gesundheit erweist, insbesondere weil das Kind auf eine bedingungslose Liebe vertrauen kann und ein entsprechend solides Selbstwertgefühl entwickeln kann.[81]

Während zahlreiche Studien die positiven Seiten der bedingungslosen Liebe belegen und ebenso viele Studien die destruktive Seite der elterlichen Liebe aufzeigen, die an Bedingungen geknüpft ist, findet sich in der Forschung für das heftig geschmähte Konzept einer bedingungslosen Liebe keine Studie, die deren negative Folgen nachweisen kann, wie Alfie Kohn bemerkt.[82]

Ein Erziehungskonzept, das sehr gut mit der bedingungslosen Liebe kompatibel ist, stellt die Induktion dar. Ihr Ansatz basiert auf der Idee, dass man mit dem Kind über die Auswirkung seines Verhaltens und den Sinn von kooperativem Verhalten spricht. Das Kind wird ermuntert, die Perspektive des anderen einzunehmen und sich das Unrecht bewusst vor Augen zu führen, das es einem anderen zugefügt hat. Zudem wird es für sein Handeln getadelt, ohne es jedoch zu verurteilen, indem man es als »böse« bezeichnet.[83] Dann zeigt man ihm in einem zweiten Schritt, wie es das begangene Unrecht wieder gutmachen kann.[84] Studien zeigen eindeutig, dass Kinder zum Altruismus motiviert werden können. Sie sind altruistischer, wenn man ihnen vermittelt, dass sie zum Altruismus fähig und dass sie »lieb« sind. Generell reagieren Kinder sensibler auf den Ruf der Empathie als auf abstrakte Moralideen.[85]

Studien belegen auch, dass die induktive Erziehung die Internalisierung sozialer Normen und Werte ermöglicht.[86] Der autoritäre Erziehungsstil hingegen führt, wie Michael Tomasello betont, »zu weniger Verinnerlichung von Werten (…) und damit zu strategischem Befolgen von Normen«.[87]

Ein Erziehungsstil hingegen, der Liebe und Regeln verbindet, hat allgemein positive Auswirkungen auf das Kind. Er führt zu einer größeren inneren Ausgeglichenheit, guten Beziehungen zu seiner Umgebung und nicht zuletzt auch besseren schulischen Leistungen.[88]

Nicht zuletzt führt dieser Umgang mit dem Kind auch zu gesundem Selbstvertrauen und psychischer Stabilität. Entgegen dem Irrglauben, das Kind müsse sein eigenes Scheitern erleben, um später erfolgreich zu sein, hilft ein natürliches Selbstvertrauen dem Kind viel besser, natürlicher und ohne Nebenwirkungen, um schlechte Ergebnisse zu überstehen.[89] Der Psychologe Arthur Combs präzisiert: »In Wahrheit ist die beste Gewähr dafür, dass eine Person in der Zukunft mit Problemen zurande kommt, die, dass sie in der Vergangenheit Erfolg hatte. Dass sie fähig sind, lernen Menschen nicht durch Scheitern, sondern durch Erfolg.«[90]

Eine beeindruckende Alternative in der Schule ist das kooperative Lernen (nicht zu verwechseln mit den klassischen Gruppenarbeiten). In kleinen Gruppen arbeiten die Schüler miteinander. Sie helfen sich gegenseitig, motivieren sich und loben einander. Bei komplizierten Aufgaben können die Schüler nur gemeinsam das Ziel erreichen, so- dass sie auch darüber nachdenken sollen, wie sie am geschicktesten die Aufgaben verteilen. Kooperatives Lernen wird häufig bewusst in Gruppen genutzt, die unterschiedliche Niveaus aufweisen. Matthieu Ricard beschreibt die Grundidee des kooperativen Lernens: »Mit, durch und für die anderen lernen, aber nicht allein gegen die anderen.«[91]

Interessanterweise wurden die besten Erfahrungen erreicht, wenn Fähigkeiten, Geschlecht, kulturelle Herkunft und Motivation in der

Gruppe unterschiedlich waren.[92] (Dieses Ergebnis korrespondiert mit den überraschenden Resultaten beim sogenannten Schülertutorenprogramm. Nachdem ein Schüler sich mit einem Lehrer vorbereitet hat, hilft er als Tutor einem jüngeren Mitschüler. Erstaunlicherweise macht hierbei nicht nur der unterrichtete Schüler Fortschritte, sondern auch sein Tutor.)[93]

Das kooperative Lernen entspricht nicht nur eher der Natur des Menschen, sondern einmal mehr erzielt es auch bessere Ergebnisse. Zu diesem Resultat kommt eine Metaanalyse von 158 Studien aus dem Zeitraum 1970 bis 2000. In allen betrachteten Kategorien schnitt das kooperative Lernen signifikant besser ab als individuelles Lernen oder Lernen in einer Konkurrenzsituation.[94]

Ganz allgemein gilt auch: Ein Schulumfeld, dass durch menschliche Grundwerte bestimmt wird, führt unmittelbar zu besseren Schulleistungen. Zudem sind sowohl Schüler als auch Lehrer zufriedener.[95] Und wenn Lehrer Empathie zeigen, erhöht sich das Leistungsniveau der Schüler, und Gewalt und Vandalismus gehen an der Schule zurück.[96]

Es geht also auch anders. Da wir lange, zu lange Zeit in die falsche Richtung gelaufen sind, stehen wir verständlicherweise erst am Anfang einer Umkehr. Es bedarf sicherlich noch weiterer Forschungen, aber die richtige Richtung dürfte schon jetzt hinreichend klar sein. Die Studienergebnisse machen Mut, dass eine Alternative möglich und auch zu verwirklichen ist. Nötig ist in jedem Fall schon jetzt, einen Anfang zu machen.

So ist der Mensch!

Das Ergebnis gelingender Kooperation hieße:
Menschlichkeit.

Joachim Bauer[97]

Wir sind am Ende einer langen und faszinierenden Reise angekommen. Es sollte uns nachdenklich stimmen, wie negativ verzerrt und ideologisch verbrämt das Menschenbild ist, dem wir tagtäglich begegnen und das uns inzwischen ebenso natürlich wie selbstverständlich erscheint. Tatsächlich ist der Mensch von Natur aus deutlich altruistischer als egoistisch, deutlich mehr auf Kooperation als auf Konkurrenz angelegt und deutlich weniger materialistisch, als viel zu oft behauptet wird.

Es ist erstaunlich: Der Mensch täuscht sich offenbar über etwas so Fundamentales wie seine eigene Natur. Wir erzählen uns täglich eine falsche Geschichte über niemand anderes als uns selbst!

Wir wissen, wie gefährlich eine solche Geschichte sein kann und wie groß die zerstörerische Kraft ist, die einer sich selbst erfüllenden Prophezeiung innewohnt. Die Annahme, der Mensch sei von Natur aus egoistisch, ruft schnell präventiv egoistisches Verhalten hervor, das sich gar wechselseitig verstärken kann. In einem System mit konkurrenzbetonten Werten verhalten sich Menschen entsprechend und festigen das System.[98] Wenn hingegen der Glaube vorherrscht, die anderen Menschen kooperieren, dann ist die Kooperationsbereitschaft jedes Einzelnen hoch.[99] Und erklärt man einem Menschen, er sei altruistisch, steigert das nachweisbar sein altruistisches Verhalten.[100]

Daher ist es überlebenswichtig, sich der falschen Geschichte, die wir vom Menschen und damit letztlich auch von uns selbst haben, zu entledigen und sich die wirkliche Geschichte von der wahren Natur des Menschen zu erzählen.

David C. Korten, ehemaliger Dozent an der Harvard Business School, hat die fundamentale Bedeutung des Geschichtenerzählens für eine Gesellschaft herausgearbeitet: »Wir Menschen orientieren uns an Geschichten. Wer auch immer die Geschichten einer Gesellschaft bestimmt, bestimmt auch ihre Zukunft.«[101]

Auf der Suche nach einer Geschichte, die der Menschheit die Türen für eine lebenswerte Zukunft öffnen könnte, formulierte er folgende vier Bedingungen:

> »Sie muss dem Leben Sinn und Zweck geben. Sie muss uns einen Grund zu der Annahme geben, dass notwendige Veränderungen auch im Angesicht starken Widerstands möglich sind. Sie muss unseren Glaubenssatz infrage stellen, dass wir von unserer Natur her individualistisch, gierig und konkurrierend sind. Und, zu guter

Letzt, muss sie die Richtung weisen, hin zu einer tragfähigen menschlichen Zukunft.«[102]

Die Geschichte über die wahre Natur des Menschen entspricht diesen Anforderungen vollkommen. Der Mensch ist von Natur aus mit vielen mitmenschlichen Eigenschaften beschenkt worden. Er ist auch mit der Fähigkeit zur positiven Ansteckung seiner Mitmenschen gesegnet: Altruistisches Verhalten erzeugt Altruismus. Kooperatives Verhalten erzeugt Kooperation. Vertrauen erzeugt Vertrauen.

Anstatt also weiterhin blind den Mythos des kapitalistischen Menschenbildes zu verinnerlichen und ohnmächtig zuzusehen, wie die Menschheit gleich einer sich selbst erfüllenden Prophezeiung tatsächlich zunehmend diesem Menschenbild entspricht und sich mehr und mehr egoistisch und konkurrenzorientiert verhält, sollten wir die wirkliche Natur des Menschen wiederentdecken und leben.

Daher müssen die gesellschaftlichen Rahmenbedingungen und wirtschaftlichen Strukturen, welche auf dem kapitalistischen Menschenbild basieren und dieses verstärken, um- und abgebaut werden. Sei es in der Familie, sei es in der Schule, sei es am Arbeitsplatz, sei es in der Wirtschaft oder bei den sozialen Sicherungssystemen.

Wir stehen heute vor der Wahl: Entweder gestehen wir offen ein, dass wir das Wirtschaftssystem nicht ändern können. Dann sollten wir aber endlich so ehrlich sein und zugeben, dass dieses fundamental der Natur des Menschen widerspricht und diese zersetzt. Oder wir beginnen endlich, die Wirtschaft dergestalt umzubauen, dass sie der Natur des Menschen entspricht und sich der Mensch nicht mehr pervertieren muss, um sich der Natur der Wirtschaft anzupassen.

Stell dir vor, es ist Kapitalismus, aber keiner lebt nach seinen Maximen. Das wäre sein Ende. Ein wirklichkeitsferner Traum? Vielleicht. Aber wenn es nicht gelingt, die tief verinnerlichten ›kapitalistischen‹ Denk-, Gefühls- und Handlungsmuster zu überwinden, können die Menschen noch so viel am System herumschrauben – sie werden keines ihrer Probleme lösen.

Meinhard Miegel[103]

Dank

Ohne die Hilfe und Unterstützung einiger Menschen, die mich während der zweijährigen Arbeit an diesem Buch begleitet haben, wäre das Buch, das Sie in den Händen halten, nicht möglich gewesen.

Einen ausdrücklichen Dank möchte ich meinem Vater aussprechen, der sich viel Zeit genommen hat, um die Seiten des ursprünglich noch viel umfangreicheren Buches mit Argusaugen durchzulesen und mit konstruktiver Kritik nicht zu sparen. Auch bei meiner Mutter und meinen Geschwister möchte ich mich bedanken. Jeder hat auf seine Weise zu dem Buch beigetragen und ganz unschuldig an meinem Interesse für das Thema des Buches dürften sie auch nicht sein.

Mein ganz besonderer Dank gilt Sven Böttcher für seine detaillierte Kritik und seine wichtigen Hinweise, um trotz aller wichtigen Details nicht das Ziel aus den Augen zu verlieren. Ebenfalls bedanken möchte ich mich bei Fabian von Freier für seine wichtigen Anmerkungen und Gedanken, bei Kai Brüggemann für unsere Diskussionen und bei Mathias Bröckers für seine Unterstützung.

Das vorliegende Buch wäre sicherlich auch nicht zustande gekommen, wenn Regine Naeckel mir nicht das Vertrauen entgegengebracht hätte, um für mich die Tür zum Journalismus zu öffnen. Ein entscheidender Anstoß war auch die jahrelange Arbeit an dem russisch-deutschen Dialogprojekt zum Zweiten Weltkrieg »Horchposten 1941«, das ich gemeinsam mit Jochen Langner realisieren durfte und das niemals stattgefunden hätte, wenn Sabine Küchler uns nicht Vertrauen geschenkt hätte und von der Bedeutung des Dialogs überzeugt gewesen wäre.

Beschäftigt man sich intensiv mit Altruismus, Kooperation und dem menschlichen Bedürfnis nach Gemeinschaft, erkennt man schnell, welche zwei Gruppen ebenfalls noch einen besonderen Dank verdienen: alle meine Freunde und selbstverständlich Xuân, Maxim, Mai-Linh und Phi-Linh, denen ich das Buch gewidmet habe.

Wir sind gleichsam Zwerge, die auf Schultern von Riesen sitzen. Diese alte Weisheit gilt auch für dieses Buch. Ich habe viele wichtige und informative Bücher während meiner Recherche lesen dürfen, die im Literaturverzeichnis zu finden sind. Ganz besonders herausheben möchte ich die Werke von Matthieu Ricard, Patrice Lecomte, Richard David Precht und Joachim Bauer, die für mich ausgesprochen hilfreich waren.

Literatur- und Siglen-Verzeichnis

Anderson, Geraint: *Cityboy*, München 2009. (Anderson)

Ardrey, Robert: *African Genesis. A personal investigation into the animal origins and nature of man*, New York 1961. (Ardrey)

Axelrod, Robert: *Die Evolution der Kooperation*, München 2009. (Axelrod)

Bartens, Werner: *Empathie: Die Macht des Mitgefühls: Weshalb einfühlsame Menschen gesund und glücklich sind*, München 2015. (Bartens)

Bauer, Joachim: *Das Gedächtnis des Körpers. Wie Beziehungen und Lebensstile unsere Gene steuern*, München 2007. (Bauer: Gedächtnis)

Bauer, Joachim: *Prinzip Menschlichkeit. Warum wir von Natur aus kooperieren*, München 2011. (Bauer: Menschlichkeit)

Bauer, Joachim: *Schmerzgrenze. Vom Ursprung alltäglicher und globaler Gewalt*, München 2011. (Bauer: Schmerzgrenze)

Bauer, Joachim: *Warum ich fühle, was du fühlst. Intuitive Kommunikation und das Geheimnis der Spiegelneuronen*, München 2006. (Bauer: Warum)

Bauman, Zygmunt: *Leben als Konsum*, Hamburg 2009. (Bauman)

Becker, Gary S.: *Ökonomische Erklärung menschliches Verhaltens*, Tübingen 1982. (Becker)

Bernays, Edward: *Propaganda. Der Kunst der Public Relations*, Berlin 2011. (Bernays)

Berreby, David: *Us and Them. The Science of Identity*, London 2006. (Berreby)

Botsman, Rachel; Rogers, Roo: *What's Mine is Yours. How Collaborative Consumption is Changing the Way We Live*, London 2011. (Botsman, Rogers)

Breithaupt Fritz: *Kulturen der Empathie,* Frankfurt am Main 2009. (Breithaupt)
Buber, Martin: *Ich und Du*, Stuttgart 2014. (Buber)
Bueb, Bernhard: *Lob der Diziplin. Eine Streitschrift*, Berlin 2008. (Bueb)
Christakis, N.A. und Fowler, J.H.: *Die Macht sozialer Netzwerke. Wer uns wirklich beeinflusst und warum Glück ansteckend ist,* Frankfurt am 2011. (Christakis, Fowler)
Crouch, Colin: *Die bezifferte Welt. Wie die Logik der Finanzmärkte das Wissen bedroht*, Berlin 2015. (Crouch)
Damasio, Antonio: *Am Anfang war das Gefühl. Der biologische Ursprung menschlicher Kultur*, München 2017. (Damasio)
Dawkins, Richard: *Das egoistische Gen*, Heidelberg 2007. (Dawkins)
Diamond, Jared: *Kollaps*, Frankfurt am Main 2011. (Diamond)
D'Souza, Dinesh: *What's So Great About Christianity*, Washington DC 2007. (D'Souza)
Felber, Christian: *Gemeinwohl-Ökonomie. Eine demokratische Alternative wächst*, Wien 2012. (Felber)
Freud, Sigmund: *Die Traumdeutung,* London 1948. (Freud: Traumdeutung)
Freud, Sigmund: *Das Unbehagen in der Natur*, London 1948. (Freud: Unbehagen)
Fromm, Erich: *Haben oder Sein. Die seelischen Grundlagen einer neuen Gesellschaft*, München 1995. (Fromm: Haben)
Fromm, Erich: *Humanismus als reale Utopie. Der Glaube an den Menschen*, München 1992. Frankfurt am Main 1979. (Fromm: Utopie)
Fromm, Erich: *Die Kunst des Liebens.* (Fromm: Liebe)
Fromm, Erich: *Die Pathologie der Normalität. Zur Wissenschaft vom Menschen*, München 1991. (Fromm: Pathologie)
Goleman, Daniel; Davidson, Richard J.: *Altered Traits. Science Reveals How Meditation Changes Your Mind, Brain, and Body*, New York 2017. (Goleman, Davidson)
Greenwald, Glenn: *No Place to Hide. Edward Snowden, the NSA and the Surveillance State*, London 2014. (Greenwald)
Gruen, Arno: *Der Verlust des Mitgefühls. Über die Politik der Gleichgültigkeit*, München 2015. (Gruen)
Harari, Yuval Noah: *Eine kurze Geschichte der Menschheit*, München 2015. (Harari: Geschichte)

Harari, Yuval Noah: *Homo Deus. Eine Geschichte von Morgen*, München 2017. (Harari: Deus)

Hobbes, Thomas: *Vom Bürger. Vom Menschen*, Hamburg 2017. (Hobbes: De cevi)

Hobbes, Thomas: *Leviathan*, Ditzingen 1986. (Hobbes: Leviathan)

Houellebecq, Michel: *Die Ausweitung der Kampfzone*, Berlin 2012. (Houellebecq)

Jung, Carl Gustav: *Gegenwart und Zukunft*, Olten 1986. (Jung)

Kahneman, Daniel: *Schnelles Denken, langsames Denken*, München 2011. (Kahneman)

Kasser, Tim: *The High Price of Materialism*, London 2002. (Kasser)

Kast, Bas: *Ich weiß nicht, was ich wollen soll. Warum wir uns so schwer entscheiden können und wo das Glück zu finden ist*, Frankfurt am Main 2012. (Kast)

Keysers, Christian: *Unser empathisches Gehirn. Warum wir verstehen, was andere fühlen*, München 2014. (Keysers)

Klein, Stefan: *Der Sinn des Gebens. Warum Selbstlosigkeit in der Evolution siegt und wir mit Egoismus nicht weiterkommen*, Frankfurt am Main 2011. (Klein)

Kohn, Alfie: *No Contest: The Case Against Competition: Why We Lose in Our Rae to Win*, New York 1986. (Kohn: No contest)

Kohn, Alfie: *Der Mythos des verwöhnten Kindes. Erziehungslügen unter die Lupe genommen*, Weinheim und Basel 2005. (Kohn: Mythos)

Kohn, Alfie: *Liebe und Eigenständigkeit. Die Kunst bedingungsloser Elternschaft, jenseits von Belohnung und Bestrafung*, Freiburg 2018. (Kohn: Liebe)

Korten, David C.: *Change the Story. Change the Future. Weltsichten und ökonomischer Wandel*, Phänomen-Verlag 2015. (Korten)

Kropotkin, Peter: *Gegenseitige Hilfe. In der Tier- und Menschenwelt*, Trotzdem Verlagsgenossenschaft 2011. (Kropotkin)

Lecomte Jacques: *La Bonté humaine. Altruisme, empathie, générosité*, Paris 2012. (Lecomte)

Leo, Steinbeis, Zorn: *Mit Rechten reden. Ein Leitfaden*, Stuttgart 2017. (Leo, Steinbeis, Zorn)

Lorenz, Konrad: *Das sogenannte Böse. Zur Naturgeschichte der Aggression*, München 2016. (Lorenz)

Margulis, Lynn: *Der symbiotische Planet oder Wie die Evolution wirklich verlief*, Frankfurt am Main 2017. (Margulis)

Mason, Paul: *Postkapitalismus. Grundrisse einer kommenden Ökonomie*, Berlin 2016. (Mason)

Mau, Steffen: *Das metrische Wir. Über die Quantifizierung des Sozialen*, Berlin 2017. (Mau)

Miegel, Meinhard: *Exit. Wohlstand ohne Wachstum*, Berlin 2010. (Miegel: Exit)

Miegel, Meinhard: *Hybris. Die überforderte Gesellschaft*, Berlin 2014. (Miegel: Hybris)

Mirowski, Philip: *Untote leben länger. Warum der Neoliberalismus nach der Krise noch stärker wird*, Berlin 2015. (Mirowski)

Naish, John: *Genug. Wie Sie der Welt des Überflusses entkommen*, Köln 2008. (Naish)

Nowak, Martin A. mit Highfield, Roger: *Kooperative Intelligenz. Das Erfolgsgeheimnis der Evolution*, München 2013. (Nowak)

Ostrom, Elinor: *Was mehr wird, wenn wir teilen. Vom gesellschaftlichen Wert der Gemeingüter*, München 2012. (Ostrom)

Pickett, Kate und Wilkinson, Richard: *Gleichheit ist Glück: Warum gerechte Gesellschaften für alle besser sind*, Berlin 2009. (Pickett, Wilkinson)

Pinker, Steven: *Gewalt. Eine neue Geschichte der Menschheit*, Frankfurt am Main 2011. (Pinker)

Popper, Karl: *Vermutungen und Widerlegungen: Das Wachstum der wissenschaftlichen Erkenntnis*, Teilband 1. Tübingen 1994. (Popper)

Precht, Richard David: *Die Kunst, kein Egoist zu sein. Warum wir gerne gut sein wollen und was uns davon abhält*, München 2012. (Precht: Egoist)

Precht, Richard David: *Anna, die Schule und der liebe Gott. Der Verrat des Bildungssystems an unseren Kindern*, München 2015. (Precht: Schule)

Precht, Richard David: *Jäger, Hirten, Kritiker*, München 2018. (Precht: Jäger)

Radermacher, Franz Josef: *Welt mit Zukunft. Die ökosoziale Perspektive*, Hamburg 2011. (Radermacher)

Rand, Ayn: *Die Tugend des Egoismus. Eine neue Auffassung des Egoismus*, Jena 2015. (Rand)

Ricard, Matthieu: *Allumfassende Nächstenliebe. Altruismus – die Antwort auf die Herausforderungen unserer Zeit*, Hamburg 2017. (Ricard)

Richter, Frank: *Hört endlich zu! Weil Demokratie Auseinandersetzung bedeutet*, Berlin 2018. (Richter)

Rifkin, Jeremy: *Die emphatische Zivilisation. Das Internet der Dinge, kollaboratives Gemeingut und der Rückzug des Kapitalismus*, Frankfurt am Mai 2014. (Rifkin)

Rizzolatti, Giacomo und Sinigaglia, Corrado: *Empathie und Spiegelneuronen. Die biologische Basis des Mitgefühls*, Frankfurt am Main 2008. (Rizzolatti, Sinigaglia)

Rosa, Hartmut: *Resonanz. Eine Soziologie der Weltbeziehung*, Berlin 2016. (Rosa)

Rousseau, Jean-Jacques: *Abhandlung über den Ursprung und die Grundlagen der Ungleichheit unter den Menschen.* Ditzingen 1998. (Rousseau)

Sapolsky, Robert: *Gewalt und Mitgefühl. Die Biologie des menschlichen Verhaltens*, München 2017. (Sapolsky)

Schirrmacher, Frank: *Ego. Das Spiel des Lebens*, München 2013. (Schirrmacher)

Schlieter, Kai: *Die Herrschaftsformel. Wie Künstliche Intelligenz uns berechnet, steuert und unser Leben verändert*, Frankfurt am Main 2015. (Schlieter)

Schopenhauer, Arthur: *Über die Grundlagen der Moral*, in: *Kleinere Schriften II*. 1840. (Schopenhauer)

Sedlacek, Tomas: *Die Ökonomie von Gut und Böse*, München 2012. (Sedlacek)

Sedlacek, Tomas und Tanzer, Oliver: *Die Dämonen des Kapitals. Die Ökonomie auf Freuds Couch*, München 2017. (Sedlacek, Tanzer)

Sen, Amartya: *Ökonomie für den Menschen. Wege zu Gerechtigkeit und Solidarität in der Marktwirtschaft*, München 2007. (Sen)

Sennett, Richard: *Zusammenarbeit. Was unsere Gesellschaft zusammenhält*, Berlin 2012. (Sennett)

Skidelsky, Robert: *Die Rückkehr des Meisters. Keynes für das 21. Jahrhundert*, München 2010. (Skidelsky)

Singer, Tania: *Mitgefühl in der Wirtschaft*, München 2015. (Singer)

Spitzer, Manfred: *Digitale Demenz. München 2012. (Spitzer)*

Sußebach, Henning: *Liebe Sophie! Brief an meine Tochter*, Freiburg im Breisgau 2013. (Sußebach)

Tomasello, Michael: *Eine Naturgeschichte des menschlichen Denkens*, Berlin 2014. (Tomasello: Denken)

Tomasello Michael: *Eine Naturgeschichte der menschlichen Moral*, Berlin 2016. (Tomasello Moral)

Tomasello, Michael: *Warum wir kooperieren?* Berlin 2012. (Tomasello Kooperation)

Triebel, Claas und Hürter, Tobias: *Kunst des kooperativen Handelns. Eine Agenda für die Welt von morgen*, Zürich 2012. (Triebel, Hürter)

Veiel, Andres: *Der Kick. Ein Lehrstück über Gewalt*, München 2009. (Veiel)

Verhaege, Paul: *Und ich? Identität in einer durchökonomisierten Gesellschaft*, München 2013. (Verhaege)

Welzer, Harald und Wiegandt, Klaus (Hrsg.): *Perspektiven einer nachhaltigen Entwicklung. Wie sieht die Welt im Jahr 2050 aus?* Frankfurt am Main 2011. (Welzer, Wiegandt)

Welzer, Harald: *Der FuturZwei Zukunftsalmanach 2015–16. Geschichten vom guten Umgang mit der Welt.* Frankfurt am Main 2014. (Welzer: FuturZwei)

Wette, Wolfram (Hrsg.): *Zivilcourage. Empörte, Helfer und Retter aus Wehrmacht, Polizei und SS,* Frankfurt am Main 2004. (Wette)

Zweig, Stefan: *Ungeduld des Herzens*, Frankfurt am Main 1939. (Zweig)

Das Verzeichnis der verwendeten Studien, Dokumente und Artikel finden Sie unter:

www.westendverlag.de/buch/die-wiederentdeckung-des-menschen/

Anmerkungen

1 Miegel, 17.08.2014.

Einführung: Die Menschen sind nun mal so!

1 Youtube.com: Milton Friedman – Greed.
Da uns im Verlauf unserer Reise eine ganze Reihe von Nobelpreisträgern der Wirtschaftswissenschaften begegnen werden, verzichten wir auf die Verwendung des korrekten Begriffes »Alfred-Nobel-Gedächtnispreis für Wirtschaftswissenschaften«, um den Lesefluss nicht zu stark zu behindern.
2 Youtube.com: The Levin interviews – Friedrich Hayek (Bei 5 Minuten und 45 Sekunden.)
3 Zitiert nach: Ricard, 112.
4 Foster, 01.09.2015.
5 McFadden, 04.09.2005. Rosenblatt, Rainey, 27.09.2005. BBC, 02.09.2005. Lee, 26.08.2010.
6 Final Report, 15.02.2006. Thevenot, Russell, 26.09.2005. BBC, 04.09.2005.
7 BBC, 02.09.2005. McFadden, 04.09.2005.
8 Lecomte, 24.
9 Final Report, 15.02.2006.
10 Rosenblatt, Rainey, 27.09.2005.
11 Thevenot, Russell, 26.09.2005.
12 Thevenot, Russell, 26.09.2005.
13 Guarino, 23.08.15. CBC Radio, 28.08.15.
14 NBC, 11.09.2005.
15 Zitiert nach: Ricard, 112.
16 Quarantelli (2008).
17 Glass (2001).
18 Glass (2001).
19 Auf der Heide (2004).
20 Auf der Heide (2004).
21 Hayes, 02.10.2017. Victor, 03.10.2017. CNN, 03.10.2017. Spiegel Online, 17.03.2019.
22 Auf der Heide (2004).

1 Deformiertes Menschenbild

1 Houellebecq, 124 f.
2 Rousseau, 115 ff., Anmerkung IX.
3 Hobbes Leviathan, 13, 105.
4 Hobbes De cive, 83.
5 Schopenhauer, 196.
6 Ricard, 320.
7 Ricard 321.
8 Zitiert nach: Ricard, 322.
9 Zitiert nach: Ricard, 322.
10 Freud Unbehagen, 25 f.
11 Freud: Traumdeutung, 256.
12 Jung, 327.
13 Zitiert nach: Ricard, 137.
14 Zitiert nach: Singer 17.
15 Zitiert nach: Sedlacek, 237.
16 Amartaya Sen: »Smiths Beispiel ist daher auch eines der herausstechenden Exempel für die posthume, radikale Verfälschung großartiger Denker im Dienste ideologischer Konstrukte.« (Zitiert nach: Sedlacek, Tanzer, 82). Storbeck, Häring, 30.09.12.
17 Dawkins, 37.
18 Zitiert nach: Bauer: Menschlichkeit, 97 f.
19 Darwin, 138.
20 Darwin, 82.
21 Darwin, 93.
22 Zitiert nach: Kropotkin, 27 f.
23 Armitstead, 20.07.17.
24 Dawkins, 37, 30.
25 Dawkins, 87, 251. Dawkins betont allerdings selbst, dass er seine Bilder, die er zur Beschreibung wählt, der Anschaulichkeit halber aussucht und nicht von bewussten Motiven spricht: »Niemand behauptet, dass Kinder wegen der eigennützigen Gene, die sie in sich tragen, absichtlich und bewusst ihre Eltern täuschen.« (Dawkins, 242).
26 Dawkins, 230.
27 Wenn man von Dawkins Bewunderung für das Blutspenden absieht: »Mag sein, das ich naiv bin, aber ich fühle mich versucht, Blutspenden als einen echten Fall von reinem, uneigennützigen Altruismus anzusehen.« (Dawkins, 379).
28 Dawkins, 38.
29 Schirrmacher, 137.
30 Bueb, 96.
31 Rifkin, 211.
32 Rifkin, 251.
33 Bartens, 142.
34 Bartens, 141.
35 Zitiert nach: Harari: Deus, 124 f.
36 Ricard, 190 f.
37 Rifkin, 60. Ricard, 238.
38 Rifkin, 61.

39 Lee et al. (2014). Pany, 14.03.14.
40 Bueb, 16 f.
41 Bueb, 83.
42 Bueb, 55.
43 Bueb, 88.
44 Bartens, 140.
45 Zitiert nach: Bartens, 140.
46 Schirrmacher, 25.
47 Schirrmacher, 62.
48 Der britische Dokumentarfilmer Adam Curtis hat mit dem zweiten Teil seines BBC-Dreiteiler »The Task« hierüber einen sehr sehenswerten Beitrag geleistet.
49 Schirrmacher, 64.
50 Adam Curtis: The Task II. Bei Minute 56.
51 Schirrmacher, 68.
52 Schirrmacher, 73. Dabei entging 1983 die Welt um Haaresbreite der atomaren Apokalypse. Nur dank des hellsichtigen Stanislaw Petrow wurde die Welt, wie man inzwischen weiß, während der NATO-Übung »Able Archer« vor der nuklearen Apokalypse bewahrt. Vgl. Ingeborg Jacobs: Stanislaw Petrow: Der Mann, der den Dritten Weltkrieg verhindert. Bidder, 21.04.10.
53 Adam Curtis: The Task II. Bei 27 Minuten.
54 Zitiert nach: Schirrmacher, 63.
55 Schirrmacher, 67.
56 Schirrmacher, 24.
57 Schirrmacher, 88.
58 Collier, 24.
59 Zitiert nach: Kahneman, 331.
60 Sedlacek 280. An einer anderen Stelle erklärt Sedlacek: »Bis zum heutigen Tag kann man die Ökonomen durch eben diese Frage zum Wahnsinn treiben: ›Wenn die Leute ihren Nutzen maximieren – was hat man dann unter Nutzen zu verstehen?‹« (Sedlacek, 159).
61 Kahneman, 438 f., 474.
62 Becker 7, 10.
63 Peukert, Rebhan (2018).
64 Der Wirtschaftswissenschaftler Fritz Machlup schlug den Begriff »homunculus oeconomicus« vor, um auf diese Weise zu betonen, »dass er keinen aus einem Mutterleib geborenen Menschen darstellen sollte, sondern eine aus einer Gedankenretorte erzeugte abstrakte Marionette, mit bloß ein paar menschlichen Zügen ausgestattet, die für bestimmte Erklärungszwecke ausgewählt wurden.« Starbatty (1999).
65 Ubel, 15.12.14.

2 Der Mensch, das soziale Wesen

1 Ricard, 303.
2 Keysers, 15.
3 Zitiert nach: Keysers, 17.
4 Keysers, 18.
5 Bauer: Warum, 31.

6 Keysers, 48, 51 f. Bauer: Warum, 24.
7 Bauer: Warum, 24.
8 Bauer: Warum, 40 f.
9 Rizzolatti, Sinigaglia, 11.
10 Hutchison et al. (1999). Bauer: Warum, 47.
11 Singer et al. (2004b). Bauer: Warum, 47
12 Sandra Blakeslee, 10.01.06. Rifkin, 72.
13 Dimberg (1990). Dimberg et al. (2000). Dimberg, Thunberg (2008). Bauer: Warum, 9 f. Bartens, 77.
14 Bauer: Warum, 10.
15 Bauer: Warum, 92, 98.
16 Bauer: Warum, 12.
17 Stephens et al. (2010). Ricard, 78 f.
18 Stephens et al. (2010). Ricard, 79.
19 Bauer: Warum, 119.
20 Bauer: Warum, 57 f.
21 Zitiert nach: Breithaupt, 44.
22 Zitiert nach: Bauer: Warum, 119.
23 Bauer: Warum, 61 ff.
24 Bauer: Gedächtnis, 65.
25 Bauer: Warum, 70 f.
26 Bauer: Warum, 70, 57.
27 Bauer: Warum, 62.
28 Bauer: Warum, 62. Auf ein weiteres Problem ist aufmerksam zu machen: Die technische Entwicklung und gerade die immer längere Fixierung auf unserere Smartphone, Laptops und Flatscreens birgt die Gefahr, dass die Funktion der Spiegelneuronen verkümmert. Christian Keysers warnt daher eindringlich: »Jede vor dem Fernseher verbrachte Stunde (ist) eine Stunde weniger in Gegenwart eines reagierenden Menschen. So erlebt das Kind seltener, dass beobachtete Gesichts- und Körperbewegungen den eigenen Zuständen entsprechen.« (Keyers, 216)
29 Rifkin, 70.
30 Keysers, 15, 14.
31 Keysers, 77.
32 Bauer: Mensch, 36.
33 Sapolksy, 251.
34 Moll et al. (2006)
35 William T. Harbaugh et al. (2007).
36 Rilling et al. (2002). Singer et al. (2004a).
37 Tabibnia et al. (2008). Lecomte, 277.
38 Ji-Woong et al. (2009). Lecomte, 273.
39 Kosfeld et al. (2005). In der Wissenschaft wurden inzwischen Zweifel an Experimenten geäußert, in denen Oxytocin in Form eines Nasensprays verabreicht wurde. Christian Wolf, 10.01.17.
40 Pickett, Wilkinson, 224. Bauer: Menschlichkeit, 48. Kosfeld et al. (2005). Bartens, 166.
41 Bauer: Menschlichkeit, 48.
42 Bartens, 201. Domes et al. (2006). Krueger et al. (2012).
43 Bartens, 163.

44 Bauer: Menschlichkeit, 52.
45 Bauer: Menschlichkeit, 51. Pickett, Wilkinson, 214. Zak et al. (2004).
46 Bauer: Menschlichkeit, 57.
47 Sapolksy, 151.
48 Bauer: Menschlichkeit, 47.
49 Zitiert nach: Sen, 86.
50 Ricard, 303.
51 Zitiert nach: Lecomte 282.
52 Bauer: Warum, 51.
53 Zitiert nach: Bartens, 133.
54 Buber, 28
55 Fromm: Lieben, 24.
56 Eisenberger et al. (2003), Eisenberger, Lieberman (2004), Eisenberger (2012).
57 Bartens 129, 240.
58 Bauer: Schmerzgrenze, 110.
59 Gruen, 69.
60 Gruen, 85.
61 Bauer: Warum, 108.
62 Sapolsky, 250.
63 Rifkin, 28.
64 Rötzer, 23.09.17. Spiegel Online, 17.01.18.
65 Franceinfo, 15.09.17. Fondation de France, 14.09.17. Pany, 17.09.17.
66 Bartens, 54.
67 Bartens 55, 71. Monbiot, 14.10.14. Zu ähnlichen Ergebnissen kommt auch eine Metastudie, die in der Zeitschrift Heart des British Medical Journal veröffentlicht wurde.
68 Holt-Lunstad et al. (2010). Rötzer, 08.08.17. Spiegel Online, 28.07.10.
69 Harlow (1958).
70 Bauer: Gedächtnis, 47.
71 Bauer: Gedächtnis, 177.
72 Gursul et al. (2018).
73 Rosa, 88.
74 Bauer: Gedächtnis, 70.
75 Baker et al. (2003). Bartens, 116.
76 American Psychological Association, 05.08.17. Holt-Lunstad et al. (2010)
77 Berkman, Syme (1979). House et al. (1988).
78 Bauer: Menschlichkeit, 59f., Bauer: Warum, 62.
79 Dawkins, 38.
80 Matthew Robison, 01.09.14. Die Welt, 19.06.09, Sapolsky, 104. Susan Guibert, Jp Shortal, 27.02.13. Sapolsky, 313.
81 Bauer: Schmerzgrenze, 101.
82 Bauer: Gedächtnis, 20.
83 Ricard, 257.
84 Das altgriechische »epi« bedeutet »dazu« und »außerdem«.
85 Ricard, 257.
86 Bauer: Gedächtnis, 21.
87 Ricard, 257.
88 Das altgriechische »epi« bedeutet »dazu« und »außerdem«.
89 Caldji et al. (1998). Bauer: Menschlichkeit, 164.

90 Francis et al. (1999). Champagne et al. (2006).
91 Ricard, 258.
92 Ricard, 257.
93 Bauer: Gedächtnis, 221, 211 f., 234.
94 Zitiert nach: Bauer: Gedächtnis, 163.
95 Bauer: Menschlichkeit, 219. Bauer: Gedächtnis, 21.
96 Bauer: Gedächtnis, 148.
97 Bauer: Gedächtnis, 154.
98 Kahneman, 70.
99 Kahneman, 384 ff.
100 Kahneman, 383 f.
101 Damasio, 81.
102 Danziger et al. (2011). Kahneman, 278.
103 Rosa, 263.
104 Wells, Petry (2002). Kahneman, 74.
105 Oder sie wurde im Gegenteil fast zum vollkommenen Versagen gebracht, wenn die Probanden zuvor in eine deprimierte Stimmung versetzt wurden. Kahneman, 93.
106 Danziger et al. (2011). Sapolsky, 581.
107 Bernays, 52 f.

3 Das menschliche Verhalten

1 Zitiert nach: Klein, 236.
2 Zitiert nach: Ricard, 679.
3 Zitiert nach: Ricard, 17.
4 D'Souza, 46.
5 Schirrmacher, 9 f.
6 Zitiert nach: Lecomte, 41.
7 Wette, 312 ff., 317 ff.
8 Lecomte, 44 ff.
9 Lecomte, 55 ff.
10 Buckley, 03.01.07. Klein, 19 f.
11 Rettig, 29.10.10.
12 Lecomte, 334.
13 Zitiert nach: Kast, 28.
14 Zitiert nach: Singer, 29.
15 Zitiert nach: Sedlacek, 325.
16 Lecomte, 176.
17 Ricard, 154.
18 Popper, 51.
19 Dawkins, 40. Ähnlich formuliert der Wirtschaftsnobelpreisträger Gary Becker: »Ein Altruist ist im Wesentlichen dadurch definiert, dass er willens ist, seinen eigenen Konsum einzuschränken, um den Konsum anderer zu erhöhen.« (Becker, 320).
20 Ricard, 27.
21 Ricard, 339.
22 Ricard, 159.

23 Wuketits, 23.11.07.
24 Tomasello: Moral, 28.
25 Zitiert nach: Precht: Egoist 143.
26 Precht: Egoist, 143.
27 Nowak, 86, 73.
28 Zitiert nach: Nowak, 115.
29 Klein, 189.
30 Becker, 332.
31 Nowak, 117.
32 Dawkins, 174 f.
33 Dawkins, 191 f.
34 Tomasello: Moral, 126.
35 Darwin, 95.
36 Hepach et al. (2010). Tomasello: Moral, 78 f.
37 Zitiert nach: Ricard, 150.
38 Singer, 33.
39 Zitiert nach: Bartens, 11.
40 Ricard, 145.
41 Singer, 41.
42 Sagi, Hoffman (1976). Ricard, 225.
43 Singer, 41.
44 Ricard, 65.
45 Singer, 41.
46 Zitiert nach: Bartens, 159.
47 Wolf, 28.11.10.
48 Johnson, 27.08.18.
49 Ricard, 60, 58.
50 Sapolsky, 225.
51 Zweig, 15.
52 Singer, 41.
53 Singer, 74.
54 Ricard, 69. Singer, 75.
55 Ricard, 69.
56 Ricard, 71.
57 Bartens 237 f.
58 Ricard, 67.
59 Bartens 237 f.
60 Tomasello: Moral, 78.
61 Tomasello: Kooperation, 25.
62 Ricard, 227.
63 Gruen, 11.
64 Rand et al. (2012).
65 Ein weiteres Experiment der letzten Jahre bestätigt nicht nur, dass die Gehirnaktivitäten bei altruistischen und egoistischen Menschen sich unterscheiden, sondern auch dass die egoistische Reaktion eine höhere Gehirnaktivität erfordert. Sul et. al. (2015).
66 Christov-Moore et al. (2017).
67 Van Honk et al. (2013).
68 Warneken, Tomasello (2006). Tomasello: Kooperation, 21 ff.

69 Tomasello: Kooperation 22 f.
70 Tomasello: Kooperation, 76. Bemerkten die Kinder aber, dass der Erwachsene zum Beispiel absichtlich einen Gegenstand fallen ließ, dann halfen sie nicht.
71 Ricard, 227.
72 Tomasello: Kooperation, 22.
73 Brownell et al. (2009). Tomasello: Moral, 78.
74 Berkowitz, Daniels (1963). Crockett et al. (2014).
75 Pappas, 23.02.17.
76 Ricard, 656.
77 Sedlacek, 26.
78 Fromm: Haben, 56.
79 Precht: Egoist, 370.
80 Horsten, 25.10.14.
81 Cohen, 09.02.14.
82 The Business Insider, 07.10.11.
83 Mason, 171.
84 Salomon (2010).
85 Pressemitteilung Nordrhein-Westfalen, 15.09.11. Statista: Statistiken zum Ehrenamt in Deutschland.
86 Ricard, 641.
87 Rettig, 29.10.10.
88 Gantenbrink, 17.02.12.
89 https://givingpledge.org
90 Moll et al. (2006). Precht: Egoist, 161. Mithilfe eines Kernspintomografen konnte zudem der Neuroforscher Jorge Moll nachweisen, dass beim Verschenken dieselben Hirnareale verstärkt aktiviert werden wie bei der Freude über ein Geschenk, das man selbst erhält.
91 Dunn et al. (2008). Klein, 278 f.
92 Zeibig, 02.01.19.
93 Schmidt, Sommerville (2010).
94 Warneken, 10.02.11.
95 Hamann et al. (2011). Tomasello: Moral, 113. Ging dieser Verteilung allerdings keine gemeinsame Arbeit voraus, verhielten sich die Kinder nicht so.
96 Shaw, Olson (2011). Tomasello: Moral, 179.
97 Hamann et al. (2012). Tomasello: Kooperation, 58 f. Tomasello: Moral, 107. Die Besonderheit des menschlichen Verhaltens offenbart ein Vergleich mit Schimpansen. Denn in einem vergleichbaren Experiment beendeten Schimpansen sofort die Zusammenarbeit, wenn sie bei ihrer eigenen Belohnung angelangt waren. (Tomasello: Denken, 66.)
98 Deutsche Welle, 02.03.05.
99 Nowak et al. (2000). Klein, 163. Wilkinson, 202. Tomasello: Kooperation, 39.
100 Deutsche Welle, 02.03.05. Das Besondere des menschlichen Verhaltens zeigt sich im Vergleich mit Affen. Wenn diese das Ultimatum-Spiel spielen, nehmen sie jedes Angebot an, bei dem sie nicht komplett ohne Anteil dastehen. (Tomasello: Moral, 56).
101 Engel (2010).
102 Takahashi et al. (2009). Klein, 218.
103 Brown (1978). Christakis, 104. Klein, 218.
104 Christakis, 104.

105 Stille, 18.11.13.
106 Klein, 217.
107 Fehr et al. (2008).
108 Dawes et al. (2007). Fehr et al. (2004). Tricomi et al. (2010). Engelmann, Strobel (2004).
109 Dawes et al. (2007).
110 Dawes et al. (2007).
111 Dawes et al. (2012).
112 Tricomi et al. (2010).
113 Sapolsky, 379. Klein, 217.
114 Hardin, 12.12.68.
115 Fehr, Gächter (2000). Singer, 148. Ricard, 567.
116 Ricard, 567.
117 Singer, 98.
118 Interessanterweise zeigt eine Studie, die 15 sehr unterschiedliche Kulturen in der Welt untersuchte, dass es überall Menschen gab, die bereit waren, für die »altruistische Strafe« zu bezahlen. Henrich et al. (2006). Keyers, 276.
119 Singer, 151.
120 Nowak, 253.
121 Nowak, 251 f.
122 Nowak, 257.
123 Ricard, 564.
124 Zitiert nach: Ricard, 563.
125 Zitiert nach: Ricard, 450.
126 Freud Unbehagen, 25 f.
127 Freud Unbehagen, 31, 26.
128 Lorenz, 55.
129 Lorenz, 232.
130 Bauer: Schmerzgrenze, 20, 131.
131 Bauer: Menschlichkeit, 84.
132 Bauer: Menschlichkeit, 83.
133 Wagenblast, 27.07.11. Bauer: Schmerzgrenze, 34.
134 Bauer: Schmerzgrenze, 17.
135 Sapolsky, 49.
136 Bauer: Schmerzgrenze, 41.
137 Bauer: Schmerzgrenze, 60.
138 CBS Chicago, 16.08.11. Jacobo, 30.05.16.
139 http://lelion.co.uk
140 Zitiert nach: Ricard, 451.
141 Zitiert nach: Sapolsky, 411.
142 Ricard, 452.
143 Ricard, 452.
144 Ricard, 452.
145 Ricard, 452.
146 Ardrey, 166.
147 Zitiert nach: Ricard, 453.
148 Albert (1990). Lecomte, 210.
149 Zitiert nach: Lecomte, 210.
150 Lecomte, 211 f. Sapolsky, 407.

151 Ricard, 454.
152 Zitiert nach: Ricard, 454.
153 Bauer: Schmerzgrenze, 22.
154 »Le Jeu de la mort« (Das Spiel des Todes), Gesendet am 17.03.2010 auf France 2.
155 Milgram (1963).
156 Lecomte, 111.
157 Bauer: Schmerzgrenze, 24.
158 Lecomte, 92.
159 Ricard, 384.
160 Bauer: Schmerzgrenze, 209.
161 Ardrey, 166.
162 Pinker, 107 f.
163 Pinker, 11.
164 Pinker, 107.
165 Pinker, 23.
166 Ricard, 476 f.
167 Shaver, 23.11.15.
168 Ricard, 468.
169 Ricard, 469.
170 Ricard, 466.
171 Pinker, 1027.
172 Zitiert nach: Ricard, 450.
173 Zitiert nach: Bauer: Schmerzgrenze, 15 f.
174 Pinker, 300.
175 Pinker, 341 ff., 347. Ricard, 471.
176 Pinker, 290.
177 Pinker, 27.
178 Ricard, 455. Harari: Geschichte, 81. Sapolsky, 421. Douglas Fry und Patrick Söderberg untersuchten tödliche Auseinandersetzungen im 19. und 20. Jahrhundert in sogenannten Band-Gesellschaften (Gruppen mit höchstens 100 Mitgliedern, die als Jäger und Sammler zusammenleben). Ihr Resümee: Für kriegsähnliches Verhalten hätten sie nur »wenige Anhaltspunkte gefunden«. Frey, Söderberg (2013).
179 Sapolsky, 421.
180 Sapolsky, 410.
181 Ricard, 455.
182 Sapolsky, 379, 419.
183 Harari: Geschichte, 26.
184 Klein, 146.
185 Zitiert nach: Ricard, 408. Lecomte, 87.
186 Ricard, 417. Lecomte, 116.
187 Zitiert nach: Ricard, 408. Lecomte, 87.
188 Zitiert nach: Ricard, 409.
189 Thomas, 12.11.07.
190 Grossman (2008).
191 Zitiert nach: Ricard, 409. Lecomte, 89.
192 Ricard, 408.
193 Ricard, 408. Lecomte, 88.
194 Lecomte, 88.

195 Ricard, 409.
196 Grossman (2008). Ricard, 415. Lecomte, 88.
197 Lecomte, 92.
198 Lecomte, 92.
199 Ricard, 417.
200 Fontana, Rosenheck (1999). Ricard, 417. Lecomte, 101.
201 Sapolsky, 829.
202 Sapolsky, 830.
203 Miegel, 17.08.2014
204 Weber et al. (2009). Precht: Egoist, 321.
205 Kahneman, 75.
206 Kahneman,75 f.
207 Kast, 123 ff.
208 Kahneman, 76.
209 Bauer: Schmerzgrenze, 161.
210 Geld hat zwar eine immunisierende Wirkung gegen die Schmerzen der Ausgrenzung und der Einsamkeit, die den Menschen von Natur aus belasten. Wenn Menschen vor einem Experiment, das normalerweise den Schmerz der Ausgrenzung beweist, an Geld erinnert wurden, konnte dieser Schmerz nicht festgestellt werden (Kast, 129). Inwiefern man diese Eigenschaft allerdings als positiv einstuft, sei dahingestellt.
211 Zitiert nach: Sedlacek, Tanzer, 243.
212 Kahneman, 51.
213 Spiegel Online, 16.10.12.
214 Der Psychologe John Bowlby beschreibt anschaulich: »Kinder und andere junge Lebewesen sind bekanntlich neugierig und wissbegierig, was sie veranlasst, sich von ihren Bindungsfiguren fortzubewegen. In diesem Sinne steht das Erkundungsverhalten im Widerspruch zum Bindungsverhalten. Bei gesunden Individuen wechseln sich diese beiden Verhaltensweisen normalerweise ab.« (Zitiert nach: Rifkin, 64).
215 Gruen, 87.
216 Fromm: Pathologie, 179.
217 Bereits 1863 hatte der russische Neurologe I. M. Sechenow dem Axiom der angeborenen Faulheit massiv widersprochen: »Der optische Nerv muss (bei Neugeborenen) der Wirkung des Lichtes ausgesetzt sein, der motorische Nerv muss stimuliert werden und seine Muskeln müssen sich kontrahieren etc. Auf der anderen Seite wissen wir, dass, wenn das Üben mit einem dieser Organe gewaltsam verhindert wird, der Mensch ein Spannungsgefühl erlebt, das ihn dazu zwingt, die notwendige Handlung durchzuführen. Es ist deshalb klar, dass das Kind nicht passiv auf einen äußeren Einfluss reagiert.« (Fromm: Pathologie, 159).
218 Precht: Schule, 196.
219 Fromm: Pathologie, 167.
220 Hardy et al. (2017). Fleischer, 25.11.16.
221 Warneken, Tomasello (2008).
222 Precht: Egoist, 315.
223 Warneken, Tomasello (2008).
224 Fabes et al. (1989).
225 Ricard, 104.

226 Gneezy, List (2006). Klein, 186.
227 Frey, Goette (1999).
228 Fabes (1987). Lepper et al. (1973).
229 Deci (1971).
230 Deci et al. (1999).
231 Kohn: Mythos, 109.
232 Spiegel Online, 06.08.13.
233 Zitiert nach: Precht: Jäger, 108.
234 Zitiert nach: Kohn: No Contest, 45.
235 Jarrett, 18.04.14.
236 Zitiert nach: Kohn: No Contest, 166.
237 Kohn: Mythos, 102, 104.
238 Nowak, 303.
239 Kohn: No Contest, 191 f.
240 It's only a game? Competition in school under threat, 22.04.14.
241 Paton, 22.04.14.
242 Visek, et al. (2015). Spiegel Online, 10.07.14.
243 Tomasello: Moral, 13.
244 Tomasello: Denken, 62.
245 Diese kooperativen Eigenschaften stehen ganz im Gegensatz zu Fähigkeiten und Eigenschaften von Menschenaffen. »Viele Kooperationsstudien zeigen, dass Menschenaffen nicht versuchen, die Bildung eines gemeinsamen Zieles oder die Schaffung einer gemeinsamen Aufmerksamkeit zu kommunizieren. (Tomasello: Kooperation, 63).
246 Tomasello: Denken, 225.
247 Triebel, Hüter,162.
248 Ricard, 570.
249 Ricard, 229.
250 Warneken, Tomasello (2006). Warneken et al. (2007). Tomasello: Kooperation, 57 f.
251 Rekers et al. (2011). Tomasello: Denken 68 f.
252 Rekers et al. (2011).
253 Kohn: No Contest, 31 f.
254 Kohn: No Contest, 32.
255 Kohn: No Contest, 32.
256 Zitiert nach: Felber, 21.
257 Dawkins, 210.
258 Dawkins, 45.
259 Darwin, 95.
260 Axelrod, 83.
261 Axelrod, 101.
262 Axelrod, 18.
263 Axelrod, 29 f.
264 Axelrod, 31.
265 Axelrod, 43.
266 Axelrod, 103.
267 Axelrod, 108.
268 Axelrod, 62.
269 Axelrod, 157.

270 Nowak, 158.
271 Pleiss, 26.02.16.
272 Zitiert nach: Bauer: Menschlichkeit, 20 f., 126.
273 Margulis, 14.
274 Damasio, 81 f.
275 Nowak, 54.
276 Nowak, 54, 64.
277 Adami, Hintze (2013). Ricard, 185.
278 Axelrod, 103.
279 Nowak, 293.
280 Nowak, 139.
281 Zitiert nach: Ricard, 742.
282 Ricard, 603.
283 Arte-Dokumentation »Die Revolution der Selbstlosen«. Bei 41 min.
284 Ricard, 295.
285 Bartens, 146. Dieses Phänomen kann auch erklären, warum Empathie hier sogar negative Auswirkungen entfalten kann. Denn Empathie kann dazu führen, dass Menschen innerhalb der Gruppe eher lügen und betrügen – sie tun es ja vor allem zum Nutzen der Gemeinschaft. (Bartens, 203).
286 Ricard, 296.
287 Balliet et al. (2014). Bartens, 202. Ricard, 295.
288 Harari: Geschichte, 210.
289 Tomasello: Denken, 129.
290 Tomasello: Denken, 123.
291 Precht fasst hier explizit eine Theorie von Samuel Bowles zusammen. (Precht: Egoist, 237 f.).
292 Kinzler et al. (2007). Klein, 222.
293 Tomasello: Moral, 141.
294 Kropotkin, 13.
295 Klein, 210 f.
296 Sherif et al. (1954/1961). Klein, 211 ff. Ricard, 296 f.
297 Berreby, 178.
298 Sherif et al. (1954/1961). Klein, 211 ff. Ricard, 297.
299 Zitiert nach: Ricard, 740.
300 Zitiert nach: Ricard, 170.

4 Die kapitalistische Wirtschaft und ihre Nebenwirkungen

1 Schorlemmer, 11.07.13.
2 UNCTAD, 18.09.13.
3 Fromm: Haben, 37.
4 Naish, 224.
5 Naish, 108.
6 Skidelsky, 72 f.
7 Fromm: Pathologie, 50.
8 The Guardian, 29.11.08.
9 http://blackfridaydeathcount.com
10 Naish, 107. Sisson, 27.03.18.

11 Anderson, 183.
12 Zitiert nach: Botsman, Rogers, 35.
13 Fromm: Utopie, 26.
14 Zitiert nach: Welzer: FuturZwei, 388.
15 Sedlacek, 275.
16 Sedlacek, 275.
17 Botsman, Rogers, 17.
18 Bauman Konsum, 129.
19 Kasser, 91.
20 Kasser, 91. Wayne Chilicki, Vorstandschef von General Mills erklärte: »Im Hinblick auf die jüngsten Verbraucher verfolgen wir bei General Mills das Strategiemodell von Procter&Gamble ›von der Wiege bis zum Grab‹. Wir glauben daran, die Kinder schon sehr früh zu erreichen und sie ihr ganzes Leben hindurch zu behalten.« (Ricard, 654 f.).
21 Sebastian, 24.03.15.
22 Zitiert nach: Skidelsky, 59.
23 Kasser, 43.
24 Kasser, X.
25 Libération, 30.03.09.
26 Argo et al. (2005). Naish, 123.
Richard David Precht hat recht, wenn er fast nebenbei bemerkt: »Schon ein flüchtiger Blick entlarvt den Homo oeconomicus als Mythos, denn wer nur auf sein Vorteil aus wäre, würde nicht so viel für Status-Symbole opfern.« (Precht: Egoist, 380.)
27 Zitiert nach: Welzer, Wiegandt, 137.
28 Welzer, Wiegandt, 138.
29 Pickett, Wilkinson, 43.
30 Diamond, 104.
31 Radermacher, 127.
32 Diamond, 125.
33 Diamond, 144.
34 Diamond, 147.
35 Precht: Egoist, 364.
36 Iyengar, Lepper (2000).
37 Kast, 32 ff.
38 Kast, 43.
39 Naish, 176. Entsprechend logisch sind daher auch Experimente, die belegen, dass die Zufriedenheit mit einem Geschenk höher ist, wenn der Beschenkte dies nicht umtauschen kann. (Kast, 66).
40 Kast, 45.
41 Kast, 44.
42 Precht: Egoist, 322.
43 Naish, 176.
44 Hannoverische Allgemeine, 23.12.12.
45 Verhaege, 169.
46 Richter, 43.
47 Kohn: No Contest, 135, 148.
48 Keysers, 117 f.
49 Barnett et al. (1979).

50 Kohn: No Contest, 134. Dass es Ausnahmen von der Regel gibt, sollte nicht eigens betont werden müssen. Eine weitere Studie ergänzt dieses Resultat aus der Gegenperspektive. Zwei Sportpsychologen haben viele talentierte Sportler untersucht, die es nicht geschafft haben, Profis zu werden. Das Resümee sollte zu denken geben: »Ihnen scheint es emotional so gut zu gehen, dass es keine neurotische Verbindung zum Sport gibt.« (Kohn: No Contest, 102).
51 Ricard, 560.
52 Berg et al. (1995). Precht: Egoist, 135.
53 Lecomte, 313.
54 Kohn: No Contest, 138.
55 Kohn: No Contest, 9.
56 Kohn: Mythos, 164.
57 Kohn: Mythos, 168.
58 Felber, 28.
59 Kohn: No Contest, 107.
60 Kohn: No Contest, 148.
61 Kohn: No Contest, 123.
62 Kohn: No Contest, 202.
63 Bartens, 265.
64 Piff et al. (2012). Spiegel Online, 28.02.12. Florian Rötzer, 28.02.12.
65 Kraus et al. (2010).
66 Kraus et al. (2010). Rötzer, 27.11.10.
67 Nishi, et al. (2015). Matting, 19.09.15.
68 Nishi, et al. (2015). Matting, 19.09.15.
69 Bauer: Menschlichkeit, 77. Der Neuro-Ökonomist Paul Zak demonstrierte, dass entgegengebrachtes Misstrauen »den Blutspiegel eines wichtigen Aggressionshormons ansteigen lässt«. Zak et al. (2005). Vgl. Bauer: Menschlichkeit, 76.
70 Keysers, 118.
71 Kohn: No Contest, 135. Solch ungewöhnliche Freundschaften wie etwa zwischen den Leichtathleten Jesse Oens und Luz Long bei den Olympischen Spielen von Berlin 1936 dürfen durchaus als Ausnahme betrachtet werden.
72 Martin et al. (2015).
73 Bartens, 43.
74 Bauer: Schmerzgrenze, 175.
75 Ricard, 309.
76 Sedlacek, Tanzer, 133.
77 Clay, 05.01.13.
78 Agerholm, 13.09.16. Die Psychologen Paul Babiak und Robert Hare haben sich dieses Themas in ihrem Buch mit dem sprechenden Titel: *Menschenschinder oder Manager: Psychopathen bei der Arbeit* angenommen.
79 Zitiert nach: Sedlacek, Tanzer, 136.
80 Board, 11.05.05.
81 Spiegel Online, 25.09.11.
82 Vedel, Thomsen (2017). Fleischer, 05.05.17.
83 Marwell, Ames (1981). Frank et al. (1993).
84 Lecomte, 310.
85 Beispielsweise deuten Experimente darauf hin, »dass die sozialen Normen in der Bankenindustrie unehrliches Verhalten eher tolerieren«. Spiegel Online, 19.11.14.
86 Schulze, 06.02.17.

87 Veiel, 245.
88 Precht: Egoist, 391.
89 Sedlacek, Tanzer, 21.
90 Habekuß, 20.08.13.
91 Kasser, 65.
92 Veiel, 245.
93 Fromm: Haben, 169.
94 Kasser, 11 f.
95 Ricard, 390.
96 Sedlacek, Tanzer, 110.
97 Bartens, 171.
98 Bauer: Gedächtnis, 29.
99 Giardano et al. (2019).
100 Kasser S. 9-69. Ricard, 654. Studien anderer Forscher bestätigen Kassers Ergebnisse. Ed Diener und Shige Oishi (Universität Utah) sammelten Daten über 7 000 College-Studenten in 41 Ländern. Auch hier zeigte sich, dass die materialistische Lebensorientierung mit einer geringeren Zufriedenheit einhergeht. (Kasser, 21). Indische und US-amerikanische Studenten, die sich in ihrem Leben an der Erreichung materialistischer Ziele orientierten, gaben an, sich entfremdet und von der Gesellschaft getrennt zu fühlen. (Kasser, 63).
101 Headey (2008). Kast, 244.
102 Alesina, Giuliano (2010). Kast, 75 f.
103 Kasser, xi.
104 Kasser 76, 79, 80.
105 Pickett, Wilkinson, 15.01.14.
106 Sedlacek, 300. Kasser, 3
107 Kasser, 44.
108 Wood, April 2011.
109 Graham (2008).
110 Precht: Egoist, 358.
111 Kasser, 44.
112 Precht: Egoist, 359.
113 Kast, 92.
114 Die Studie von Ed Diener und seinem Team aus dem Jahre 2010 wertete die erste weltweite repräsentative Umfrage Gallup World Poll aus und kam zu einem etwas differenzierteren Ergebnis. Mehr Geld steigert die Zufriedenheit, nicht aber das Wohlbefinden. Diener et al. (2010). Rötzer, 01.07.10.

Eine Analyse von Betsey Stevenson und Justin Wolfers aus dem Jahr 2013 untersuchte Daten von 155 Ländern, die 95 Prozent der Weltbevölkerung repräsentieren. Sie kamen zu dem Ergebnis, dass die Zufriedenheit mit dem Einkommen linear ansteige und es keinen Scheitelpunkt gebe. Stevenson, Wolfers (2013). Rötzer, 30.04.13.

Die Wirtschaftswissenschaftler um Eugenio Proto und Aldo Rustichini verwendeten die Daten des World Values Survey für die Analyse der ärmsten Länder sowie 14 EU-Länder. Eine Analyse der ärmsten Länder sowie 14 EU-Länder nuanciert Easterlins Paradox. Bei den ärmsten Ländern berechnen die Autoren einen Scheitelpunkt zwischen 26 000 und 30 000 US-Dollar. Bei den europäischen Ländern lag dieser zwischen 30 000 und 33 000 US-Dollar. Eugenio Proto, Aldo Rustichini (2013). Rötzer, 29.11.13.

115 Easterlin et al. (2010).
116 Miegel Exit, 166.
117 Kasser, xi.
118 Zitiert nach: Kohn: No Contest, 60.
119 Kohn: No Contest, 9.
120 Kohn: No Contest, 55.
121 Stroup, 22.01.12.
122 Göllner et al. (2018).
123 Bauer: Warum, 35.
124 Zitiert nach: Sedlacek, Tanzer, 110.
125 Kahneman, 266.
126 Zitiert nach: Bauer: Schmerz, 70.
127 Lecomte, 312. Tatsächlich gehen Menschen davon aus, dass der andere genauso sich egoistisch verhalten wird, desto kompetitiver sie selbst sind. Lecomte, 300.
128 Swanbrow, 27.05.10. Rötzer, 02.06.10.
129 Santos et al. (2017).
130 Anderson, September 2010. Holt-Lunstad et al. (2010).
131 Rötzer, 29.05.10. Holt-Lunstad et al. (2010).
132 Rahn, Transue (1998). Ricard, 299.
133 Stockholm University, 21.10.18.
134 Twenge, Kasser (2013). Pany, 03.05.13.
135 The EgoTech Report 2016.
136 Ricard, 313.
137 Twenge, 24.09.13. In diesem Zusammenhang ist auch bemerkenswert, dass eine aktuelle Studie darauf hindeutet, »dass insbesondere junge Frauen unglücklich und unzufrieden mit ihrem Körper werden könnten, wenn sie Selbstporträts in sozialen Medien teilen.« (Retzbach, 11.03.19).
138 Kasser, 104.
139 Twenge et al. (2012).
140 Weissbourd et al. (2014). Pany, 09.08.14.
141 Spiegel Online, 26.10.14.
142 http://die-generation-z.de/egoismus-von-gen-z/
143 Auch wenn Studien und Untersuchungen ein sehr klares Bild zeigen, ist bei ihrer Auswertung etwas Vorsicht geboten, denn in den untersuchten Arbeiten geht es häufig um die Selbstauskünfte von Probanden. (Ayan, 04.08.17) Eines der wenigen Gegenbeispiele: Der Wissenschaftler Michael Haller und sein Team der Hamburg Media School haben mehr als 1000 junge Berufstätige der Generation Y ein Jahr lang nach ihren Lebenseinstellungen und Wünschen an die Arbeitswelt befragt. Ein wichtiges Ergebnis: »Hedonisten und Karrieristen sind eine kleine Minderheit.« »Über die Hälfte würde ihren Kindern zuliebe auf Karriere verzichten«, so das Fazit der Studie über die Generation Y. »Über 80 Prozent würden weniger arbeiten, um mehr Zeit für die Familie zu haben.« (Erken, 08.01.16).
144 Zitiert nach: Precht: Egoist, 264.

5 Konsequenzen

1 Fromm: Haben, 15.
2 Herzog (1997).

3 Falloon, 10.10.12.
4 Der Journalist David Kirkpatrick, schreibt zu Facebook: »Das ›Freunde-Finden‹ besaß von Anfang an einen Moment von Konkurrenz … Wenn dein Zimmergenosse 300 Freunde besaß, du aber nur 100 hattest, nahmst du dir vor, es besser zu machen.« (Sennett, 198f).
5 Monbiot, 15.04.16.
6 Kooperationsspiele wie »Hanabi« und »The Game« sind äußerst selten.
7 Leo, Steinbeis, Zorn, 33.
8 Greenwald, 167.
9 Krugman, März 1994. Dort warnt Krugman auch: »Eine Regierung, die mit der Ideologie der Wettbewerbsfähigkeit verheiratet ist, wird ebenso unwahrscheinlich eine gute Wirtschaftspolitik betreiben wie eine Regierung, die sich dem Kreationismus verschrieben hat, eine gute Wissenschaftspolitik.«
10 Smith Ethische Gefühle, 137.
11 Schuler, 10.05.06.
12 Zeit Online, 16.02.10.
13 Schelling, 19.08.01.
14 Zeit Online, 16.02.10.
15 Zeit Online, 16.02.10.
16 Verhaege, 34 f.
17 Miegel Hyrbis, 61.
18 Fromm: Pathologie, 152.
19 https://de.statista.com/statistik/daten/studie/182030/umfrage/meinung-zu-gruenden-fuer-armut/
20 Krugman, 13.07.15.
21 Zeit Online, 16.02.10.
22 Bundesagentur für Arbeit, 16.10.12.
23 Spiegel Online, 27.01.16. Jones, Marinescu (2018).
24 Bartens, 71.
25 Mau, 52.
26 Mau, 286.
27 Botsman, 21.10.17.
28 Römer, 12.11.13.
29 Berger et al. (2010).
30 Graven 14.11.13.
31 Zitiert nach: Ricard, 595.
32 Monbiot, 07.11.11.
33 Kroll, Dolan, 06.03.18.
34 Mirowski, 69.
35 Pastoors, Pirkl, 17.01.17.
36 Piketty kann in seinem Werk mit einigen weiteren Erkenntnissen aufwarten. Meistens gingen Wissenschaftler bisher davon aus, dass die Einkommensunterschiede für das Ausmaß der Ungleichheit entscheidend seien. Piketty demonstriert hingegen, dass das Vermögen eine noch größere Auswirkung auf die Ungleichheit hat. Laut Piketty ist es fast zwangsläufig so, dass ererbter Grundbesitz stärker dominiert als erwirtschafteter Besitz. So war in vergangenen Jahrhunderten die Kapitalrendite fast durchgehend höher als die Wachstumsrate der Wirtschaft. Daraus folge in der Konsequenz, dass das Kapital schneller ansteigt, als der Gewinn aus Einkommen. Die Ungleichheit der Kapi-

talrendite und des Wirtschaftswachstum ist zwar kein logisch zwingendes Gesetz, aber eine historische Realität.

37 Krugman, 08.05.14.
38 Credit Suisse 2017a.
39 Oxfam, 16.01.17.
40 Spiegel Online, 21.01.19.
41 Credit Suisse 2017b.
42 Borstel, Siems, 18.09.12.
43 DIW 2014.
44 Sogar eine Studie des IWF schlussfolgert, dass große Einkommensunterschiede dem Wirtschaftswachstum schaden. Auch eine Studie Standard & Poor schließt sich dieser Einsicht an. Im Jahr 2013 teilt diese Einschätzung auch die UN. Vgl. Westphalen, 4/2014, 75. Siehe auch: IMF (2014), UN (2013).
45 Kohn: Mythos, 139.
46 Zitiert nach: Kohn: Liebe, 25.
47 Kohn: Liebe, 107.
48 Kohn: Mythos, 174.
49 Kohn: Mythos, 220, 122.
50 Kohn: Mythos, 124.
51 Kohn: Mythos, 175.
52 Kohn: Liebe, 35.
53 Kohn: Liebe, 39.
54 Fromm Liebe, 64.
55 Kohn: Mythos, 128.
56 Hentges, Wang (2018). Pany, 09.02.17.
57 Trommsdorff (1991). Janssens, Dekovic (1997). Kohn: Mythos, 53. Ricard, 234.
58 Kohn: Mythos 43, 49.
59 Hentges, Wang (2018).
60 Kohn: Mythos, 50, 75, 74.
61 Kohn: Mythos, 85.
62 Roth (2008). Assor et al. (2004). Assor, Tal (2011). Kohn: Mythos, 184.
63 Kohn: Mythos, 183.
64 Precht: Schule, 87.
65 Herzog (1997).
66 Werle, 18.01.10.
67 Werle, 18.01.10.
68 Otto, 06.09.07.
69 Schöppner, 09.10.04.
70 Plewnia, Kistenfeger, Schindler, Schwab, Weddeling, 13.12.2010.
71 Friedmann, 14.09.14.
72 Plewnia, Kistenfeger, Schindler, Schwab, Weddeling, 13.12.2010.
73 Precht: Schule, 129.
74 Preuß, 30.04.15.
75 UNICEF, November 2002.
76 Precht: Schule, 302.
77 Bepanthen Stress-Studie 2015.
78 LBS-Pressemittelung, 28.01.15.
79 Habich, 23.05.14.
80 Alwardt, 13.03.14.

81 Underberg, 19.04.17.
82 Sußebach, 38.
83 Alwardt, 13.03.14.
84 Lewicki, Greiner-Zwang (2015).
85 Bepanthen Stress-Studie 2015.
86 Sußebach, 40.
87 Precht: Schule, 156.
88 Spiegel Online, 22.0.17.
89 Precht: Schule, 267.
90 Precht: Schule, 158.
91 Schultz, 26.04.12.
92 Kohn: Liebe, 101.
93 Precht: Schule, 130.
94 World Bank Review, 1995.
95 Krautz, 30.08.13.
96 Fokken, 05.12.16.
97 Fokken, 05.12.16.
98 Spiegel Online, 29.01.11.
99 Schulz, 07.02.11.
100 Fokken, 05.12.16.
101 Putz, 02.01.17.
102 Zitiert nach einer Rede von Sir Ken Robinson, Youtube.com: Sir Ken Robinson – Changing Paradigms.
Rivero, 10.03.12.
103 Dieses Recht für die Schüler fordert der Pädagoge Janusz Korczak. Zitiert in: Sußebach, 94.
104 Vgl. die TED-Talk-Rede »Do Schools Kill Creativity« von Sir Ken Robinson, Youtube.com: Ken Robinson sagt: Schule erstickt die Kreativität.
105 Beywl, Spiewak, Zierer, 02.05.13.
106 Kohn: Mythos, 154.
107 Precht: Schule, 237.
108 Himmelrath, 11.06.18.
109 Bauer: Warum, 118, 122.
110 Rosa, 275.
111 Precht: Schule, 165.

6 Jeder für jeden oder Wir können auch anders!

1 Zitiert nach: Ricard, 742.
2 Bartens, 114
3 Goleman, Davidson, 120.
4 Bartens, 111.
5 Bartens, 14.
6 Rakel et al. (2009). Bartens, 110 f.
7 Ricard, 351.
8 Ricard, 352.
9 Allen et al. (2002). Christakis, Fowler, 121.
10 Sliwa, 05.08.17. Rettner, 27.07.10. Holt-Lunstad et al. (2010).

11 Berkman, Syme (1979). Kast, 128 f.
12 Boehm, Kubzansky (2012). Kaplan et al. (1988). Bartens, 114, 47.
13 Cohen et al. (1997). Patterson et al. (1996). Bartens, 110.
14 Wohlgemerkt gilt dies in gesunden Gesellschaften. Veenhoven (2008). Bartens, 45.
15 Rodriguez-Laso et al. (2007). Brown et al. (2003). Klein, 129.
16 Ricard, 249.
17 Diener, Seligman (2002). Ricard, 249.
18 Bartens, 14.
19 Dunn et al. (2008).
20 Brown, Kasser (2005).
21 Dunn et al. (2008).
22 Rettig, 29.10.10.
23 Headey (2008). Kast, 244.
24 Kasser, 98.
25 Hauschild, 24.02.14. Bingham, 12.08.14.
26 Hauschild, 24.02.14.
27 Brendgen et al. (2013).
28 Ricard, 299.
29 Kohn: No Contest, 197.
30 Triebel, Hüter,40 f.
31 https://gowers.wordpress.com/2009/02/01/a-combinatorial-approach-to-density-hales-jewett/
32 Polymath (2010a). Polymath (2010b). Polymath (2012).
33 Botsman, Rogers, 53. Youtube.com: Let's Do It Estonia
34 https://www.letsdoitworld.org/about/overview/
35 Ostrom, 118.
36 Schlieter, 165.
37 Johnson et al. (1981). Kohn: No Contest, 47 f.
38 Kohn: No Contest, 205.
39 Felber, 29.
40 Kohn: No Contest, 47.
41 Johnson et al. (1983). Kohn: No Contest, 149.
42 Goddard (2003). Klein, 81.
43 Kahneman, 93.
44 Kahneman, 93.
45 Ricard, 259.
46 Hutcherson et al. (2008). Goleman, Davidson, 109.
47 Leiberg et al. (2011). Ricard, 271.
48 Singer, 66.
49 Weng et al. (2013).
50 Ricard, 264. Bartens, 113.
51 Goyal et al. (2014). Goleman, Davidson, 193, 98, 177, 180.
52 Keysers, Gazzola (2014). Bartens, 258.
53 Hepper et al. (2014). Bartens, 256 f.
54 Bauer: Gedächtnis, 145.
55 Spitzer, 37.
56 Ricard, 256.
57 Singer, 50.
58 Ricard, 262.

59 Ricard, 268.
60 Goleman, Davidson, 274.
61 Goleman, Davidson, 176.
62 Singer, 51.
63 Ricard, 264.
64 Singer, 68.
65 Ricard, 262.
66 Zitiert nach: Ricard, 32.
67 Johnson, 14.12.09.
68 Guégen, 30.11.99. Moser, Corroyer (2001). Solomon et al. (1978). Lecomte, 164 f.
69 Rees et al (2009). Klein, 184 f.
70 Bryan, Test (1967). Lecomte, 164.
71 Carman (2004).
72 Christakis, Fowler, 375 f.
73 Swinyard, Ray (1979). Lecomte, 162 f.
74 Kraut (1973). Lecomte, 163.
75 Strenta, Dejong (1981). Lecomte, 163.
76 Marx, 114.
77 Naish, 249.
78 Ricard, 650.
79 Precht: Egoist, 362.
80 Kasser, 94.
81 Kohn: Mythos, 180.
82 Kohn: Mythos, 176.
83 Grusec, Redler (1980). Ricard, 229. Lecomte, 263.
84 Lecomte, 258. Tomasello: Kooperation, 47. Ricard, 235.
85 Eisenberg-Berg, Geisheker (1979). Lecomte, 259.
86 Hoffman (1975). Tomasello: Kooperation, 47.
87 Tomasello: Moral, 236 f.
88 Ricard, 235.
89 Kohn: Mythos, 123.
90 Kohn: Mythos, 127.
91 Ricard, 582.
92 Ricard, 584.
93 Cohen et al. (1982). Ricard, 585.
94 Johnson et al. (2000).
95 Ricard, 578.
96 Jennings, Greenberg (2009). Ricard, 589.
97 Bauer: Menschlichkeit, 225.
98 Kohn: No Contest, 183.
99 Precht: Egoist, 264.
100 Eisenberg-Berg, Geisheker (1979). Kraut (1973). Strenta, Dejong (1981). Lecomte, 163, 259.
101 Korten, 165.
102 Korten,18.
103 Miegel, 17.08.2014.

256 Seiten
ISBN 978-3-86489-244-8
Auch als E-Book erhältlich

Über die Kunst, sich nicht selbst zu täuschen

Was auch immer in den Nachrichten kommt, eines ist sicher: Wir scheitern zunehmend daran, uns ein objektives Bild der Realität zu machen. Während uns die »Breaking News« aus aller Welt in Atem halten, entziehen sich entscheidende Veränderungen unserer Aufmerksamkeit: Digitalisierung, Überwachung, die enger werdenden Grenzen der Meinungsfreiheit. Der Physiker, Jurist und Kognitionsforscher Alexander Unzicker analysiert die Herausforderungen für unser Denken im postfaktischen Zeitalter und schafft Orientierung im großen Durcheinander. Vor allem aber fordert er von uns allen mehr Mut, den eigenen Verstand zu gebrauchen – auch ohne fremde Anleitung.